경제학자는 어떻게 인생의 답을 찾는가

경제학자는 어떻게 인생의 답을 찾는가

인생이라는 게임에서
원하는 것을 얻는 삶의 기술

카우식 바수 지음
최은아 옮김

INFLUENTIAL
인 플 루 엔 셜

나는 코넬대학교 재직 시절, 세계은행 수석이코노미스트의 임기를 마치고 학교로 돌아온 카우식 바수와 동료 교수로 교제하는 행운을 누렸다. 그는 어려운 수학을 쓰는 게임이론가였지만, 그와 대화할수록 철학자의 향기를 맡을 수 있었다.

그로부터 수년이 지난 지금, 이 책을 읽으며 그에게서 받은 느낌이 사실이었음을 확인할 수 있었다. 《경제학자는 어떻게 인생의 답을 찾는가》는 경제학자가 쓴 책임에도 불구하고 수식과 통계는 찾아보기 어렵다. 대신 수치심, 비교의식, 열등감, 후회 등 우리가 일상에서 흔히 느끼는 감정을 논하면서 인간의 합리성, 결정론 등 철학적 사유를 풀어낸다.

경제학과 철학을 넘나드는 자유롭고 깊이 있는 사유를 바탕으로, 그는 이 책의 말미에 '더 나은 세상을 위한 제언'을 담았다. 경제학자로서 그와 나의 연구 분야는 마치 내과와 외과만큼 다르다. 그런데 그의 제언은 데이터 기반의 실증경제학자인 내가 《경제학이 필요한 순간》이라는 책을 통해 설파한 바와 놀라울 정도로 유사하다. 수많은 정책 실패를 보면서 좋은 의도만으로는 충분치 않다고 강조한 점, 그렇기에 좋은 정책은 개인의 욕망을 인정하며 공공선을 이루어가는 일이라고 설명한 점, 마지막으로 극단적인 자산 및 임금 격차를 줄이는 일이 현대사회의 핵심 과제라고 주장한 점이 그렇다.

게임이론은 타인의 입장과 생각을 파악하는 능력을 중요시한다. 그런 게임이론의 렌즈로 현실을 바라보면 얼마나 더 큰 세상을 볼 수 있는지 궁금하지 않은가? 인생을 새롭게 바라보게 해주는 그 관점을 이 책을 통해 획득하기를 바란다.

— **김현철**
홍콩과학기술대학교 경제학과 교수, 《경제학이 필요한 순간》 저자이 책은 쉽고 재밌다. 경제학을 다루면서도 그 흔한 수학기호 하나 나오지 않고, 저자의 경험에서 나오는 담백한 유머와 위트가 가득해 술술 읽힌다. 유학 시절 강의실에서 들었던 카우식 바수 교수님의 해박하고 재치 있는 말투가 그대로 느껴진다. 개인에서 집단, 나아가 세계로 확장되는 탄탄한 논리적 전개도 일품이다. 무엇보다 이 책은 실제적이다. 어느 경제학 서적이 분노와 열등감, 후회를 다스리는 법을 알려주겠는가. 공허한 이론이 아닌 일상에 바로 적용할 지혜가 가득하다. 생각을 통해 인생의 해법을 찾고 조금이나마 더 행복해질 수 있다는 것을 증명해낸 것만으로 이 책은 충분히 주목받을 가치가 있다.

— 오진환

이화여자대학교 국제대학원 교수, 《믿음의 공화국》 감수

지혜로우면서도 재치 있는 책이다. 이 책은 생각의 힘을 키우는 것만으로 일상에서 행복을 찾을 수 있고, 원하는 것을 더 많이 얻을 수 있으며, 심지어 세상을 더 좋은 곳으로 만들 수 있다는 것을 분명하게 보여준다.

— 해나 프라이

영국의 수학자, 《안녕, 인간》 저자

강렬하고 탁월하며 누구나 이해하기 쉽다. 이 책을 읽는 모든 사람은 저자가 전하는 명석한 메시지를 통해 분명 많은 것을 얻어갈 것이다.

— 크리스 스토클 워커

《뉴 사이언티스트New Scientist》 기자

한국 독자들에게

인생 전반에 걸쳐 제가 해온 연구는 경제학에 관한 것입니다. 보통의 학자들이 그렇듯, 연구 의제를 설정할 때 다른 경제학자들이 수행한 연구와 그들이 쓴 논문 및 책을 활용했습니다. 하지만 이 책의 토대가 된 연구는 조금 특별합니다. 정형화된 이론을 넘어 실제 경험을 연구의 영역에 포함한 것입니다.

현대 경제학은 대부분 통계와 표본 데이터를 기반으로 합니다. 그 중요성은 부인할 수 없습니다. 하지만 눈에 보이는 수치나 자료에 전적으로 의존해서는 안 됩니다. 인류학자처럼 직접적인 상호작용을 통해 수집한 정보도 중요합니다. 그런 정보가 때로 깊은 통찰력을 주기 때문이지요. 그런 면에서 이 책의 토대가 된 연구의 상당 부분은 길에서 만난 사람들과의 대화, 노점상이나 자영업자 혹은 중소기업 사장이 직면한 문제, 소시민이 겪고 있는 경제적인 어려움 등

평범한 사람들의 생생한 경험을 기반으로 하고 있습니다.

경제학의 근본적인 과제는 일상에서 수집된 다양한 사실과 정보의 조각들을 퍼즐처럼 맞춰 문제의 해결점을 제시하고, 이를 논리적인 모델로 정리하는 것입니다.

이 일련의 과정에서 저는 경제적 어려움뿐 아니라 우리 일상의 문제, 나아가 더 거대한 인생의 난제를 해결하는 데 '추론'이 큰 힘을 발휘할 수 있음을 깨달았습니다. 이것이 바로 이 책의 주제입니다. 이 책의 목적은 인생에서 직면하는 수많은 문제를 해결하거나, 적어도 그에 잘 대처할 수 있도록 추론 능력을 키우는 것입니다.

이 책은 제가 젊은 시절에 겪었던 고민과 불안, 오늘날의 청년들이 안고 있는 경쟁 문제와 실패에 대한 두려움 등 개인의 일상적인 고민부터 디지털의 연결로 세계화된 세상이 직면한 전 인류적 위기까지, 산재한 문제들에 대해 추론 능력이 어떻게 도움을 줄 수 있는지 보여줍니다. 책을 읽고 나면 도저히 풀리지 않을 것 같은 인생의 문제 중 일부는 우리 모두가 이미 가지고 있는 추론 능력으로 해결할 수 있다는 것을 알게 될 겁니다.

이 책이 한국에 출간된다는 소식을 듣고 무척 기뻤습니다. 꽤 오래전에 교수이자 학자로서 한국에 처음 방문했을 때 한국의 역사와 문화에 매료되었습니다. 이후 정책 입안자이자 세계은행 수석이

코노미스트로서 한국을 다시 찾았을 때도 여전히 한국은 제게 매우 흥미로운 나라였습니다. 한국의 경제적 특징과 급속한 성장 그리고 지정학적 위치로 인한 어려움에 대해 오래전부터 관심을 가지고 지켜보고 있습니다.

초기 불교와 유교까지 거슬러 올라가는 한국 철학의 오랜 전통 그리고 관계지향적인 존재론, 즉 개인보다 관계를 중시하는 문화를 현대적으로 재해석하고 있는 한국의 상황을 고려할 때, 이 책에서 다룬 도덕적 책임에 대한 논의는 한국의 독자들에게 특히 흥미로울 거라 생각합니다. 무엇보다 현대에 들어 새롭게 생겨난 여러 문제로 어려움을 겪고 있는 분들에게 해결의 실마리를 줄 수 있기를 바랍니다.

2024년 7월
카우식 바수

머리말

삶이 흔들릴 때, 어떻게 극복해야 할까

우리는 인생을 살아가는 동안 행복과 만족을 추구하고 장애물과 난관을 헤쳐나가는 데 대부분의 시간을 보낸다. 이 여정에서 가장 강력한 힘을 발휘할 수 있으며 우리 모두가 소유하고 있지만 잘 활용하지 않는 도구가 하나 있다. 바로 추론하는 능력이다.

고대 철학자들은 우리가 사는 세상을 이해하고 의미 있는 삶의 방식을 정의하는 데 많은 노력을 기울였다. 나는 그들이 탐구했던 주제들을 이 책에서 다시 생각해보려고 한다. 현대 학문, 특히 경제학과 게임이론을 활용해 그 주제들을 파헤쳐볼 것이다. 대대로 전해져온 이 지식들의 기저에 있는 철학적 틈과 역설 그리고 거기서 비롯된 도덕적 딜레마도 살펴볼 것이다. 이러한 탐험을 통해 당신이 지식을 탐구하고 통찰을 얻는 일에 사로잡히길 바란다.

이 책은 역피라미드 형태로 구성되어 있다. 처음에는 개인에 초점을 맞춰 일상생활에서 합리적으로 선택하고 추론하는 방법을 논한다. 직장에서의 인간관계를 비롯해 현대인이 겪는 딜레마까지 다양한 개인의 문제를 다룰 것이다. 그다음으로 집단의 행복과 도덕적 책임을 살펴본다. 이후 마지막 장에서는 우리가 가장 크게 관심을 가져야 할 세계로 눈을 돌린다. 위태롭게 질주하고 있는 세계가 직면한 문제들을 어떻게 해결할 수 있을지 생각해볼 것이다. 개인으로서 우리 각자는 이 세상을 더 나은 곳으로 만들 수 있을까? 만약 그게 가능하다면 구체적인 방법은 무엇일까?

나는 이 책의 주제에 대해 오랜 시간 고민하고 생각해왔다. 사적인 삶과 공적인 삶을 어떻게 균형 있게 살아가야 하는지, 그 과정에서 부침을 겪을 때 어떻게 극복할 수 있는지에 대해 여러 해 동안 다양한 아이디어를 떠올리고 그중 몇 가지는 따로 적어두기도 했다. 그 결과 이 책에는 게임이론을 비롯해 경제학과 철학의 학문적 이론들뿐 아니라 내가 직접 경험한 일들에서 우러나온 교훈도 담겨 있다. 인도에서 보낸 유년 시절부터 경제학자이자 정책 입안자로 현실 세계의 문제와 씨름하던 공적인 삶에 이르기까지, 경험을 통해 깨달은 것을 풀어냈다. 다른 사람과 상호작용하면서 얻은 교훈도 많다. 여러 해 동안 워싱턴의 세계은행에서 수석이코노미스트로, 인도 정부의 경제 고문으로 일하면서 많은 사람을 만났다. 강의실의 학생, 반대파의 공격에 시달리는 정치인, 난관에 부딪힌 기업 리더까지 각양각색의 사람들을 통해 많은 걸 배웠다. 유목민처럼 수

많은 나라와 도시, 마을을 누비며 수많은 교훈을 얻었다. 그들에게 큰 신세를 진 덕분에 이 책을 쓸 수 있었다.

하지만 처음부터 그렇게 세상 곳곳을 노크하며 살려고 했던 건 아니다. 어릴 때 목표는 변호사가 되어 아버지의 법률 회사를 물려받는 것이었다. 인도의 대도시 콜카타에 있는 전도유망한 법률회사 피시고스앤코P. C. Ghose & Co.의 새 주인이 되고 싶었다.

나는 지식이 넘치는 도시 콜카타를 사랑했다. 그곳은 카페와 서점이 즐비해 지적 욕구를 충족시키기 좋았다. 아버지의 회사를 물려받겠다는 생각은 꽤 괜찮은 목표였다. 어렸을 때 부모님을 따라 콜카타의 밸리군지 순환로의 널찍한 집으로 이사를 왔는데 원래 계획대로라면 아마 나는 그곳에서 결혼해 아이를 낳고 살았을 것이다. 그리고 헤이스팅스가의 수평으로 뻗은 사무실 건물 1층(미국식으로는 2층)에서 근무했을 것이다. 그 건물에는 긴 발코니가 있었는데, 물건을 도난당했거나 유언장 때문에 분쟁 중이거나 미납 임대료 문제로 온 의뢰인들이 그곳에서 변호사와의 상담을 기다리며 아래 풍경을 내려다보고 있었다. 거리는 낡은 정장이나 도티와 사리(각각 남자와 여자의 인도 전통 의상―옮긴이)를 입은 보행자들과 교통 상황은 아랑곳하지 않고 경적을 울려대는 운전자들 때문에 늘 소란스러웠다.

하지만 런던정치경제대학교에 다니던 중 내 진로 계획이 바뀌었다. 당시 런던은 진보주의 운동과 새로운 아이디어의 중심지였다. 붐비는 강의실에서 경제학, 철학, 정치학 분야의 세계 최고 지성들이 설파하는 통찰력 있는 강의를 들으면서 어떻게 그들은 다른 사람들이 놓친 세상의 원리를 알아내는지 궁금해졌다. 그곳에서 나는 훗날 내 박사 과정의 지도교수가 된 아마르티아 센Amartya Sen 교수를 만났다. 사회선택이론과 정부의 재정 투자 계획에 대한 그의 강의를 들은 나는 경제학과 철학에 큰 흥미를 느꼈고, 이는 내가 진로를 바꾸는 데 결정적인 역할을 했다.

내가 교수로 처음 임용된 델리경제대학교는 1980~1990년대에 놀라운 특색이 있었다. 프랑스 예술의 중심지라고 알려진 파리의 레프트 뱅크Left Bank처럼 자유분방한 분위기 속에서 몇몇 최고 지성은 연구실보다 교내 카페에서 더 자주 목격되었다.

내 인생의 중요한 변화가 다시 생긴 건 예상치 못하게 코넬대학교에서 교수직을 제안받았을 때였다. 조금 두렵기도 했다. 아내 알라카와 함께 델리에서 17년 동안 안정적으로 생활하며 이사는 생각도 안 하고 있었기 때문이다. 하지만 돌이켜 생각해보니 코넬대학교의 제안은 행운이었다. 당시 나는 행정 업무를 맡아 스트레스를 받기 시작했었고 코넬대학교는 내게 필요한 변화를 안겨주었다.

미국 이타카로의 이사는 탁월한 선택이었다. 획기적인 융합 학문의 중심지에 빠르게 안착할 수 있었고, 당시의 경험은 이 책을 쓰는

데 많은 도움이 되었다. 처음엔 약간 당황스러운 일도 있었다. 코넬대학교에서 일하게 될 줄 전혀 몰랐을 때 인도 신문에 《해럴드 래스키: 좌측의 삶Harold Laski: A Life on the Left》이라는 책을 읽고 서평을 썼다. 저자들과 일면식이 없던 나는 거침없이 비판했다. 유리스 홀에 있는 새 연구실로 짐을 옮긴 지 얼마 되지 않았을 때 그 책의 공동 저자이자 미국의 사학자인 아이작 크램닉Isaac Kramnick에게서 전화를 받았다. 그는 내 서평을 읽어보았다고 말했다. 그리고 아주 놀랍게도 내 연구실에서 서너 건물 떨어진 정치학과에 있다고 알려주었다. 우리는 만나서 함께 점심을 먹기로 했다. 아이작 크램닉은 내가 만난 사람 중 가장 매력적이고, 불손하나 따뜻한 사람이었다. 우리는 순식간에 친구가 되었다.

그를 통해 내 인맥은 경제학 분야를 넘어 빠르게 확장되었다. 이후 알라카와 나는 정기적으로 만나 다양한 학문을 넘나들며 이야기를 나누는 모임의 일원이 되었다. 이 모임에는 코넬대학교의 국제학 석좌교수인 피터 카젠스타인Peter Katzenstein과 미국학 명예교수인 메리 카젠스타인Mary Katzenstein 부부, 미국학 명예교수인 글렌 알트츨러Glenn Altschuler, 고전학자이자 전 총장인 헌터 롤링스Hunter Rawlings와 엘리자베스 부부, 경제학 교수인 게리 필즈Gary Fields와 비비안 부부, 개발경제학자인 에릭 토벡Erick Thorbecke과 찰라 부부를 비롯해 여러 사람이 있었다. 정치학, 철학, 개발경제학에 관심이 많았던 나는 대단히 유능하며 대화를 좋아하는 사람들로 구성된 이 모임에 큰 빚을 졌다.

　이렇게 관심 분야는 폭넓어졌지만 여전히 내 주된 연구 분야는 주류 경제학이었다. 나는 오랜 시간에 걸쳐 이 책의 아이디어를 차곡차곡 쌓아오고 있었다. 그러던 어느 날 책 집필을 구체화하게 된 계기가 생겼다. 2019년 3월 27일 나는 코넬대학교 철학과에서 열리는 토론회에 초대받았다. 편안하게 다양한 주제를 논할 수 있는 대화의 장이었다. 코넬대학교에서 철학 박사 학위를 받은 애비 아펠Avi Appel, 코넬대학교 철학 교수인 태드 브레넌Tad Brennan, 라차나 캄테카Rachana Kamtekar, 시어도어 코르주킨Theodore Korzukhin, 빙엄턴대학교의 철학 교수인 니콜 하순Nicole Hassoun과 토론을 하게 되었고, 어느새 나는 머릿속에 스치는 생각들을 빠르게 메모하고 있었다. 그렇게 토론회를 통해 영감을 얻었다.

　책 집필의 계기가 된 중요한 사건이 또 하나 있다. 어느 날 미국의 철학자 제프리 세이어 맥코드Geoffrey Sayre-McCord로부터 2022년 2월 뉴올리언스에서 열리는 철학·정치·경제Philosophy, Politics and Economics, PPE 협회의 연례 학회에서 연설을 해달라는 요청을 받았다. 그 기회를 통해, 마음 한편으로는 원했지만 직접적으로 닿을 수 없었던 세계에 들어갈 수 있었다. 덕분에 다양한 철학자, 정치학자와 대화할 수 있었고, 융합 학문 분야의 대규모 청중을 대상으로 도덕적 책임감에 대한 내 생각을 몇 가지 테스트해볼 수 있었다.

　그리고 같은 해에 독일 함부르크에 있는 부체리우스 로스쿨에서

여름학기를 맡아달라는 요청을 받았다. 그때 이 책의 원고를 한 번에 정리할 완벽한 기회가 생겼다. 로스쿨에서 만난 친구인 독일의 경제학자 한스 베른트 셰퍼Hans-Bernd Schaefer와 많은 토론을 하고, 목가적인 분위기가 펼쳐진 니더작센주에서 경제철학자 하르트무트 클리엠트Hartmut Kliemt, 경제학자 마를리스 알러트Marlies Ahlert와 이틀 동안 자유롭게 대화를 나누면서 이 책을 어떻게 구성하면 좋을지 아이디어를 얻었다. 그리고 얼마 지나지 않아 전체 원고를 어느 정도 완성할 수 있었다.

최종 원고는 2023년 봄 안식기에 끝냈다. 그때 나는 런던정치경제대학교에 있었다. 사실 내가 처음 마주한 인도 밖의 세계는 런던이다. 1972년에 나는 대학원 수업을 들으러 런던에 갔다. 그뒤 50년이 지나 다시 런던에 돌아와 그 시절의 향수를 느끼면서 학생처럼 책상에 앉아 원고를 최종적으로 다듬었다.

이 긴 시간 동안 정말 많은 사람의 도움을 받았다. 먼저 경제학자, 게임이론 전문가, 철학자의 글을 광범위하게 인용했다. 관련된 내용을 정확하게 전달하려고 세심한 노력을 기울였지만 분명히 빠진 내용이 있을 것이다. 특히 철학 문헌은 워낙 방대해 모두 다루는 건 불가능했다. 이런저런 주제의 책들을 손 가는 대로 뒤죽박죽 읽는 기이한 내 독서 습관 탓에 놓친 것도 있을 것이다. 책을 저술하는 동안, 학자로서 잘 알고 있어야 하지만 미처 몰랐던 지식을 가끔 발견하기도 했다. 귀납법에 따라 추론하건대, 쓴 것보다 놓친 내용이 더 많을 것이다. 그렇게 놓친 것에 대해 사과한다. 누락한 내용이 있다면 재판을 낼 때 보강할 것이다.

이 책에는 내 저서에서 인용한 것도 있다. 하지만 이 책의 독자층은 내 이전 책을 읽은 독자들과는 다를 수 있다는 점을 염두에 두고, 같은 내용이라도 좀 더 재미있게 전개하려고 노력했다.

이 책에서 다루는 내용에 대해 의견을 내주고 관련된 주제를 함께 토론해준 분들께 감사를 전하고 싶다. 이미 언급한 사람 말고도 카르나 바수Karna Basu, 래리 블룸Larry Blume, 스티븐 코트Stephen Coate, 크리스 코튼Chris Cotton, 애비너시 딕시트Avinash Dixit, 줄리아 마코위츠Julia Markowitz, 아지트 미슈라Ajit Mishra, 마이클 모엘러Michael Moehler, 푸란 몽지어Puran Mongia, 라이언 멀둔Ryan Muldoon, 더크 페레붐Derk Pereboom, 수디프타 사랑기Sudipta Sarangi, 닐람 세시Neelam Sethi, 히만잘리 산카르Himanjali Shankar에게 감사드린다.

이 기회를 빌려 조교와 학생들에게도 감사를 전하고 싶다. 발레리아 보디슈티아누Valeria Bodishtianu, 아비브 카스피Aviv Caspi, 제이콥 피셔Jacob Fisher, 마이어 프리덴베르크Meir Friedenberg, 첸양 리Chenyang Li, 피크리 피추완Fikri Pitsuwan, 하오쿤 선Haokun Sun, 살로니 바데이어Saloni Vadeyar, 펑페이 장Pengfei Zhang, 지후이 자오Zihhui Zhao에게 감사한 마음을 전한다. 함께 토론하며 의견을 나누고 이 책의 편집을 도와준 데 감사하다. 이 책의 최종 작업 단계에서 앤드루 고든Andrew

Gordon과 알렉스 크리스토피Alex Christofi가 제시한 의견이 대단히 큰 도움이 되었다.

마지막으로 아내 알라카와 두 아이 카르나와 딕샤에게 감사하다. 그리고 아이들의 배우자인 샵남과 마이키에게도 감사하다. 우리 가족은 이 책을 놓고 재미있게 찬반 토론을 했다. 알라카는 이 책의 전체 원고를 읽고 내용과 구성, 표현에 대해 자세하게 의견을 말해주었다. 아내의 읽는 속도가 얼마나 빠른지, 정말로 읽었는지 의문이 들 정도다. 하지만 페이지마다 '오류'라고 지적해놓은 걸 보면 읽은 게 틀림없다.

● 차례

2장 인생의 해법을 찾는 게임이론

3장 불안을 이기는 균형이론

4장 더 나은 선택을 도와주는 사고법

5장 선한 선택에 대한 역설

6장 집단 안에서 우리는 무엇을 선택하는가

7장 더 나은 세상을 위한 제언

1장

인생의 난제,
어떻게
풀 것인가

우리가 지닌 능력 중에서 행복과 가장 직결되지만,
의외로 많은 이가 제대로 사용하지 못하는 것이 있다.
바로 이성을 활용한 추론 능력이다.
추론 능력으로 삶의 어려움을 어떻게 극복할 수 있는지,
귀납적으로 생각하는 습관과 감정의 개입이
어떤 식으로 객관적인 추론을 방해하는지 알아보자.
이미 지닌 이성으로 제대로 추론해내기만 한다면
누구나 행복을 찾을 수 있다.

바이든은 푸틴의 머릿속에서
벌어지는 일을
예측할 수 있을까

인간의 행동을 예측하는 게임이론

현실에서 역지사지가 안 되는 이유

1972년 나는 런던정치경제대학교의 학생으로 런던에 왔다. 런던에 도착한 지 몇 주 안 되었을 때다. 학교 근처의 브런즈윅 스퀘어를 걷고 있는데 한 아이가 내게 물풍선을 날렸다. 물풍선이 어깨를 스쳤지만 다치거나 옷이 젖지는 않았다. 나는 이제 막 런던에 도착한 풋내기였고 사실 고향인 인도를 벗어나 다른 세계에 나온 것 자체가 처음이었다. 그래서 갑자기 물풍선이 날아든 사건이 잘잘못을 따질 만한 일인지 잠시 고민했다. 하지만 곧 그럴 가치가 없다고 판단하고 가던 길을 계속 갔다.

바로 그때 덩치 큰 남자가 내게 성큼성큼 다가오더니 대놓고 한심하다는 표정(풍선을 던진 아이보다 나를 더 한심해하는 표정이었다)을 지으며 말했다. "이봐, 청년. 내가 당신이라면 저 꼬마를 한 대 때려주겠소." 하지만 나는 즉시 머릿속으로 '아니요. 당신은 그러지 않을 겁니다. 왜냐하면 내가 그러지 않은 걸 이미 똑똑히 봤잖아요'라고 반박했다. 그의 폭력 성향을 감안해 이 말을 입 밖에 내지는 않았지만 말이다.

'내가 당신이라면'이라는 말은 칸트 윤리학에서 후생경제학, 게임이론에 이르기까지 도덕적 추론의 중요한 요소다. 하지만 이 표현을 오해하는 사람이 상당히 많다. '내가 당신이라면'이 문자 그대로의 의미라고 해보자. 그렇다면 '나'는 '당신'이 어떻게 행동하는지 이미 봤으므로, 내가 당신이라면 어떤 행동을 할지 예측할 아무런 이유가 없다. 그런데 '내가 당신이라면'이라는 말이 내가 당신과 '일부' 비슷하다는 의미라면 흥미로운 질문이 많이 생길 것이다. 내가 당신과 비슷한 부분은 여러 면이 있을 수 있기에 상당한 모호성이 생기는 것이다.

게임이론에는 이런 종류의 추론이 많다. 게임이론에 따르면 단지 나만 영리한 것으로는 충분하지 않다. 영리한 상대의 입장에서도 생각할 수 있어야 한다. 상대가 무슨 행동을 할지, 거기에 더해 상대가 내 행동을 어떻게 짐작할지까지 생각해야 한다.

브런즈윅 스퀘어가 런던대학교와 가깝다는 점을 고려하면 그 남자는 교수였을지 모른다. 어쩌면 그는 훌륭한 연구를 수행해왔을 수도 있다. 만약에 그렇다면 그는 순간적인 감정에 휩싸여 잠시 이성을 잃은 셈이다. 이는 인간의 공통적인 성향이자 수많은 판단 착오의 근원이다. 또 내가 이 책을 쓰게 된 주요 동기이기도 하다.

이 책의 목적은 우리는 왜 행복해져야 하는지, 행복해지려면 왜 이성적 추론을 해야 하는지 보여주는 것이다. 이를 위해 게임이론에서 사용되는 추론을 활용할 것이다. 게임이론은 사회적 상황을 연역적으로 추론하는 기술이다. 게임이론을 활용하면 전쟁과 외교, 기업 전략 개발뿐 아니라 일상적인 대인관계에도 도움이 된다.

파멸 직전 세상을 구한 케네디의 전략

1962년 10월 16일 화요일, 아침 9시가 조금 안 된 시간에 케네디 대통령은 국가안보보좌관 맥조지 번디McGeorge Bundy에게서 긴급 보고를 받았다. 미국의 U2 정찰기가 소련이 쿠바에 핵탄도 미사일을 배치한 것을 발견했다는 내용이었다. 미국의 도시들을 단 몇 분 만에 폭격할 수 있는 거리에 핵무기가 배치된 것이다. 케네디는 미국의 대통령으로서 무엇을 해야 할지 결단을 내려야 했다. '내가 만일 어떤 특정 행동을 한다면 소련의 공산당 총리 니키타 흐루쇼프 Nikita Khrushchev는 그에 대해 어떻게 대응할까?' 케네디의 결정은 전적으로 이 질문에 대한 스스로의 판단에 달려 있었다. 또한 그는 흐루쇼프 역시 자신의 행동에 미국이 어떻게 대응할지 판단한 후에 다음 행동을 결정하리라는 사실을 분명히 알고 있었다. 이것은 고전적인 게임이론으로, 체스나 브리지 게임에서 흔히 쓰이는 추론 방식이다. 다만 다른 점은 체스판의 말이 아니라 삶과 죽음을 걸어야 했다는 것이다.

그 이후 13일은 인류가 목격한 가장 위험한 시기로 역사에 남았다. 시시각각 상황이 위태로워지는 오싹한 '게임'을 전 세계가 지켜보았다. 무려 180대에 달하는 핵무기 탑재 폭격기가 소련 국경까지 갔다가 돌아오기를 반복했다. 메시지는 분명했다. '미국을 공격하면 미국은 파괴되겠지만 소련도 그렇게 될 것이다.' 이른바 세컨드 스트라이크second-strike 전략을 구사했던 것이다. 이는 보복 타격의 능력을 보여줘서 선제공격을 단념시키려는 전략이다. 일부 국가가 핵을 보유한 이후로 다른 국가들도 핵무기 생산을 고려하게 되면서 세컨드 스트라이크 능력은 국제사회에서 반드시 갖춰야 할 요건이 되었다. 세컨드 스트라이크 능력을 갖추지 못한 채 핵무기 보유국이 되어봤자 다른 국가의 공격을 부르는 꼴이기 때문이다. 미국이 보여준 세컨드 스트라이크 능력은 효과가 있었다. 흐루쇼프는 결국 물러섰고 세상은 안전해졌다.

비밀리에 진행된 탓에 세상의 이목은 거의 끌지 않았지만 백악관에서는 전략과 상대의 반응에 따른 대응 전략을 두고 장시간에 걸친 논의가 있었다. 케네디는 엿새 동안 신경이 곤두선 채 하루하루를 보냈다. 오랜 시간 숙고한 끝에 그는 10월 22일에 국민에게 미국이 직면한 위험을 공표하기로 했다. 그리고 미국이 어떤 행동을 계획하고 있는지 서신으로 흐루쇼프에게 알리기로 했다.[1] 세계는 엿새 동안 케네디가 세운 탁월한 전략에 큰 빚을 졌다. 그의 전략 덕분에 전 인류가 파멸에 이르기 직전에 흐루쇼프가 핵 버튼에서 손을 뗐으니 말이다. 흐루쇼프는 체면을 잃긴 했지만 세계를 위험에 빠뜨리지 않기로 결정했고, 그 선택에 대한 공로는 인정받을 만하다.

케네디가 이 전쟁 게임을 훌륭하게 풀어나갈 수 있었던 것은 1년 전 피그만 침공 작전이 처참하게 실패한 덕분이었다. 피그만 침공 때 미국은 쿠바에서 망명한 사람들을 활용해 군사작전을 펼쳤지만 쿠바의 병력에게 민망하리만큼 빠르게 격퇴당했다. 케네디는 쿠바의 공산당 정권을 전복시키려는 시도가 실패했던 건 총과 무기가 부족해서가 아니라 충분한 시간을 갖고 숙고하며 전략을 세우지 않았기 때문이라는 사실을 깨달았다. 어니스트 메이Ernest May 와 필립 젤리코우Philp Zelikow 가 발표한 논문에 따르면 케네디는 피그만 침공의 실패를 통해 "극소수의 사람에게서만 조언을 얻고 문제에 거의 시간을 할애하지 않았다"는 사실을 깨달았다.

이후 그는 미국의 경제학자 토머스 셸링Thomas Schelling 에게 핵전략을 주제로 논문을 써달라고 요청했다. 맥조지 번디의 말을 빌리면 1961년 7월 5일에 제출된 논문을 읽고 "대통령은 깊은 인상"을 받았다. 그리고 토머스의 논문은 다음 해 쿠바 미사일 위기가 발생했을 때 국가적 차원에서 전략을 세워 이행하는 데 큰 역할을 했다.

훗날 토머스는 게임이론 분야에서 선구적인 업적을 쌓아 노벨 경제학상을 받았다.

내가 이 책을 쓰고 있을 때 미국 바이든 대통령은 블라디미르 푸틴Vladimir Putin의 우크라이나 침공에 대응하는 데 열중하고 있었다. 바이든은 자신이 고려 중인 각각의 지원 조치에 대해 푸틴이 어떻게 대응할지 생각해야 했다. 하지만 푸틴이 과연 합리적인 행동을 할 것인지에 대한 의문으로 걱정이 많았다. 미국의 언론인 파리드 자카리아Fareed Zakaria가 연출한 CNN 다큐멘터리 〈블라디미르 푸틴의 머릿속Inside the Mind of Vladimir Putin〉은 인기리에 방영되었다. 유일한 문제라면 방송을 끝까지 보더라도 푸틴의 머릿속에서 실제로 무슨 일이 벌어지는지 알 수 없다는 것이다. 게임이론은 20세기에 등장해 가장 큰 관심을 받는 분야 중 하나지만 푸틴의 경우처럼 상대의 합리적인 행동을 예측할 수 없는 사각지대가 있다. 이 사각지대를 헤쳐나가기 위해 우리는 직관, 심리학, 정치학, 철학을 활용해야 한다. 그리고 모든 문제에 해결책이 있는 건 아니라는 사실을 받아들여야 한다. 다양한 접근법으로부터 얻은 여러 통찰을 종합해 판단함으로써 성공 가능성을 높이는 수밖에 없다.

게임이론을 인생의 위기에 적용할 수 있을까

인류는 지난 수천 년 동안 다른 사람이 어떤 생각을 하고 있을지 직감적으로 예측하는 능력을 발전시켜왔다. 그리고 그러한 직감이 게임이론의 일부 토대를 제공했다. 하지만 게임이론은 논리적이고 독립적인 학문으로서 아직 완전히 성숙하지 못했다. 프랑스의 저명한 수학자이자 정치인인 에밀 보렐Émile Borel은 1920년대에 게임이론에 관한 매우 중요한 업적을 몇 가지 남겼다. 하지만 게임이론은 20세기 중반에 이르러서야 경제학, 정치학, 심리학에서부터 진화생물학, 컴퓨터공학, 철학에 이르기까지 매우 광범위한 분야에 영향을 미치며 우리에게 확실히 모습을 드러냈다. 영국의 시인이자 소설가 필립 라킨Philip Larkin은 《채털리 부인의 연인》에 대한 금서 지정이 풀리고 비틀스가 첫 LP 음반을 발표했을 무렵 처음으로 쾌락을 맛보았다고 말했는데, 이와 비슷하게 게임이론은 이미 존재했지만 그 진가는 나중에 발현되었다. 즉, 원자폭탄이 개발되고 국제 협력이 시작되면서 글로벌 기업이나 각국 정부들이 새로운 방식으로 경쟁하게 되었는데, 이와 동시에 게임이론이 대두된 건 우연이 아니다. 게임이론은 전쟁과 외교, 기업 전략을 위한 분석 도구를 제공하면서 현대 세계에 새로운 관점을 만들어주었다.

이제부터 게임이론을 사용해 우리가 어떻게 인생의 시련에 대처할 수 있는지 보여줄 것이다. 하지만 이 책의 모든 내용이 특정한 문제의 직접적인 해법을 제시하려고 쓰인 것은 아니다. 이 책을 한 번에 몇 장씩 읽으면 마치 조깅이 몸에 이로운 것처럼 정신에 이로울 것이다. 우리는 보통 어떤 생산물을 만들거나 돈을 벌려는 목적으로 조깅을 하진 않는다. 몸을 튼튼하게 만들어 다른 일도 더 잘해

내려고 조깅을 한다. 마찬가지로 논리와 게임이론은 정신을 훈련시키는 데 도움이 된다. 이를 통해 다른 정신적 활동을 더욱 효과적으로 해낼 수 있다. 매일 스도쿠나 십자말풀이를 하는 대신 이 책을 몇 장씩 읽어보는 것도 좋겠다.

그렇게 읽다 보면 몇 가지 중요한 수수께끼와 역설에 부딪힐 것이다. 하지만 조깅이 뛰는 행위 자체로 즐겁듯, 이 책은 읽는 그 자체로 즐거움을 준다. 그리고 정신적 긴장을 푸는 데 도움이 된다. 초기 그리스 철학자, 특히 스토아학파가 잘 인식했듯이 철학은 단순히 지적인 탐색에 그치지 않는다. 철학은 삶의 방식이다. 그리고 철학적 사유를 하다가 풀리지 않던 역설 중 하나라도 해법을 찾아낸다면, 설사 거기서 행복을 얻지 못하더라도 당신은 철학자로 역사에 남을 수 있을 것이다. 그게 당신에게 위안이 된다면 말이다.

우리의 인생이
닭과 같다고
실망하지 마라

버트런드 러셀과 귀납법의 오류

고대 수학자 탈레스는 어떻게 일식을 예측했을까

'당신에게 위안이 된다면'이라는 경고는 필요하다. 프랑스의 철학자 장바티스트 르 롱 달랑베르Jean-Baptiste le Rond d'Alembert 의 양어머니가 했던 걱정을 생각해보자. 달랑베르는 생모에게서 버림받았다. 그의 생모는 1717년 11월 16일에 그를 출산한 후 며칠이 지나지 않아 파리의 생장르롱Saint-Jean-le-Rond 교회 계단에 핏덩이를 버리고 달아났다. 달랑베르의 이름은 그 교회의 이름을 따서 지어졌다. 달랑베르는 고아원에 맡겨졌다가 나중에 양모의 손에서 자랐다. 태어나면서부터 모진 시련을 겪었지만 기적처럼 그는 세계에서 가장 위대한 사상가 중 한 명이 되었다. 달랑베르는 수학과 철학, 음악 이론, 물리학에 지대한 공헌을 했다. 하지만 양어머니가 볼 때는 그가 일다운 일은 하지 않는 것 같았다. 그래서 그를 볼 때마다 한심해했다고 한다. 달랑베르가 무언가 놀라운 걸 발견하고 이를 이야기하자 양어머니가 보였다는 반응은 유명하다. "너는 철학자밖에 못 되겠구나. 그런데 그놈의 철학이라는 게 평생 스스로를 괴롭히는 일이지. 죽은 다음에야 사람들이 좀 알아줄까 모르겠다."[2]

사실 철학을 비롯한 모든 정신적 탐색에는 현실도피의 요소가 있다. 하지만 여기에는 아무런 해가 없다. 오히려 아타락시아ataraxia라는 정신적 평정을 이루게 도와준다. 고대에는 엘리스 출신의 피론Pyrrho 같은 회의론자와 키프로스 섬의 제노Zeno, 바빌론의 디오게네스Diogenes, 에픽테토스Epictetus 같은 스토아학파가 정신적 평정이라는 사상을 주도했다. 한편 진리와 과학을 탐구하면 종종 지적으로 크게 도약하기도 한다. 그러한 도약은 우주에 대한 이해를 확장하고 더 나은 세상을 만들 수단을 제공해준다.

전해지는 바에 따르면 학문으로서의 철학은 기원전 585년 5월 28일에 시작되었다. 그날 일식이 있었다. 물론 처음 있는 일은 아니었다. 다른 점이 있다면 밀레토스의 탈레스Thales가 일식이 일어날 것을 예측했다는 사실이다. 탈레스는 기하학의 대가로서 원과 직각 삼각형의 놀라운 정리를 입증해낸 인물이다. 천체를 자세히 관찰할 관측 도구가 거의 없던 시절에 일식을 예측할 수 있었던 것은 깊은 사색과 고찰 덕분이었다. 일식 예측은 인류가 지적으로 크게 도약한 중요한 사건이었으며, 수년 수개월에 걸쳐 행성들과 별들의 움직임을 추적한 결과였고, 귀납추리와 연역추리의 산물이었다.

자연의 패턴을 관찰해 미래에 무슨 일이 있을지 결론을 도출하는 것은 대표적인 귀납추리다. 우리는 대부분 내일 태양이 떠오를 거라고 믿는다. 과거에 태양이 규칙적으로 떠오르는 것을 관찰했기 때문이다. 이것이 귀납추리다.

이와 달리 연역추리는 오로지 논리에 근거해, 어떤 전제하에 결론을 끌어낸다. 이때 그 전제는 의심할 여지가 없는 '참'이다. 예를 들어 '직각삼각형의 빗변의 제곱은 나머지 두 변의 제곱을 합한 것과 같다'라는 결론을 내리기 위해 세상의 수많은 삼각형을 가져와 철저히 계산할 필요는 없다. 삼각형, 직각, 정사각형의 정의에 따라 결론을 내리면 된다. 그런 개념은 매우 명확해서 원칙적으로는 누구나 이해할 수 있다. 하지만 피타고라스가 이를 증명하기 전에는 누구도 그 개념을 이해하지 못했다. 심지어 피타고라스가 사망한 후 2500년이 지난 지금도 학생들은 종종 그 개념을 이해하느라 애를 먹는다.[3]

닭이 저녁 식탁에 오르는 상황을 피하는 방법

일찍이 나는 철학에 푹 빠졌다. 영국의 논리학자이자 수학자 그리고 철학자인 버트런드 러셀Bertrand Russell의 논문 〈철학의 문제들

The Problems of Philosophy〉에 실린 귀납추리를 매우 인상적으로 읽은 것이 계기였다. 그 논문에는 이런 이야기가 실려 있다. '한 남자가 날마다 닭에게 먹이를 주었다. 그러다가 어느 날 먹이를 주지 않고 모가지를 비틀어 죽였다. 닭이 자연의 균일성Uniformity of Nature, UN(귀납법 논리를 탐구한 존 스튜어트 밀이 처음 쓴 용어로, 자연은 무질서하지 않고 규칙적으로 작동한다는 뜻—옮긴이)에 관해 좀 더 발전된 관점을 가졌다면 도움이 되었을 것이다.' 이 이야기는 귀납법의 함정을 완벽하게 보여주며 우리에게 회의적인 시각을 부추긴다. 그리고 이성적 사고로 추론하라고 강력히 권한다. 나는 닭 이야기에서 배울 게 많다고 생각한다.

이 이야기에서 내가 동의하지 않는 유일한 부분은 닭의 관점을 지적하는 부분이다. 그 내용을 약간 다르게 수정해보고 싶다. 이렇게 해보면 어떨까. '한 남자가 날마다 닭에게 먹이를 주었다. 그러다가 어느 날 먹이를 주지 않고 모가지를 비틀어 죽였다. 그러므로 이 이야기는 인간에게 닭과 같은 삶에서 무엇을 배우면 유익할지 보여준다.'

닭이 저녁 식탁에 오르는 상황을 피하고자 스스로 할 수 있는 일은 십중팔구 아무것도 없을 것이다. 인간의 삶에도 스스로 통제할 수 없는 일이 있다. 자신이 통제할 수 없는 상황 때문에 초조해한다면 스스로 불필요한 고통을 초래할 뿐이다. 물론 어떤 상황에서는 더 좋은 선택을 통해 돈이나 권력, 명성 등 자신이 추구하는 것을 최대한 얻게 해주는 '실행 가능한' 행동이나 전략이 있을 수 있다. 그러한 전략을 실행하기 위해 치밀한 계획을 세우는 일은 당연히 도움이 된다. 하지만 우리 인간이라는 존재는 자신이 통제할 수 없는 문제로 불안해하며 고민하는 데 지나치게 많은 시간을 쓴다. 닭이 자신의 운명에 대해 할 수 있는 게 전혀 없다면 남자에게 화를 내며 달려들어봤자 먹이가 줄어들거나 발길질만 당했을 것이다. 닭같이 살라는 말은 닭처럼 미래가 과거와 똑같을 거라는 착각 속에 빠지라는 뜻은 아니다. 삶의 행로를 바꾸기 위해 할 수 있는 게 아무것도 없다면, 과거에 좋았던 일을 떠올리고 미래도 과거만큼 좋을 것이라고 '가정하며' 살기 위해 노력해야 한다는 뜻이다.

러셀의 사고실험은 귀납법이 지닌 문제점에 이목을 집중시킨다. 태양이 매일 떠올랐다고 한들 내일도 태양이 떠오른다는 보장은 없다. 물론 인생은 귀납법에 의지한다. 인간은 자연에 있는 패턴을 관찰한다. 아니 더 정확히 말해, 자연을 관찰하고 머릿속에 패턴을 만든다. 하지만 여기에 객관적인 근거는 없다. 많은 과학적 증거에도 불구하고 백신 접종이 코로나19를 예방해주지 않는다고 믿는 사람이 있다면 그 주장을 일축할 설득력 있는 근거는 없다. 과학과 미신의 차이는 우리가 생각하는 것만큼 크지 않다. 정말 정직한 결론에 이르려면 우리는 회의론자가 되어야 한다.

프랑스 사진작가 에릭 발리Eric Valli는 네팔 구룽족의 삶 속으로 들어가 다양한 사진을 찍었다. 구룽족 마을에서는 높은 나무에 매

달려 꿀을 채취하는 사람들의 모습을 흔히 볼 수 있다. 한번은 에릭이 한 남자에게 구룽족도 나무에서 떨어질 때가 있느냐고 물었다. 그 남자는 무표정한 얼굴로 대답했다. "그럼요. 생이 끝날 때 떨어지죠."[4] 나는 당신이 구룽족의 관점을 무시하지 않기를 바란다.

인과관계를 밝힐 때 귀납법을 의심해야 하는 이유

귀납법은 당연히 중요하다. 하지만 인과관계를 밝힐 때는 귀납법의 결함을 인식해야 한다. 연구자들이 어느 마을 주민들에게 기억력을 개선하는 녹색 화학물질을 주사하고 그 효과를 측정하는 실험을 한다고 해보자.[5] 그들은 많은 주민을 대상으로 실험을 진행하고 그 주사가 피실험자 모두의 기억력을 크게 개선한다는 사실을 알아낸다. 더구나 부작용도 전혀 없다. 연구가 성공적으로 진행되면 중요한 발견으로 인정받을 것이며 주요 과학 학술지에도 그 내용이 실릴 것이다. 이제 그 마을에 이브라는 여성이 있다고 하자. 그녀는 아직 주사를 맞지 않았지만 기억력이 좋아지기를 바란다. 연구자들의 과학적 연구에 근거해 그녀도 녹색 주사를 맞으면 기억력이 향상될 거라고 추론할 수 있을까? 귀납법을 믿는 사람은 자신 있게 그렇다고 대답할 것이다. 하지만 그런 확신은 어딘가 의심적은 구석이 있다. 앞서 언급된 과학 실험에서 세부 사항 몇 가지를 더 고려해보자.

그 마을에 뱀, 개구리, 쥐, 박쥐가 많이 살고, 인간은 이브 한 명뿐이라고 가정해보자. 연구자들은 신뢰할 만한 표본을 얻기 위해 인간을 제외한 많은 생명체에게 녹색 주사를 놓았고, 앞서 언급한 대로 기억력이 향상되는 결과를 얻었다. 하지만 인간인 이브는 녹색 주사를 맞는 게 좋을지 망설일 수밖에 없다. 녹색 주사가 뱀, 개구리, 쥐, 박쥐에게 효과가 있고, 또 이브가 과학적 표본의 모집단에 속한다는 건 분명한 사실이다. 하지만 이런 사실은 그다지 위안이 되지 않는다.

만약 이웃 마을(이 마을의 생명체는 모두 인간이다)에서 위 실험이 주민 한 명에게만 실시되었고 주사를 맞은 사람이 기억력이 좋아지기는커녕 욱신거리는 두통만 얻었다는 소식이 전해지면, 우리는 모두 이브의 회의적인 생각에 공감할 것이다.[6]

다행히 회의론과 이성적 추론은 마음의 평정을 얻는 핵심 열쇠이기도 하다. 이 둘은 삶에 도움이 될 뿐 아니라 행복의 근원이다. 앞서 나는 탈레스가 오랜 시간 동안 행성들을 관찰하고 깊이 사색한 결과 경이로운 과학적 통찰을 얻었다고 언급했다. 긴 시간의 고찰과 추론은 그 자체로 탈레스에게 기쁨과 평화의 근원이 되었을 것이라고 나는 믿는다. 이 책을 다 읽을 무렵 당신도 지식 추구가 쾌락의 한 형태라는 사실에 동의하게 되기를 바란다.

한 가지 짚고 넘어갈 것이 있다. 추론의 가치가 치료가 필요한 정신질환이 있는 경우까지 아우르는 것은 아니라는 점이다. 정신질환이 있는 경우에는 이성을 통제할 능력이 부족할 수 있고, 그런 상태에서는 추론을 해봤자 별로 도움이 되지 않을 가능성이 크다. 이에 관한 적절한 사례가 있다. 역설적이게도 게임이론에서 중대한 업적을 세운 미국 수학자 존 내시John Nash가 그런 경우였다. 내시는 역사상 가장 뛰어난 지성인 중 한 명이었지만 조현병으로 인해 오랜 시간 정상적인 생활을 하지 못했다. 그 기간에는 추론의 대가인 내시도 사고력으로 스스로를 도울 수 없었다.

이 책에서 그러한 심각한 심리적 문제는 다루지 않는다. 이 책은 일상생활에서 부딪히는 시련과 고난을 헤쳐나가는 방법에 초점을 맞춘다. 세월이 흐르면서 나는 가장 쉽게 활용할 수 있으면서도 사람들이 잘 써먹지 못하는 명약이 바로 추론이라는 사실을 확신하게 되었다.

최고의 체스 선수는
자신이 지고 있다고 해서
화내지 않는다

위기를 극복하는 합리적인 자세

읽지 않은 책에 대해 말하는 법

나는 스스로를 대체로 행복한 사람이라고 생각한다. 근심 걱정이 많지 않고 사람들과 어울리는 것을 좋아한다. 딱히 성별을 가리지는 않지만 여자가 좀 더 편하다. 그리고 운이 좋게도 나는 우연한 기회에 좋아하는 진로로 들어서게 되었다.

항상 그랬던 것은 아니다. 내게도 우울한 시기가 있었다. 17살 때 나는 절망에 빠졌다. 이 세상에서 아무런 희망을 찾을 수 없다는 생각이 가득했다. 불안이라는 불안은 모두 내 안에 똬리를 틀고 있었고 그 암흑이 절대 사라지지 않을 거라고 확신했다. 하지만 천만

다행으로 상태는 호전되었다. 우울감이 점차 나아지기 시작했고 1년 반이 지난 뒤에는 말끔하게 사라졌다. 예기치 못한 우울증에 시달렸던 게 나로서도 당황스러워서 누구에게도 이 일을 말하고 싶지 않았다. 주변 사람들이 알면 슬퍼할까봐 친구들에게도, 부모님에게도 말하지 않았다.

나는 인도 콜카타에서 유복하고 행복한 어린 시절을 보냈다. 부모님과 네 명의 누나가 있었는데 가족들은 나를 끔찍하게 사랑해주었다. 아버지는 내성적인 분이라 자녀에 대한 사랑을 행동으로 표현한 적이 거의 없고, 누나들이나 내가 몸이 아프거나 감기에 걸리면 평소보다 더 늦게 퇴근했다. 나중에 어머니가 웃으면서 이야기해준 바에 따르면, 아버지는 자식이 아픈 걸 차마 볼 자신이 없어서 자리를 피한 거라고 한다. 대신 사무실에서 수시로 전화해 우리의 몸 상태를 확인했다고 한다.

어린 시절 나는 수많은 친척과 한 동네에서 살았다. 요즘 들으면 충격적일 수 있지만 그들은 우리 집에 무척 자주 들렀다. 미국에 왔을 때의 일화가 떠오른다. 인도 문화에 호기심을 느낀 미국인 동료가 부모님이 내 방에 들어오기 전에 노크하느냐고 물었다. 오, 이런. 부모님이 노크를 하지 않을 뿐 아니라 이웃에 살던 친척들도 내 방에 불쑥 들어오곤 했다.

아버지는 가난한 가정에서 자랐다. 할아버지가 일찍 돌아가시는 바람에 찢어지게 가난한 생활을 했다. 아버지는 홀어머니와 11명이나 되는 형제자매를 위해 고생스럽게 일했지만 수입은 변변치 않았다. 일과 공부를 병행하느라 늦은 나이에 법학 학위를 받았다. 아버지가 그 어려운 시기를 잘 헤치고 변호사로 성공한 것은 정말 의외의 일이었다. 내가 기억하는 가장 어린 시절부터 이미 우리 집에는 일하는 사람이 여럿 있었다. 다소 봉건적인 방식으로 충성하는 운전기사들과 집사들이 집안일을 도왔다. 1968년 나는 고등학교를 졸업하고 안정적이고 편안한 생활을 계속할 준비를 하고 있었다. 부모님과 함께 살며 매일 차를 타고 대학교에 다닐 생각이었다. 그런데 어느 날 어머니가 내게 오더니 이렇게 말했다. "아버지는 네가 델리의 세인트스테판칼리지에 입학하는 것이 어떻겠느냐고 하시는구나." 그 말을 따르면 3년 동안 집을 떠나 지내야 했다. 하지만 말하는 분위기로 보니, 아버지가 내게 그렇게 하도록 강권하는 거였다. 청천벽력 같았다. 세인트스테판칼리지는 인도 최고의 대학이었지만 부모님이 내가 그렇게 오랫동안 집을 떠나 있기를 바랄 것이라고는 꿈에도 생각하지 못 했다.

하지만 돌이켜보니 그건 내 인생에서 가장 현명한 선택 중 하나였다. 아버지는 세상 경험이 많은 철학자였다. 아버지도 날 떠나보내려니 섭섭했지만 아들이 혼자서는 아무것도 못 하는 사람이 되지 않게 하려면 독립이라는 충격 요법이 필요하다고 생각했던 것이다. 결국 나는 세인트스테판칼리지에 지원했다.

입학 면접에서 가슴이 철렁 내려앉는 순간이 있었다. 경제학이 좋아서 지원하게 되었다고 거짓말을 했는데 갑자기 경제학부 학과장 N.C. 레이N.C. Ray가 경제학 분야에서 인상 깊게 읽은 글이 있느냐고 물었다. 경제학을 좋아한다면서 아무것도 읽은 게 없다고는 차마 말할 수 없었다. 그때 고등학교 교과서에 반쪽 정도 실린 내용이 기억났다. 그래서 더듬거리며 '마르크스의 잉여가치설과 그것이 잘못된 이유'에 대해 말했다. 나는 콜카타의 세인트자비에르고등학교에 다녔는데, 당시 선교사를 겸했던 도덕 선생님이 그 반쪽을 외우게 했다. 다행히 그때 외운 걸 기억해내어 면접관 앞에서 카를 마르크스Karl Marx의 잉여가치설에 대해 읽고 그것이 잘못되었다는 결론을 내렸다고 5분 동안 자세하게 말했다. 면접관은 내 지식에 깊은 인상을 받았고, 나는 지식 없이도 그렇게 말을 잘할 수 있는 내 능력에 깊은 인상을 받았다.

우울증에서 나를 구한 추론의 힘

1969년 7월, 그렇게 해서 17살에 두려움에 휩싸인 채 처음으로 집을 떠나 루드라 사우스에 있는 세인트스테판칼리지 기숙사로 이사했다. 그곳에서 만난 학생들은 나보다 훨씬 활기가 넘쳤다. 인도의 다른 지역에 있는 서구화된 기숙학교를 졸업하고 온 학생들이었다. 집을 떠나 새로운 환경에 들어왔는데, 서구 문화에 적응한 학생들과 괴리감까지 느껴지니 불안했다. 하지만 적어도 처음 3개월 동안은 아무렇지도 않은 듯 지냈다.

하지만 10월에 2주간의 방학을 마치고 학교로 돌아오니 감정이 바닥을 치기 시작했다. 지금까지도 당시의 내게 무슨 일이 일어났었는지 잘 모르겠다. 과보호 받던 집에서 벗어나서 그런 감정이 촉발되었던 걸까? 열등감 때문이었을까? 똑똑한 학우들의 수준에 미치지 못할까봐 걱정되었던 걸까? 특정한 병명이 있는 심리적 문제였을까? 다른 사람도 그런 병에 걸린 적이 있을까? 무엇이 그 병을 일으키는지 알려져 있을까?

내가 이 문제를 궁금해하는 건 순전히 지적 호기심 때문이다. 혹시 독자 중 누군가로부터 답을 얻을 수 있으니 한두 가지 세부적인 정보를 알려주겠다. 당시 내게는 불안인지 낙담인지 우울감인지 모를 감정(정확하게 뭐라고 불러야 할지 잘 모르겠다)이 매일 반복적으로 나타났다. 잠에서 깼을 때는 기분이 그런대로 괜찮았다. 그러다가 아침 어느 때부터 불안감이 들기 시작해 늦은 오후가 되면 극에 달했다. 그러다가 밤이 되면 서서히 나아졌다.

그렇게 몇 개월 지나자 마음 편한 밤 시간이 점차 짧아졌고, 불안과 우울이 점점 커지면서 만사가 귀찮아졌다. 주기가 있는 게 아니라 계속 그랬다. 내게는 어떠한 포부도 없었다. 그동안 소중하게 생각해온 일에도 더는 관심이 가지 않았다. 아무런 목적 없이 살고 있는 듯한 내 모습 때문에 처절한 절망감에 빠졌다.

존 스튜어트 밀John Stuart Mill도 20살 때 나와 비슷한 상황을 겪었다는 글을 읽었다. 평소 같으면 존 스튜어트 밀과 공통점이 생겼다고 아주 신이 났겠지만 그 당시에는 그조차 아무 의미가 없었다. 어쨌든 나는 계속 강의를 들었고 많은 친구를 사귀었으며 그들과 우정을 나누며 가까워졌다. 하지만 아무도 내가 무슨 일을 겪고 있는지 짐작도 못 했다. 1년 후 나는 이 먹구름 같은 암흑이 내 인생에서 사라지지 않을 거라는 사실을 받아들이기로 했다.

하지만 사라졌다. 그 암흑에서 내가 어떻게 빠져나왔는지는 모르겠다. 한창 우울감에 빠져 있을 때 정신과 진료를 받은 적이 있긴 하다. 정신과 진료는 그때가 처음이자 마지막이다. 박식하고 지적인 의사는 지크문트 프로이트Sigmund Freud와 카를 융Carl Jung을 비롯해 많은 정신 분석가에 관해 이야기하며 인간이 겪는 문제 중 상당수가 섹스나 돈, 명성 같은 단일 목표에 너무 큰 의미를 부여해서 생긴다고 말했다. 또한 내 또래의 사람들이 잠재된 성적 불안으로 인해 심리적 압박감을 느낀다고 말했다. 그는 이런 문제를 프로이트 탓으로 돌렸다. 프로이트가 심리적 문제의 성적 기원을 강조한 탓에 그것이 자기충족적 예언이 되었다는 것이다. 그 의사는 인생에서 하나의 가치가 다른 것보다 더 중요하다는 생각을 버리면 어깨에 짊어진 무거운 짐을 내려놓을 수 있다고 말했다. 그 상담이 내게 직접적인 도움이 되었는지는 모르지만 그와 나눈 지적이고 인간적이며 따뜻했던 대화는 기억에 남는다.

20살 무렵에 우울증(더 나은 단어가 없어서 우울증이라고 하겠다)이 사라지기 시작했는데 이 또한 나로서는 당황스러운 일이었다. 우울에

싸인 삶을 있는 그대로 받아들이기로 마음먹었기 때문이다. 1~2년이 지난 후에 우울증은 완전히 사라졌다. 나는 우울증을 앓았다는걸 몇 년 동안 입 밖에 꺼내지 않았다. 부끄럽기도 했고 그걸 말하는 순간 잠자는 요정을 깨우게 될까봐 두려웠기 때문이다.

우울증이 어떻게 없어졌는지는 나도 모르겠다. 일시적인 바이러스처럼 내가 무슨 일을 하든 결국에는 나아질 것이었는지도 모른다. 하지만 당시 내게 꽤 도움이 되었던 전략이 하나 있다. 다름 아닌 '솔직한 추론'이다. 추론을 할 때면 나는 100퍼센트 솔직해지려고 노력했다. 항우울제를 복용할 수 없었기 때문에(당시 인도에서는 항우울제를 구할 방법이 거의 없었다) 머릿속으로 추론하는 게 내 유일한 치료법이었다. 위기의 시기를 겪고 있는 내게 추론이 실제로 특별한 도움을 주었든 그렇지 않았든, 가혹할 정도로 솔직한 추론은 행복을 얻기 위한 가장 강력한, 하지만 잘 활용되지 못하는 도구라는 믿음이 생겼다.

예를 들어 분노에 대해 추론해보자. 때로는 화를 '표출'하는 것이 어느 정도 도움이 된다.[7] 하지만 내가 말하는 건 화를 내고 안 내고가 아니다. 화가 '나는' 일에 대해 말하는 것이다. 이성적으로 추론해보면 분노가 아무 소용이 없다는 걸 알게 될 것이다. 체스를 하면서 상대가 룩을 옆으로 옮겼다고 화를 내봤자 게임을 더 잘 풀어가는 데는 전혀 도움이 안 된다. 그래서 최고의 체스 선수들은 자신이 지고 있다고 해서 화를 내지 않는다. 대신 그들은 오직 자신의 추론 능력에 초점을 맞춘다. 다른 사람의 행동에 대해서 당신은 아무런 통제권이 없다. 상황을 판단하고 거기서 '당신이' 할 수 있는 일을 생각하는 것이 최선이다. 그것이 바로 선수들이 게임이론을 활용하는 방법이고, 당신도 삶에 적용해야 할 사고법이다. 때때로 당신이 화를 표출하면 다른 사람들이 앞으로 행동을 조심하게 될지 모른다. 하지만 화가 나는 일, 즉 분노라는 감정 자체는 아무런 힘이 없다.

철학자들이 삶의 고통을 대하는 방법

어떤 사람들은 추론을 해야 해서 하지만, 타고난 성향상 추론에 능한 사람도 있다. 이 점을 나는 아주 잘 알고 있다. 아버지가 그런 사람이었기 때문이다. 아버지의 분석적 사고에는 흠잡을 데가 없었다. 법에 대해 논쟁하거나 내게 유클리드 기하학을 가르칠 때 아버지는 뼛속까지 이성적인 사람인 것 같았다. 그리고 그런 성향이 아버지의 삶에 큰 도움이 되었다. 반면 어머니는 연역추리에 몹시 서툴렀다. 하지만 자신감을 잃는 법이 없었다. 자녀들에게 자신이 어떻게 수학 시험을 죄다 망쳐버렸는지 웃으면서 이야기해주었다. 어머니는 감정적으로 흔들리는 일이 없었고 실천 철학을 본능적으로 이해했다.

어머니의 이러한 태도를 보여주는 생생한 기억이 하나 있다. 내가 어렸을 때, 독일에서 직장을 다니던 한 친척이 갑자기 사망했다. 그 안타까운 여성의 어머니는 내 어머니의 사촌이었고 콜카타에 살았다. 그녀는 딸을 잃은 비통한 심정으로 울면서 우리 집에 오곤 했다. 어머니는 항상 따뜻하게 그녀를 맞았고 어깨를 토닥이며 위로해주었다. 이런 상황이 꽤 오랫동안 이어졌다. 그 기간이 지나치게 길어지자 어머니는 사촌의 고통이 왜 그리 오래 지속되는지 의아하게 여겼다. 놀랍게도 어느 날 어머니는 사촌에게 이렇게 말했다. "네가 엄청난 비극을 겪었다는 건 잘 알아. 하지만 네 딸은 너와 함께 살지 않았잖아. 그 아이는 독일에서 살았어. 딸이 지금도 독일에 있다고 생각할 수는 없을까?"

죽음을 독일에서의 삶과 동일시하다니. 돌이켜보면 그런 어머니의 태도는 스토아학파가 동경하던 철학적 담대함과 다르지 않다.

체코 출신의 극작가 톰 스토파드Tom Stoppard 의 연극 〈점퍼스Jumpers〉에서 도덕철학 교수의 아내 도티는 지인의 갑작스러운 죽음을 알게 되어 심한 비탄에 빠졌다. 그때 그녀를 진정으로 위로해준 건 연인인 아치가 아니라 스토아학파였다. "균형을 잃어서는 안 된다. 죽음은 언제나 크나큰 슬픔이지만 그렇다고 해서 불멸이 대안은 아니다."[8]

뛰어난 수학자도
자신의 인생 문제는
제대로 풀지 못한다

흄의 법칙을 이용한 의사결정

추론 능력은 호모사피엔스의 대표적인 특징

추론 능력은 인간이 지닌 능력 중 가장 가치 있지만 가장 활용도가 낮다. 사회적으로든 경제적으로든 인간의 고뇌는 상당 부분 추론 부족에서 비롯된다. 이와 관련된 거시적인 문제들은 뒤에서 다룰 것이다. 여기에서는 우선 개인과 일상생활 그리고 이 사회에서 행복과 성공, 인정을 쟁취하기 위한 우리의 고군분투에 대해 이야기하려고 한다.

우리는 삶이 요구하는 수많은 일에 대처할 수 없다고 느끼거나 커리어나 인간관계에서 실패했다는 생각이 들 때마다 본능적으로 정신과를 찾거나 약을 먹는다. 심하면 스스로를 세상과 완전히 단절시켜버리기도 한다. 당연히 약이 필요할 때가 있다. 하지만 대개는 약을 대신하거나 적어도 보완해주는 방법이 있다고 나는 믿는다. 그 방법이 바로 추론이다. 우리의 머릿속에서 진행되는 간단한 연역 추론 말이다. 추론하는 기술은 직업 세계에서 성공하고 동료들과 잘 지내며 불쑥 치미는 좋지 않은 생각을 다잡고 심지어 우울증을 물리치는 데 필수적이다. 하지만 안타깝게도 인간에게는 정신적 장벽이 가득하다. 특히 스트레스를 받으면 우리의 사고는 마비되기 쉽고 잘못된 방향으로 자신을 위로하려고 한다. 그건 장기적으로 도움이 안 된다.

일상생활에서 추론을 잘하기 위해 수학자나 게임이론가, 분석 철학자가 될 필요는 없다. 지능이 높아야 하는 것도 아니다. 추론 능력은 '호모 사피엔스'의 대표적인 특징이기에 사실상 우리 모두 활용할 수 있다. 하지만 개인적인 문제, 성가신 친구, 못된 상사를 상대하거나 긴박한 정치적·사회적 문제에 대해 생각할 때는 평소보다 추론 능력이 떨어져 본연의 기능을 발휘하지 못한다.

나는 몇 년 동안 뛰어난 수리경제학자들과 함께 일하면서 이런 결론에 이르렀다. 똑똑한 학자 중 너무 많은 사람이 수학 공식이나 기호 같은 안전지대 밖의 개인적 문제나 사내 정치, 세계 문제에 관해서는 형편없는 방식으로 추론한다는 것이다. 놀라운 일이다. 친구들을 잃고 싶지는 않으니 그들의 이름은 밝히지 않겠다.

이러한 경험을 통해 나는 현실에서 추론을 제대로 하지 못하는 이유는 상당 부분 감정적 실패에 그 원인이 있다고 결론 내렸다. 이 가설을 테스트하기 위해 코넬대학교에서 게임이론을 배우는 학생들의 도움을 받아 델리경제대학교 학생들과 이타카의 평범한 시민들을 대상으로 비공식적인 실험을 수행했다. 우리 실험의 표본을 보여주겠다. 사실 이 실험은 과학적으로 통제되지 않은 것이어서 대중에게 공개할 생각은 없었다(이 책의 독자 가운데 적절한 통계적 통제하에 보다 공식적으로 이런 실험을 수행하려고 마음먹는 사람이 있으면 좋겠다).

실험의 기본적인 아이디어는 이렇다. 피실험자에게 A, B, C 세 문장을 보여주고, A와 B는 참이라는 전제하에 C가 참인지 거짓인지 판단하게 하는 것이다. 첫 번째 실험은 다음과 같이 간단한 문장으로 수행한다.

A: 모든 남자는 모자를 쓰고 있다.
B: 톰과 존은 남자다.
C: 톰과 존은 모자를 쓰고 있다.

실험 결과 거의 대부분의 응답자가 세 명제를 잘 이해하고 C를 '참'이라고 말했다. 이런 종류의 논리를 삼단논법이라고 한다. 삼단논법은 아리스토텔레스 시대부터 전해져왔으며, 기원전 2세기 고대 인도 힌두 철학의 학파 중 하나인 니야야Nyāya 학파의 초기《베다》

(고대 인도의 종교 지식과 제례 규정을 담은 문헌—옮긴이)에도 동일한 논리가 명확하게 나타난다. 어떤 생명체 집단에 한 가지 특징이 있다는 가설을 세워보자. 그다음 어느 한 생명체가 그 집단에 속한다고 가정하자. 이럴 경우 거의 모든 사람이 이 두 명제를 통해 그 개체도 집단의 특징을 가지고 있다고 연역추리를 할 수 있다.

흥미롭게도 사람들은 대부분 삼단논법을 직감적으로 이해하고 올바른 대답을 한다. 단, 명제에 사용된 단어나 주제가 감정을 자극하지 않는다는 전제하에만 그렇다. 이를 확인해볼 수 있는 다른 실험이 있다. 이 실험 역시 삼단논법으로 앞선 테스트와 동일한 논리 구조로 되어 있다. 하지만 이번에는 약간 감정을 건드리는 문제를 다룬다. 앞의 실험 A, B, C와 구별하기 위해 이번에는 A′, B′, C′라고 해보겠다.

A′: 모든 생명체는 집안일만 잘한다.
B′: 모든 여성은 생명체다.
C′: 모든 여성은 집안일만 잘한다.

이전 실험과 마찬가지로 우리는 응답자에게 A′와 B′가 모두 참이면 C′가 참인지 거짓인지 답해달라고 요청했다. 그 명제의 가치가 아니라 논리만 판단해달라고 했는데도 상당수의 응답자가 잘못된 연역추리를 했다. 즉, C가 거짓이라고 말한 사람보다 C′가 거짓이라고 말한 사람이 훨씬 더 많았다.[9] 이런 식의 잘못된 추론은 지적 능력을 발휘하지 못한다는 신호가 아니라 심리적 장벽이 있다는 신호다. 논리를 감정적인 문제에 적용할 때 추론 능력은 흔들린다.

긍정명제에서 도덕적 판단을 끌어내는 건 불가능하다

앞의 두 실험에서 사용한 '~면 ~(이)다if-then'라는 명제를 '긍정명제(주어와 서술어의 일치, 긍정관계를 제시하는 명제—옮긴이)'라고 한다. 여기에는 도덕적이거나 규범적인 내용이 없고 세상은 어때야 한다는 암시나 어떤 행동을 해야 한다는 권고도 없다. 두 번째 실험에서 'A'와 B'가 참이면 C'가 참이다'라는 논리는 당신이 성차별주의자인지, 페미니스트인지, 큰 정부에 찬성하는지, 부자에게 높은 세금을 부과하고 가난한 사람에게 식량을 보조해야 한다고 생각하는지와는 아무 상관이 없다. 물론 명제로 사용된 전제 중 하나에 이의를 제기할 수는 있다. 모든 생명체가 정말로 집안일만 잘하는가? 하지만 그런 질문은 명제의 논리와 무관하다.

긍정명제의 또 다른 예는 '2 더하기 2는 4다'나 '7 더하기 7은 15다'와 같은 문장이다. 이 명제는 참일 수도 있고 거짓일 수도 있다. 하지만 이 명제에 도덕적이냐 비도덕적이냐의 판단은 개입되지 않는다. 내게 가장 큰 영향을 미친 두 철학자 중 한 명인 데이비드 흄David Hume은 긍정명제에서 도덕적 판단을 끌어내는 것은 불가능하다고 주장했다. 이를 흄의 법칙이라고 한다.[10]

흄의 법칙은 철학자와 철학적 논쟁뿐 아니라, 훌륭한 의사결정에도 중요하다.[11] 순수한 긍정명제 앞에서 종종 우리의 생각은 안개가 낀 듯 흐려진다. 노예 제도가 미국 GDP를 높이는 데 도움이 되었을까? 이 질문은 우리에게 특정한 도덕적 판단을 강요하지 않는다. 질문에 대한 답이 무엇이든 노예 제도는 부끄러운 역사이며 두 번 다시 반복되어서는 안 된다고 말하는 것이 합리적이다. 긍정 명제를 어떻게 분석하든 그 자체로는 우리가 어떤 행동을 선택할지에 아무 영향을 미치지 못하기 때문에, 오직 진실에만 초점을 맞춰 긍정 명제를 대해야 한다.

1959년에 버트런드 러셀(내가 좋아하는 또 한 명의 철학자다)은 BBC와의 인터뷰에서 미래 세대를 위한 조언을 해달라는 요청을 받고 유명한 말을 남겼다.

—— 두 가지를 말하고 싶습니다. 한 가지는 지성이고, 또 한 가지는 도덕입니다. 지성과 관련해서는 이런 말을 하고 싶습니다. 어떤 문제를 연구하거나 어떤 철학을 사색할 때 반드시 자문해야 합니다. '무엇이 사실이고 그 사실이 뒷받침하는 진리는 무엇인가?' 자신이 믿고 싶은 대로 믿거나 사회에 유익할 거라는 생각으로 문제를 왜곡해서는 안 됩니다. 반드시 사실인 것들만 보십시오.

도덕과 관련해서 하고 싶은 말은 아주 간단합니다. 사랑은 지혜롭고 증오는 어리석다고 말하고 싶습니다. 서로 점점 더 연결되고 있는 이 세상에서 우리는 관용을 베푸는 법을 배워야 합니다.

이 말의 본질에는 흄의 법칙이 있다. 우리는 자기 가치관을 끌어들여 절충점을 찾아서는 안 된다. 이와 같은 논리로, 무엇이 도덕적으로 옳은지 결정할 때 '~면 ~(이)다'라는 명제에서 내린 결론에 얽매일 필요도 없다.

진리는 정직하게, 행동은 지혜롭게

러셀은 진리를 진지하게 받아들이는 데 전적으로 몰두하라고 조언했는데, 그 조언을 가장 감동적으로 실천한 사례가 그의 딸 캐서린 타이트Katherine Tait 다. 캐서린은 자라면서 아버지의 도덕적 입장을 대부분 거부했다. 버트런드 러셀은 무신론자였다. 가끔 스스로를 불가지론자라고 말하기도 했다. 그래서 기독교를 믿지 않았다. 하지만 캐서린은 독실한 기독교인이 되었다. 캐서린이 쓴 버트런드 러셀의 전기를 보면 그녀가 자라면서 얼마나 많은 고통을 겪었는지 알 수 있다. 가정환경은 실험적이고 급진적인 지적 활동을 강조하는 분위기였고 아버지는 수많은 연애를 하며 결혼과 이혼을 반복했다. 전기는 다음과 같은 가슴 저미는 문장으로 끝난다. 마지막 문단 전체를 인용하겠다.

─── 아버지에 대한 글을 쓰겠다고 생각하는 데까지 오랜 시간이 걸렸다. 나는 그가 얼마나 훌륭한 아버지였는지 세상에 말할 것이다. 얼마나 현명하고 재치 있고 친절한 아버지였던가. 우리는 늘 행복하고 즐거웠다. 세상 사람들이 아버지에 대해 이성적이고 냉철하기만 한 철학자라고 생각하게 두어서는 안 된다. 그래서 나는 아버지의 전기를 써야겠다고 생각하고 이 글을 쓰기 시작했다. 하지만 생각처럼 잘되지 않았다. '하지만'이라는 말들과 불평불만이 내 펜을 붙잡아 그 일들을 기록하게 했다. 내 기억 속의 고통은 이렇게 주장했다. '아버지는 진리를 사랑하는 사람이었잖아. 거짓말로 아버지에게 영예를 돌려서는 안 돼. 잘못된 것들, 어려웠던 일들, 실망스러웠던 일들을 모두 적어야 해. 그런 다음에야 이렇게 말할 수 있을 거야. 아버지는 내가 알고 있는 사람 중 가장 매력적인 남성이었고, 내가 사랑한 유일한 남성이었으며 아버지보다 더 훌륭하고 재치 있고 쾌활하고 매력적인 남자는 앞으로 만나지 못할 것이라고. 그리고 그를 알게 된 건 특권이었고 그가 내 아버지였다는 사실에 신께 감사드린다고 말이야.'[12]

러셀이 명확하게 밝히지 않았던 한 가지 주제에 대해 분명하게 짚고 넘어가겠다. 진리와 진리를 '말하는 것'에는 분명한 차이가 있다는 사실이다. 우리는 진리를 추구할 때 결코 타협해서는 안 된다.

하지만 진리를 말하는 일에서는 도덕적인 이유로 타협해야 할 수 있다. 무언가를 말하는 것은 행동이다. 그것은 다른 행동과 마찬가지로 누군가에게 상처를 입히고 아프게 할 수 있다. 그리고 그런 행위를 도덕적으로 판단하면 옳을 수도, 옳지 않을 수도 있다.

한 가지 상황을 생각해보자. 어느 친절한 노인이 당신을 저녁 식사에 초대했다. 노인은 음식을 준비하느라 많은 시간을 썼다. 식사를 마친 후 노인은 당신에게 맛있게 먹었는지 물었다. '맛있었다' 혹은 '맛이 없었다'는 실제적 사실이다. 이 말은 참이나 거짓이 될 수 있다. 하지만 맛있었다고 혹은 맛이 없었다고 '말하는 것'은 행동이다. 음식 맛이 형편없었지만 "맛있었어요. 정말 잘 먹었습니다"라고 말한다면 흄의 법칙을 완벽하게 따르는 것이다.[13] 사실상 이렇게 말하는 것이 올바른 행동일 것이다. 누군가의 감정에 불필요한 상처를 주면 안 된다는 도덕적 이유가 있기 때문이다.

어떤 말을 공개적으로 하면 다른 사람에게 상처와 고통을 줄 수 있다. 그뿐 아니라 상대의 공격적인 행동을 촉발할 수도 있다. 그래서 일부 진실은 공개적으로 말하지 않는 게 도덕적일 수 있다. 하지만 머릿속에서는 모든 명제를 자유롭게 실험해야 하고 그렇게 해서 발견한 결과에 100퍼센트 정직해야 한다. 이런 과정은 훌륭한 의사결정, 심지어는 행복에도 절대적으로 중요하다. 인간이 겪는 불행 대부분은 정신적 혼란에서 비롯되기 때문이다.

명제의 유효성과 관련 없는 문제들을 고려하느라 판단력이 흐려지면 개인적으로 나쁜 결정을 하게 된다. 나아가 국가 차원에서는 중요한 정책 결정에 심각한 실수를 하게 될 수 있다. 피타고라스의 정리에 대해 들은 후 그 이론이 옳은지 확인하겠다고 피타고라스가 어느 정당 소속인지 알고 싶어 하는 사회는 불행한 운명을 맞을 수밖에 없다.

러셀은 자신의 저서《서양철학사History of Western Philosophy》에서 마키아벨리를 옹호했다. 그는 마키아벨리가 왕이나 정치 지도자에게 한 '권고'를 사람들은 비도덕적이라고 생각하지만 실제로는 그렇지 않다고 주장했다. 러셀에 따르면 그런 권고는 '~면 ~(이)다'라는 진술이기에 진짜 권고가 아니다. 마키아벨리는 기본적으로 이렇게 말했다. "당신이 지도자로 살아남고 싶다면 이렇게 해야 한다." 이 말은 "당신은 이렇게 해야 한다"라는 말과는 다르다. 후자는 규범적인 진술이라 도덕적일 수도 있고 비도덕적일 수도 있다. 하지만 전자는 긍정명제다. 러셀에 따르면 마키아벨리는 단지 정치 법칙을 찾아내려고 노력한 것이지 특정한 행동을 하도록 권고한 게 아니다.

하지만 그렇다 해도 우리가 사용하는 단어가 감정을 건드리면 대다수 사람은 명확한 사고를 하기 어려워한다. 명확성이 결여되면 남들에게 이용당할 수 있다. 이 점은 볼테르Voltaire의 유명한 말에서도 분명히 볼 수 있다. "신은 없다. 하지만 내 신하에게 그 사실을 말하지 마라."

볼테르는 아마 농담으로 그렇게 말했을 것이다. 하지만 볼테르보다 훨씬 앞선 시대에 남을 속이는 수단으로 신을 이용한 사람이 있었다. 카우틸랴Kautilya가 바로 그 사람이다. 그는 기원전 3세기에 인도를 지배한 마우리아 왕조가 설립될 때 마키아벨리 같은 조언자 역할을 했다. 카우틸랴는 백성을 속이는 다양한 방법을 기술했다. 경제적·정치적 통제에 대해 왕에게 하는 조언을 담은 그의 대표적인 저서《아르타샤스트라Arthashastra》에서 그는 왕이 백성을 마음대로 조종하기 위해 신에 대한 공포심과 종교를 어떻게 이용할 수 있는지 기록했다.

카우틸랴는 왕의 금궤가 바닥나거나 나라의 재정이 어려워지면 가짜 '기적'을 만들라고 제안했다. 멀리 떨어진 지역에 사원 같은 건물을 신속하게 지어 백성들에게 그 사원이 저절로 생겼다고 말하는 것이다. 그다음 가짜 기적에 현혹된 백성에게 신에게 예물을 바치라고 하면 된다. 그렇게 모인 돈으로 왕은 나라의 재정 적자를 메울 수 있다(왕이 속이는 기술에 통달하게 되면 당연히 그것을 개인적인 일에도 써먹을 수 있다).

택시 승객이
요금을 내지 않고
도망가면 안 되는 이유

보이지 않는 손과 도덕적 가치

우리가 사는 곳이 게임이론의 실험실이다

우리의 머릿속에 잠들어 있는 추론의 힘은 게임이론과 밀접한 관련이 있다. 앞서 살펴본 것처럼 매우 다양한 영역에서 중요한 역할을 하는 이 아름다운 학문은 놀랍게도 역사가 짧다. 겨우 100년 전부터 수학자들이 증명한 정리가 어쩌다 한 번씩 발표되었을 뿐이다. 그러다가 1940년대 이후에 혁신적이고 중요한 연구들이 진행되었고 1950년대 초에 존 내시가 발표한 논문이 큰 파장을 일으켰다. 그 다음 1960년대 초에 토머스 셸링의 대표작 《갈등의 전략》이 등장했다. 이 책과 이후 책에서 토머스는 수학을 사용하지 않고 순수하게 연역추리만으로 게임이론을 어떻게 활용할 수 있는지 보여주었다. 이 이론에는 순수한 수학자뿐 아니라 수학과 거리가 먼 사상가도 머물 공간이 있다. 그들 모두가 게임이론의 다양한 측면에 크게 기여할 수 있다.

게임이론을 잘 활용하면 실험실을 찾아갈 필요가 없다. 우리가 사는 곳이 실험실이기 때문이다. 필요한 건 단 하나, 호기심이다. 세상을 세심하게 살피고 일상생활에서 단서를 찾아 거기에 논리를 연결해 추론하라. 그러면 새로운 패턴과 진실을 발견할 수 있을 것이다. 게임이론은 당신의 적을 포함한 다른 사람들이 자신의 열망과 동기를 추구하는 상황에서 이루어지는 합리적 행동에 관한 것이다. 모두가 동시에 이익을 더 많이 얻으려고 노력한다. 게임이론의 탁월한 학자 로버트 아우만Robert Aumann 은 그런 행동을 '상호작용하는 합리성'이라고 말한다.

게임이론은 도덕적으로 중립이다. 게임이론에는 어떤 목표를 추구 하라든지 말라든지 하는 권고가 없다. 원하는 것을 어떻게 얻을 수 있는지 분석하고 결과를 설명하는 데 집중한다. 그것은 자사의 이익 극대화를 추구하며 고객을 얻기 위해 경쟁하는 회사들의 이야기일 수 있다. 하지만 더 나은 세상을 만들기 위해 노력하는 착한 사마리아인의 이야기도 될 수 있다. 결국 게임이론은 당신의 목적이 '무엇이든' 그것을 달성하기 위해 어떻게 해야 하는지 좀 더 명확하게 추론하도록 돕는다.

'보이지 않는 손'에 감춰진 전제, 도덕성의 힘

하지만 나는 도덕의 중요성도 빼놓고 싶지 않다. 애덤 스미스Adam Smith는 놀라운 발견을 했는데 사람들이 대부분 그것을 잘못 이해하고 엉뚱하게 적용한 탓에 도덕이 주류 경제학에서 밀려나 사라지고 말았다.

스미스는 옳은 일을 하려고 착하게 굴 필요는 없다는 사실을 다양한 상황을 예로 들어 보여주었다. 그의 설명대로라면 자신의 이익만 추구하는 개인이 모인 집단은 마치 '보이지 않는 손'의 인도를 받는 것처럼 사회 전체적으로 최상의 결과를 얻을 수 있다. 1776년에 출간된 애덤 스미스의 유명한 저서《국부론》에 담긴 이 개념은 경제학자들에게 엄청난 영향을 미쳤고 나중에는 다른 모든 사람의 생각에까지 스며들었다. 이 개념이 얼마나 강력했던지 1776년은 두 가지 이유로 기념되는 특별한 해가 되었다. 하나는 미국의 독립 선언이었고, 또 하나는 세상을 바꾼 이 책의 출간이었다.[14]

그해에 일어난 두 사건만으로는 충분하지 않았는지 데이비드 흄은 같은 해 7월 4일에 친구들을 집으로 초대해 파티를 열었다. 그가 가장 소중히 여기는 친구 애덤 스미스도 초대를 받았다. 파티의 목적은 매우 특별했다. 흄이 자신의 죽음을 기념하기 위해 계획한 것이었다. 자신이 암으로 죽어가고 있다는 걸 알았기 때문이다. 흄은 두 달도 더 못 살고 8월 25일에 세상을 떠났다.

흄이 남긴 학문적 업적은 우리에게 교훈을 준다. 나아가 에피쿠로스Epicurus 같은 초기 철학자처럼, 심지어 마르쿠스 아우렐리우스 Marcus Aurelius 같은 정치 지도자처럼 흄은 자신의 삶을 통해서도 가르침을 준다. 그처럼 탁월한 재능을 지닌 사람들은 상당수가 성격에 결함이 있다. 하지만 흄은 예외였다. 급진주의자였던 그는 전통적인 종교와 지혜를 거부한다는 이유로 자주 공격을 받았지만, 놀라울 정도로 평정심을 유지했다. 1776년 11월 9일 애덤 스미스는 흄의 저서를 출판한 윌리엄 스트라한William Strahan에게 편지를 써서 흄이 건강이 나빠지면서 자신에게 한 말을 그대로 전했다. 흄이 스미스에게 남긴 말은 이것이다. "나는 내 적들만큼 빠르게 죽어가고 있네. 할 수만 있다면 친구들이 바라는 대로 편안하고 즐겁게 죽어가고 싶군."

보이지 않는 손에 대한 스미스의 사상은 매우 심오해서 사람들이 그 개념을 받아들이고 공식화하는 데 상당한 시간이 걸렸다. 유클리드가 도형과 기하학에 대해 사람들이 직관적으로 이해할 수 있게 증명한 것처럼 스미스의 사상이 '공식적으로' 증명될 수 있었을까? 대답은 '그렇다'였다. 하지만 그렇게 되는 데까지 거의 2세기가 걸렸다. 모든 재화의 수요와 공급에 대한 경제원리를 제대로 설명할 수 있게 된 시기는 19세기 말이었다. 영국의 경제학자 윌리엄 스탠리 제번스William Stanley Jevons와 프랑스의 경제학자 레옹 발라Léon Walras를 비롯한 여러 학자가 선구적인 연구 결과를 발표하면서 경제라는 거대한 시스템이 어떤 상황에서 균형을 이루는지 보여주었다. 보이지 않는 손이 그러한 균형을 이룬다는 설명이 전개되었고 이 이론은 20세기 중반 미국의 경제학자 케네스 애로Kenneth Arrow 와 프랑스의 경제학자 제라르 드브뢰Gerard Debreu가 발표한 논문이 큰 영향력을 발휘하면서 굳건히 이어졌다.

보이지 않는 손이라는 새로운 사상에 열광하면서 우리가 잊게 된 사실이 있다. 개인의 이기심과 집단의 선 사이의 연계는 매우 놀라운 지적 깨달음을 주기에 중요하긴 하지만, 그것이 집단의 선을 달성하기 위한 유일한 전제 조건은 아니라는 점이다. 구체적으로 말하자면, 집단의 선을 달성하려면 개인의 도덕성이 필요하다. 타인의 신뢰를 배신하지 않고 사람들을 배려하는 본능적인 도덕성이 있어야 집단의 선이 실현될 수 있다. 이것이 계몽 사상가들의 도덕성이다. 일부 종교 지도자의 설교처럼 천국에 갈 가능성을 높이기 위해 희생을 하고 선을 행하라고 말하는 게 아니다. 그건 실용적일 수는 있지만 도덕성에 따른 행동은 아니다. 오히려 이러한 선은 비용편익 분석에 가깝다.

물론 누가 시키지 않아도 선을 행하려고 노력하고 이 책에서 내가 옹호하는 도덕적 가치를 전하는 종교인이 많다는 사실을 잘 알고 있다. 하지만 나는 신을 믿지 않는다. 내가 중요하게 생각하는 도덕성은 이타적인 행동에서 비롯되는 것이다. 거기에는 개인의 자유를 존중하는 태도도 포함된다. 즉, 다른 사람에게 피해를 주지 않는다면 자신이 원하는 것을 할 자유가 사람들에게 있다는 생각이다.

내게 중요한 도덕성은 인종·종교·국적·성적 지향·개인의 정체성과 상관없이 기본적으로 친절함과 동정심을 보이며 모두를 공평하게 대하는 태도다. 나와 타인의 뿌리가 같은지 알아내려고 역사를 뒤져볼 필요도 없다. 뿌리가 달라봤자 그런 차이는 매우 피상적임을 알게 될 것이다.

택시 요금을 내는 것은 택시 기사 때문인가, 도덕성 때문인가

발전을 추구하는 개인의 동기가 경제를 작동시키는 연료라면 우리의 도덕성은 경제라는 복잡한 기계가 해체되지 않도록 고정시키는 핵심 부품이다. 1983년 나는 〈택시에서 내릴 때 요금을 내지 않고 도망가려고 하지 않는 이유On Why We Do Not Try to Walk Off Without Paying After a Taxi Ride〉라는 다소 장황한 제목의 짧은 논문을 발표했다. 논문에 담긴 내 주장은 이렇다. 우리는 자신의 이익을 위해 행동을 하려는 충동이 있지만 그것을 초월하는 행동 규범도 마음속에 있기에 요금을 안 내고 도망가는 행동을 하지 않는다. 택시를 타고 목적지에 도착한 다음 요금을 내지 않고 도망가서는 안 된다는 암묵적인 계약 등을 포함해 모든 계약이 경찰이나 법이 있어야만 이행된다면 현대 경제는 제대로 돌아가지 않을 것이다.

택시에서 내릴 때 요금을 내지 않고 도망가는 건 쉽다. 하지만 모두가 그렇게 했다면 거리를 오가는 택시는 사라졌을 것이다. 다른 사람이 제 역할을 다했다면 그다음에는 내가 역할을 다하는 것이 우리에게 내재된 기본적인 도덕적 가치다. 택시 운전기사가 목적지에 데려다주었다면 승객은 요금을 내는 게 우리의 도덕적 가치다. 이런 확신이 있기에 택시 기사가 승객을 태우는 것이다.

놀랍게도 많은 주류 경제학자가 인간이 도덕성 때문에 어떤 행동을 한다는 사실을 인정하려 하지 않는다. 그들은 승객이 택시 요금을 내는 이유는 도덕성 때문이 아니라 택시 기사는 대개 몸집이 크고 건장하며 요금을 안 내면 승객을 때릴 수 있기 때문이라고 주장한다. 이런 주장을 하는 신고전주의 경제학자들이 간과하는 게 있다. 만약 그들의 주장이 옳다면 택시 기사는 승객을 협박해 요금을 두 배로 받기도 쉬울 것이다. 또한 택시 기사가 제멋대로 미터기를 두 번 누를 수도 있다. 일반적으로 택시 기사가 그런 식으로 행동하지 않는다는 점을 보면(신고전주의적 성향의 택시 기사 몇 명은 예외다) 대개 사람들은 규범을 준수한다는 것을 알 수 있다. 만약 택시 기사가 규범을 준수하지 않고 제멋대로 요금을 받았다면 택시를 타려는 승객이 없었을 것이고 택시 시스템은 붕괴했을 것이다.[15]

사실 사람들이 규범을 얼마나 철저히 준수하는지는 사회마다 차이가 있다. 그래서 택시 시장이 일부 사회에서는 다른 사회보다 더 효율적으로 돌아간다. 이는 시장 경제가 개인의 합리적 행동 이외에 다른 요소들에 의해서도 좌우된다는 것을 보여준다.

많은 시장이 합리적으로 원활하게 기능한다는 점을 보면 사람들은 최소한의 도덕적 표준과 사회 규범을 지킨다는 사실을 알 수 있다.[16] 각 개인이 일방적으로 그러한 규범을 위반해 자신의 이익을 늘릴 수 있음에도 말이다.[17] 따라서 우리는 도덕 규칙을 지키며 살면서 타고난 이타심을 더욱 발전시켜야 한다. 이러한 도덕적 가치 중 일부가 서로 충돌해 도덕적 딜레마를 야기할 수 있다. 하지만 이 책은 도덕책이 아니라 당신이 원하는 것을 달성하는 최상의 방법을 알려주는 책이다. 그래서 나는 당신이 자신의 풍요로운 삶뿐 아니라 사회(말 못 하는 생물도 포함해) 전체에도 이바지하는 삶을 추구하기를 바란다. 버트런드 러셀이 1차 세계대전 전날인 1914년 8월 15일에 《네이션Nation》지에 실은 칼럼이 생각난다. 도덕적으로 깊은 울림을 준 글이었다. 그는 시민들에게 인류에 더 많은 헌신을 하도록 독려하며 이렇게 썼다.

──── 적은 우리보다 더 낫지도, 더 나쁘지도 않은 우리 같은 사람들이다. 자신의 가정과 햇빛을 사랑하고 평범한 삶에서 소소한 기쁨을 얻는 사람들이다. 이 모든 광기와 분노, 문명과 희망의 처절한 종말은 호화로운 삶을 사는 정치인들이 초래한 것이다. 그들은 조국의 자존심에 약간의 상처를 입히기보다 문명의 종말이 일어나는 쪽을 선택했다….

물론 전쟁은 궁극의 게임이다. 이 책에 나오는 추론은 게임에서 이기는 방법을 가르쳐준다. 하지만 이기는 방법을 안다고 해서 꼭

이겨야 하는 건 아니다. 인생에는 다양한 게임이 있으며 이기려고 애쓰지 않는 것이 도덕적으로 합당한 경우도 있다.

이 책의 마지막 3개 장에서는 인류가 집단으로서 직면한 기후변화와 전쟁 같은 전 세계적인 문제를 살펴볼 것이다. 그러한 위험을 어떻게 피할 수 있을까? 이는 개인을 초월해 집단의 더 나은 삶을 돕는 문제다. 그리고 흥미롭고도 역설적이게도 이런 문제는 게임이론을 활용해 게임이론을 뛰어넘도록 촉구한다. 인생의 게임을 어떻게 펼쳐나갈지뿐 아니라 게임의 규칙을 어떻게 바꿀 수 있는지도 생각하게 만든다.

2장

인생의
해법을 찾는
게임이론

실생활에서 추론 능력을 가장 유용하게 쓰는 방법은
타인의 합리성까지 고려해 게임이론적으로 사고하는 것이다.
죄수의 딜레마와 사슴사냥게임을 통해
게임이론에서 말하는 '균형'이 무엇인지 알아보고,
이러한 균형이 우리의 삶에 어떤 양상으로 나타나는지 살펴보자.
균형 찾는 법이 익숙해지면 비생산적인 감정을 걸러낼 수 있다.

"당신만 할아버지가 있다고
생각하는 거요?"

보수 함수와 합리적 의사결정

조깅은 당신에게 가치 있는 행동인가

게임이론은 '상호작용하는 상황에서 취할 합리적인 행동'을 분석한다. 즉, 상대방의 합리성을 계산하면서 내가 그에 대응해 어떻게 행동해야 합리적인지를 분석하는 것이다. 여기서 '합리성'은 전통사회과학의 필수 요소이므로 별다를 게 없지만, 게임이론에만 있는 독특한 요소가 있다. 바로 '상호작용'이다.

다른 사람의 합리성은 눈에 보이는 것보다 훨씬 더 복잡하다. 상대방이 당신의 선택을 고려해 어떻게 행동할지를 결정하기 때문이다.[1] 하지만 자기 자신의 합리성조차 기대하기 어려운 게 현실이다.

자신이 사용할 수 있는 모든 행동과 전략을 고려하며 자신이 얻으려고 하는 것(보수)을 극대화하는 행동을 선택해야 하기 때문이다. 게임이론은 사람들이 각자 무엇을 보수로 여기는지에 대해서는 의견을 제시하지 않는다. 보수는 전적으로 스스로 정하는 것이다. 일단 보수를 확정하면 게임 참가자들은 실행 가능한 행동 중에서 자신의 보수를 극대화하는 선택을 한다. 하지만 충동적인 욕구나 습관 때문에 자제력을 잃고 더 중요한 목적에서 벗어나는 선택을 할 때도 있다.

여러 해 전에 내가 그랬다. 어디서 들었는지는 기억나지 않지만 조깅 10분당 기대 수명이 8분씩 늘어난다는 것을 알게 되었다. 주 5회에 걸쳐 30분씩 조깅을 하면 기대 수명이 2시간 연장된다는 뜻이다. 다시 말해서 이 지구에서 2시간을 더 살 수 있다는 것이다. 지금부터 매일 꾸준히 실천한다면 순조롭게 기대 수명을 연장할 수 있을 테니, 조깅처럼 훌륭한 거래가 또 있을까 싶었다. 나는 아주 규칙적으로 조깅을 하기 시작했다.

그러던 어느 날 조깅을 하다가 문득 내 인생의 목적이 무엇인지 자문했다. 게임이론의 관점으로 바꿔 말하면 "내 보수 함수payoff function 는 무엇인가?"라는 질문을 던졌다. '나는 내 수명이 최대한 늘어나기를 원하는가, 아니면 조깅하는 시간 대신 자유롭게 쓸 수 있는 시간을 최대한 확보하기를 원하는가?' 내가 바라는 게 후자라면 조깅을 10분 할 때마다 기대 수명이 8분 늘어나지만 내가 원하는 일을 할 시간은 2분 잃는 것이다. 나는 다시 생각해야 했다. 그때 이후로 조깅을 더 이상 규칙적으로 하지 않았다. 비합리성 때문이 아니라 진정한 보수 함수가 무엇인지에 관한 생각이 계속 바뀌었기 때문이다.

내 경험이 시사하는 메시지는 명확하다. 어떤 선택을 하기 전에 자신의 보수 함수가 무엇인지 알아야 한다는 것이다. 너무 자명한 이치지만 반복적으로 되새겨볼 필요가 있다. 특히 살면서 어려운 결정을 해야 할 때 그렇다. 그런 상황에서는 큰 그림을 보지 못할 가능성이 크기 때문이다. 무작정 상담을 받거나 자기계발서를 따라가다 보면 자신의 보수 함수가 무엇인지 놓치는 실수를 범할 수 있다.

다른 사람의 합리성을 과소평가해선 안 된다

각자 저마다의 보수를 추구하는 참가자들과 함께 살아가면서 무언가를 결정할 때 복잡성은 더욱 커진다. 다른 사람도 자신의 목적과 야망을 지니고 행동하는 존재라는 점을 고려해야만 하는 상황이 날마다 일어난다. 앞서 살펴본 것처럼 전쟁과 외교뿐 아니라 기업 간 경쟁에서도 마찬가지다. 인도 사원의 문 앞에서도 그러한 상황이 일어난다.

어린 시절 내게 사원을 방문하는 일은 다소 끔찍했다. 붐비는 사람들 속에 종종 도둑들이 숨어 있었기 때문이다. 사원에 들어가려면 신발을 벗어야 하는데 당시에는 다들 신발을 문밖에 아무렇게나 던져놨다. 기도를 마치고 나와 신발을 찾으려면 온데간데없이 사라져 있는 게 흔한 일이었다. 사원에 들어갔다 나온 사람은 신의 축복을 받았을지언정 신발은 도둑맞았다.

고등학교 때 나는 신발을 지키는 효과적인 방법을 생각해냈다. 인도 사원에는 보통 여러 개의 문이 있다. 내가 고안한 방법은 한쪽 문 앞에 있는 신발 더미에 신발 한 짝을 놓고 다음 문까지 한 발로 콩콩 뛰어 다른 한 짝을 놔두는 것이었다. 그 뒤로 신발을 도둑맞아서 집까지 맨발로 가면 어쩌나 하는 걱정에 시달리지 않고 마음 편하게 불상에 절하고 기도할 수 있었다. 나는 형제들과 사촌들에게도 내 비법을 알려주었고, 이는 우리 가문에서 신발 부자가 되는 비결로 알려졌다.

나는 내가 원하는 것을 생각했고, 한 단계 더 나아가 도둑이 원하는 것을 생각했다. 하지만 만약 도둑이 내가 신발을 지키려고 어떤 행동을 할지 계산했다면 내 전략은 적중하지 않았을 것이다. 내 행동을 예측한 도둑이 신발을 한 짝밖에 찾지 못해도 옆문으로 달려가 다른 한 짝을 찾아낼 수 있기 때문이다. 다행히 우리는 이 방법을 극비로 유지했다.

게임이론의 중요한 교훈 중 하나는 다른 사람의 합리성을 과소평가해서는 안 된다는 것이다. 모자 장수의 이야기를 생각해보자. 한 모자 장수가 모자를 잔뜩 짊어지고 인도 오지에서 이 마을 저 마을을 떠돌며 모자를 팔았다. 그러던 어느 날 졸음이 몰려와 나무 그늘 아래에 모자 꾸러미를 내려두고 낮잠을 청했다.[2] 달콤한 잠을 자고 일어난 모자 장수는 깜짝 놀랐다. 모자가 다 사라졌기 때문이다. 알고 보니 그가 잠든 새 원숭이들이 나무에서 내려와 꾸러미 속의 모자들을 모두 가져가버린 것이었다. 고개를 들어 위를 보니 나뭇가지에 앉은 원숭이들이 하나같이 모자를 쓰고 있었다. 가난한 모자 장수는 절망에 빠져 자신이 쓰고 있던 모자를 벗어서 땅바닥에 내동댕이쳤다. 그러자 익히 알려진 대로 훌륭한 모방꾼인 원숭이들이 그를 따라서 모자를 던지기 시작했다. 그제야 모자 장수는 한숨 돌릴 수 있었다. 그는 원숭이들이 집어던진 모자를 챙겨서 가던 길을 갔다.

40년이 흐른 뒤 그의 손자가 가업을 물려받았다. 손자는 이 마을에서 저 마을로 모자를 팔러 다니다가 낮잠을 자고 싶다는 생각이 들었다. 그래서 모자를 내려놓고 잠을 잤다. 잠에서 깨보니 원숭이들이 모자를 나무 꼭대기로 가져가 자기 머리에 쓰고 있었다. 한 푼이 아쉬운 그는 모자를 되찾고 싶었다. 어떻게 해야 할까? 그때 할아버지의 이야기가 떠올랐다. 그는 안도의 숨을 내쉬며 모자를 벗어 땅바닥에 던졌다. 그러자 원숭이 한 마리가 나무에서 내려와 그의 모자를 집어 옆구리에 꼭 끼더니 그에게 다가갔다. 그리고 그를 한 대 철썩 때리며 이렇게 말했다. "당신만 할아버지가 있다고 생각하는 거요?"

비행기 좌석 배정을 통해 다른 사람의 입장에서 생각하기

이 이야기의 교훈이 게임이론의 본질이다. 스스로 생각하기에 합리적으로 결정하더라도 다른 사람의 합리성을 고려하지 못한다면 잘못된 의사결정을 하게 된다. 현실에서 이런 사례는 다양하다. 일례로 정부가 복지정책을 세울 때 관료들이 거기에 따를 것이라 예상하지만 많은 정책이 실패로 끝나고 만다. 그 이유는 정책을 시행하는 관료들, 즉 공무원이나 경찰, 시장 등이 각자 목적과 동기를 지닌 합리적인 존재라는 사실을 고려하지 않고 정책을 설계하기 때문이다. 이것이 많은 고전 경제학에 내재된 결함이다. 법경제학자 중 시카고학파로 불린 사람들은 법이 행동에 영향을 미친다고 가정했는데, 특정 행동을 통해 받는 보수가 법에 따라 달라지기 때문이라고 주장했다.

예를 들어 운전 속도를 제한하는 법이 새로 생긴다고 해보자. 그러면 과속을 하는 운전자는 전처럼 사고 위험성을 고려하겠지만 거기에 더해 경찰한테 걸릴 가능성과 과속으로 인한 벌금까지 계산하게 될 것이다. 이러한 추가 비용이 행동을 바꾼다는 주장이다. 여기에는 경찰이 법 조항을 기계적으로 수행하는 로봇이나 법 위반을 일절 용납하지 않는 성인군자라는 가정이 깔려 있다.[3] 이로 인해 주류 경제학은 법이 왜 종종 제대로 작동하지 않는지, 어째서 많은 국가에서 법을 위반하다 잡힌 사람이 벌금이 아니라 그보다 작은 액수의 뇌물, 즉 국고가 아닌 경찰 주머니에 들어가는 돈을 준 후 도망갈 수 있는지 설명하지 못한다.

우리가 인생에서 실패를 겪는 주된 이유는 다른 사람의 입장에서 생각하는 능력이 부족하기 때문이다. 이 책에서 제시하는 중요한 삶의 기술 중 하나가 최대한 정확하고 객관적으로 감정을 이입해 다른 사람의 입장에서 생각하는 것이다. 이를 계속 연습하면 일상생활에서 놀라운 유익을 얻을 수 있다.

사람들은 대부분 비행기를 탈 때 옆 좌석이 비어 있는 걸 선호한다. 그곳에 책이나 베개, 노트북을 둘 수 있으며 하다못해 팔이라도 편안하게 걸칠 수 있다. 애인이나 친구와 비행기를 타면 가까이 앉기를 원하지만 그래도 둘 사이에 빈 공간이 생기면 추가로 덤을 얻는 셈이다.

그러면 어떻게 하면 옆 좌석이 빈 비행기 좌석을 확보할 수 있을까? 먼저 세 개의 좌석이 모두 비어 있는 줄을 찾아라. 그 줄에서 양 끝 두 좌석을 선택하라. 이 경우 가운데 좌석이 배정되지 않은 채 비행기 탑승이 마감될 가능성이 크다. 비행기가 이륙할 때까지 지켜보다가 가운데 좌석이 비었다는 것을 최종 확인하면 그 자리를 여유 공간으로 활용하거나, 둘 중 한 명이 자리를 옮기고 남은 좌석을 짐칸으로 사용할 수 있다.

물론 비행기 전 좌석이 매진되면 누군가가 당신과 친구 둘 사이에 앉을 수 있다. 그렇게 된다면 그에게 좌석을 바꿔 달라고 부탁하면 된다. 수다스러운 두 명 사이에 앉아 있고 싶은 사람은 거의 없으니 쉽게 바꿔줄 것이다. 따라서 당신은 빈 좌석을 하나 얻거나 아니면 자리를 이동하거나 둘 중 하나다.

당신과 친구 사이에 앉는 사람이 다른 사람 사이에 앉는 걸 좋아할 가능성도 물론 있다. 그런 경우라면 당신은 게임에서 진 것이다. 하지만 그럴 가능성은 무시해도 좋을 정도로 낮다. 혹시 그런 일이 생긴다면 인생에 확실한 건 아무것도 없다는 회의론을 되새기는 계기로 삼으면 그만이다.

체스 경기가 흥미진진한 건
결과를 예측하기
어렵기 때문이다

게임이론의 기원

체스 경기 결과가 다양하게 나오는 이유

1838년 프랑스 수학자 앙투안 오귀스탱 쿠르노Antoine Augustin Cournot는《부 이론의 수학적 원리에 관한 연구Recherches sur les Principes Mathematiques de la Theorie des Richesses》라는 유명한 책을 발표했다. 책에서 그는 과점 시장의 생산자들 사이에 어떤 경쟁 원리가 있는지 이해하려는 노력의 일환으로 균형에 관한 개념을 발전시켰다. 1883년 또 다른 프랑스 수학자 조제프 베르트랑Joseph Bertrand은 이 책의 서평을 쓰면서 그 개념 중 일부를 더욱 발전시켰다.

쿠르노가 남긴 혁신적인 업적의 기본 개념은 단순하다. 전략을 세울 때 각각의 게임 참가자는 다른 참가자가 어떤 전략을 사용할지 예의 주시한다는 점이다. 다른 참가자가 어떤 전략을 선택할지 알고 있는 상황에서 각 참가자가 자신의 전략에 만족해 그 전략을 고수한다면 균형에 도달한다. 이때 균형에서 벗어나기를 바라는 개인은 아무도 없다.

나는 베르트랑의 서평이 두 가지 이유에서 역사에 남을 만하다고 생각한다. 첫째, 쿠르노의 책이 발표된 1838년과 서평이 발표된 1883년 사이에 45년이라는 시간 차가 있다는 점에서 그렇다. 둘째, 이 서평을 통해 '베르트랑 모형Bertrand Model'이라는 개념이 탄생했는데, 내가 알기로 서평에서 비롯된 개념은 이것이 유일하다는 점에서 그렇다.

균형은 체스나 브리지 같은 보드게임에 관한 초기 연구에서 등장한 개념이다. 독일 수학자 에른스트 체르멜로Ernst Zermelo는 체스를 통해 대단히 흥미로운 정리를 증명했다. 기본 개념은 매우 단순하다. 체스에서는 흰색 말로 먼저 시작하는 사람이 이길 때도 있고, 검은색 말로 나중에 시작하는 사람이 이길 때도 있다. 가끔 무승부도 생긴다. 체르멜로는 그렇게 다양한 결과가 나오는 이유는 단 하나, 체스 선수들의 사고력에 제약이 있기 때문임을 증명했다. 사실상 성능이 가장 뛰어난 체스 인공지능 프로그램조차 분석과 계산에 한계가 있다. 하지만 체르멜로의 정리에 따르면, 만약 사고력이 완벽한 선수들이 체스를 한다면 하얀색 말을 사용한 선수가 '항상'

승리하거나, 검은색 말을 사용한 선수가 '항상' 승리하거나, 무승부로 '항상' 비겨야 한다.

그의 정리에 따르면 어떤 경기에서든 세 가지 결과 중 하나가 나오는 게 아니라 언제나 한 가지 결과가 나온다. 이 점을 이해하는 게 중요하다. 이는 논란의 여지가 없는 자명한 사실이다. 이를 계산해보려고 수학자를 부를 필요는 없다. 체르멜로가 증명한 바에 따르면 사고력이 완벽한 선수들에게 체스 시합을 시키고 결과를 확인한다면 미래의 모든 시합에서 어떤 결과가 나올지 정확하게 알 수 있다. 체스가 흥미진진한 시합이 되는 이유는 단 하나, 인간의 추론 능력에 한계가 있기 때문이다.

프린스턴대 잔디밭을 거닐던 존 내시와의 첫 만남

20세기에 수학적 혁신을 절정에 이르게 한 중대한 발표가 있었다. 1944년에 존 폰 노이만John von Neumann과 오스카르 모르겐슈테른Oskar Morgenstern이 《게임이론과 경제 행위Theory of Games and Economic Behavior》라는 책을 공동 집필했는데, 그들은 게임이론의 전반적인 내용을 서술하며 게임이론의 수학적 구조를 사회과학과 연결하려는 시도를 했다.

이후 1950년과 1951년에 걸쳐 존 내시는 논문 세 편을 발표했다. 그 논문들은 엄청난 파급력을 일으켰고 그 안에 실린 정리는 협조적 게임이론과 비협조적 게임이론의 주요한 토대를 마련했다. 확실히 존 내시는 현대 게임이론의 가장 중요한 인물이다.

내가 게임이론에 정통한 전문가라고는 할 수 없다. 다른 분야를 연구하다가 게임이론에서 생기는 철학적 난제와 역설에 특별한 흥미를 느껴 좀 더 배웠을 뿐이다. 내가 런던정치경제대학교에 다녔던 1970년대 초만 해도 게임이론이라는 학문을 다루는 학자는 거의 없었다. 내 박사 과정의 지도교수이자 노벨 경제학상 수상자인 아마르티아 센은 예외였다. 나는 그의 강의를 들으며 몇 가지 게임이론을 배웠다.[4] 하지만 게임이론과 관련해서 내 마음속에 특별하게 자리한 사람은 존 내시다.

2015년 5월 23일 나는 주말을 맞아 아내와 함께 버지니아에 있는 미국의 4대 대통령 제임스 매디슨James Madison의 생가와 미국 헌법의 탄생지를 관광하고 워싱턴 D.C.로 돌아가고 있었다. 그때 딸이 전화로 뉴스 속보를 알려주었다. 존 내시와 그의 아내 앨리샤가 뉴저지 고속도로에서 자동차 사고로 사망했다는 소식이었다. 상상하기도 어려운 끔찍한 일이었다. 조현병과 싸우면서 그것을 극복하기 위해 치열한 인생을 산 천재가 어떻게 그런 어처구니없는 사고로 생을 마감할 수 있다는 말인가?

내시의 사망 소식을 듣고 그와 처음 만난 때가 떠올랐다. 1989년 나는 프린스턴대학교에서 객원교수로 있었다. 그 무렵에 내시의 조현병은 어느 정도 차도가 있었다. 그가 몇 시간 동안 프린스턴대학교의 잔디밭을 거니는 모습이 자주 목격되곤 했다. 프린스턴에 사는 사람들에게 내시는 풍경의 일부였을 뿐 특별히 눈에 띄는 존재가 아니었다. 하지만 나와 또 다른 객원교수인 동료 요르겐 와이블 Jorgen Weibull 의 눈에는 그 모습이 신기했다. 우리는 학생들에게 '내시 균형'과 '내시 협상해'를 분석하며 가르치고 있었는데, 바로 그 내시가 바깥 뜰에서 서성거리고 있으니 어찌 신기하지 않았겠나.

어느 날 요르겐 덕분에 학교 구내식당에서 내시와 점심을 먹게 되었다. 내시는 말이 거의 없었다. 가끔 자기 생각에 빠져드는 것 같았지만 천재와 함께 있는 것 자체가 흥분되는 일이었다. 그날 점심의 한 장면이 머릿속을 떠나지 않는다. 우리의 친구이자 경제학자이며 나중에 노벨 경제학상을 받은 아브히지트 바네르지 Abhijit Banerjee 가 내시를 보고 보인 반응이다. 아브히지트는 요르겐과 나를 발견하고 우리 자리에 동석했다. 우리는 내시에게 그를 소개했다. 아브히지트는 마치 친구들과 점심을 먹다가 셰익스피어를 소개받은 젊은 문학도처럼 흥분을 감추지 못했다.

'내시 균형'이라는 개념을 정립한 존 내시

내시는 25살이 되기 전에 자기 인생에서 가장 중요한 논문을 썼다. 그의 창작 인생은 20대 후반 조현병으로 삶이 무너지면서 끝났다. 30살 무렵 그는 정신병원에 갇혔고 그 이후 30년은 편집증과 망상과의 싸움이었다. 정신병 증세가 어느 정도 차도를 보인 게 내시에게 무조건 좋은 일만은 아니었을 것이다. 1994년 노벨상을 받은 후 그가 쓴 짧은 자전적 에세이의 일부를 인용하면 합리성의 회복은 "장애를 가진 신체에서 건강한 신체로 회복하는 것처럼 무조건 좋아할 일은 아니다. 합리적인 사고가 자신과 우주의 관계에 대한 개념을 형성하는 데 제약을 가하기 때문이다." 그는 사람들이 예언자 자라투스트라에게 "미쳤다"라고 하지 않았다면 그조차 생각을 자유롭게 확장하는 데 한계가 있었을 것이라고 말했다.[5]

존 내시는 1928년에 웨스트버지니아주 블루필드에서 태어났다. 일찍이 그는 신동 소리를 들으며 자랐고 22살에 프린스턴대학교에서 수학 박사 학위를 받았다. 그의 박사 학위 논문은 단 28쪽으로, 그의 생산적인 삶만큼이나 짧았다. 내시의 유명한 논문 중 하나인 그 논문은 게임에서 '비협조적 균형'이 생길 수 있는 조건을 설명하는데, 단 몇 줄이 내용의 전부다. 얼마나 탁월하게 간결하던지 1990년대 말 코넬대학교 경제학과 대학원생들이 티셔츠에 전체 내용을 인쇄했다(고백할 게 하나 있는데 사실 나는 그 내용을 티셔츠 문구로 처음 읽었다).

내시는 게임이론에 다방면으로 기여했지만 그중에서도 가장 중요한 것은 '내시 균형'이라는 개념을 정립한 것이다. 이 개념은 과점기업들의 행동과 금융시장의 움직임, 정치적 경쟁과 쿠바의 미사일 위기 같은 갈등 상황에서의 전략을 이해하는 데 도움이 된다. 내시 균형은 뒤에서 좀 더 자세히 다룰 것이다.

내시를 두 번째로 만난 것은 그가 세계적 유명 인사가 된 다음이었다. 1994년 내시는 헝가리 출신 경제학자 존 허샤니John Harsanyi 와 독일의 경제학자 라인하르트 젤텐Reinhart Selten 과 공동으로 노벨 경제학상을 받았다. 그리고 2001년에 개봉한 론 하워드Ron Howard 감독의 영화 〈뷰티풀 마인드A Beautiful Mind 〉의 실존 인물로도 대중적 명성을 얻었다. 내시 역은 러셀 크로Russell Crowe 가 맡았다. 2003년 1월 내시는 뭄바이에서 열린 콘퍼런스에 참석했다. 그곳에는 로버트 아우만, 2007년 노벨 경제학상 수상자인 로저 마이어슨Roger Myerson, 아마르티아 센을 비롯한 저명한 경제학자들이 초청되었다. 내시를 보러 온 청중도 많았는데 개중엔 발리우드의 유명 인사들도 있었다. 어쩌면 그들은 러셀 크로를 볼 수 있을 거라고 기대했을지 모른다. 하지만 내시가 실제적인 정책 문제만 이야기한 탓에 연설은 실망스러웠다. 내시는 영국 철학자 이사야 벌린Isaiah Berlin 이 말한 '고슴도치'였다(이사야 벌린은 인간은 호기심이 많고 다양한 문제에 관심을 갖는 '여우형 인간'과 한 가지 주제만 파고드는 '고슴도치형 인간'으로 나뉜다고 말했다—옮긴이). 그는 한 가지를 깊이 있게 파고드는 데 능했지만 다양한 주제를 다루지 못했다. 그는 철저하게 고슴도치처럼 연설했다.

다음 날 내가 연설을 하려고 대기하고 있는데 놀랍게도 내시가 들어오더니 앞줄에 앉았다. 나는 설레는 동시에 긴장되었다. 내시를 바로 앞에 앉혀두고 어떻게 내시 균형에 관해 이야기할 수 있을까? 하지만 괜한 걱정이었다. 그는 5분 만에 잠이 들어서 강연이 끝날 때까지 깨지 않았으니까. 연설을 마치고 내려오니 내시가 내게 성큼 성큼 다가왔다. 천재들은 잠을 자면서도 들을 건 다 듣고 날카로운 질문을 한다던데 내시도 그럴까? 나는 그가 할 질문들에 대비하는 한편 그가 어떤 통찰을 알려줄지 크게 기대했다.

그가 물었다. "화장실이 어딘가요?"

그 말이 내가 존 내시에게 들은 마지막 말이었다.

당신이
죄수의 딜레마에 처한다면
어떤 선택을 할 것인가

터커의 딜레마와 공유지의 비극

보이지 않는 손에 대한 경고

1950년대 초 캐나다의 수학자 앨버트 터커Albert Tucker는 프린스턴대학교에서 스탠퍼드대학교의 객원교수로 이직했다. 그런데 부임 초에 연구실 배정에 착오가 생겨 심리학과의 연구실을 사용하게 되었다. 연구실 문을 활짝 열어놓고 등을 구부린 채 지칠 줄 모르고 종이에 무언가를 쓰는 그의 모습이 자주 보였다. 어느 날 심리학 교수 한 명이 그의 연구실에 들러 이렇게 물었다. "나와 내 동료들은 당신이 무엇을 연구하는지 무척 궁금합니다. 혹시 우리를 위해 세미나를 열어줄 수 있나요?"

터커는 기꺼이 그러겠다고 했다. 당시 그는 미국의 수학자 메릴 플러드Merrill Flood 와 멜빈 드레셔Melvin Dresher 가 랜드연구소RAND Corporation 에서 고안한 게임이론을 연구하고 있었다. 2차 세계대전 이후 설립된 랜드연구소는 주로 군사전략에 관해 연구하는 비영리 기관이다. 랜드연구소가 밝힌 게임이론에 따르면 게임은 세 가지 요소가 있어야만 한다. 첫째, 확실한 참가자들이 있어야 한다. 둘째, 각 참가자의 선택지에는 구체적인 전략과 실행 가능한 행동이 있어야 한다. 셋째, 각 참가자에게는 명확한 보수 함수, 즉 모든 참가자가 전략이나 행동을 선택한 후 자신이 얻을 수 있는 구체적인 보수 또는 효용이 있어야 한다. 하지만 이런 이론을 단순한 숫자와 기호로 전달하면 심리학자들의 주의를 끌지 못할 것이 자명했다. 터커는 이 이론을 이야기로 전개할 필요가 있음을 깨닫고 '죄수의 딜레마'라고 명명한 게임이론을 발표했다.

구체적인 내용은 이렇다. 공범으로 추정되는 죄수 두 명이 각각 다른 방에 갇힌다. 판사는 그들을 처벌하기 위해 기발한 아이디어를 떠올린다. 그는 죄수들에게 종이 한 장을 건네며 '자백' 또는 '자백하지 않음'이라고 적어야 한다고 말한다. 그리고 이렇게 덧붙인다.

둘 다 자백하는 경우 두 죄수 모두 10년의 징역을 살아야 한다. 둘 다 자백하지 않는다면 모두 2년의 징역을 살게 된다. 만일 한 명은 자백하고 다른 한 명은 자백하지 않는다면? 자백하지 않은 죄수는 범죄를 저질렀을 뿐만 아니라 위증죄까지 범한 것이므로 20년의 징역을 살게 되고, 자백한 죄수는 범죄를 저질렀어도 반성하고 협조하는 태도를 보였기 때문에 바로 석방될 것이다(여기에서 판사의 정신 상태는 일단 논외다).

　죄수들은 딜레마에 빠진다. 두 선택지를 두고 어떻게 행동해야 자신에게 유리할 것인가? 그들이 치러야 할 대가는 자신이 어떤 선택을 하는지뿐 아니라 다른 죄수가 어떤 선택을 하는지에 따라 달라진다.

　무슨 일이 벌어질지 알아보기 위해 죄수의 입장이 되어보자. 먼저 다른 죄수가 자백할 거라는 전제로 생각해보라. 당신은 어떤 행동을 해야 하는가? 반드시 자백해야 한다. 자백하면 10년, 자백하지 않으면 20년의 징역을 살게 되기 때문이다. 이제 다른 죄수가 자백하지 않을 거라는 전제로 생각해보자. 이 경우에도 당신은 자백해야 한다. 자백하면 감옥에 갇히지 않고 바로 석방된다. 반면에 자백하지 않으면 감옥에서 2년을 살아야 한다. 한마디로 다른 죄수가 어떤 선택을 하든 당신은 자백하는 편이 낫다. 두 죄수가 이런 식으로 추론하면 둘 다 자백을 선택할 것이고 결국 감옥에서 10년을 보내게 된다. 이런 상황을 바꾸기 위해 각각의 죄수가 단독으로 할 수 있는 일은 아무것도 없다. 즉, 둘 다 자백하는 것이 유일한 균형이다.

　죄수의 딜레마는 비극이다. 둘 다 자백하지 않는다면 모두 징역 2년이라는 더 나은 결과를 얻는다. 하지만 대부분의 개인은 합리적이고 이기적으로 행동함으로써 역설적이게도 자신의 이익을 해치고 만다. 이러한 이유로 죄수의 딜레마는 게임이론에서 상징적 위상을 얻게 되었다. 죄수의 딜레마는 모든 개인이 순전히 자기 이익을 위해서만 행동할 때 결국 누구의 이익에도 도움이 되지 않을 수 있다는 점을 보여주는 냉혹한 사례다.

결과적으로 이 게임은 애덤 스미스의 보이지 않는 손에 대한 경고가 되었다. 일부 상황에서는 개인의 이기적인 행동이 사회 구성원 모두에게 유익한 최적의 결과를 낳지만 언제나 그런 것은 아니다.

죄수의 딜레마에서 벗어나려면 새로운 게임의 규칙이 필요하다

인생에는 죄수의 딜레마 같은 상황이 많다. 기후변화와 환경오염이 대표적이다. 우리 각자가 자신의 이익을 최우선시해 이기적인 마음으로 결정한다면 환경에 지속적으로 엄청난 피해를 줄 것이다. 그러한 이기적인 행동을 용납해서는 안 된다는 스웨덴의 환경운동가 그레타 툰베리Greta Thunberg의 주장은 옳다. 누군가가 석탄을 태울 때 그 사람이 감당하는 비용은 무시해도 될 정도로 적다. 연기가 대기로 퍼져 모든 사람이 함께 대가를 치르기 때문이다.

대중매체는 환경오염을 막기 위해 개인들이 행동에 나서는 건 결국 그들 자신을 위한 일이라는 메시지를 전한다. 일리 있는 말처럼 들리지만 슬프게도 진실이 아니다. 당신 혼자 환경오염을 저지하는 행동을 한다고 해도 당신에게 이익이 되지 않는다. 당신은 이 거대한 지구라는 경기장에서 눈에 띄지도 않는 참가자이기 때문이다.

이를 공유지의 비극이라고도 한다. 개인의 입장에서는 누구나 자유롭게 사용할 수 있는 공공자원을 마음껏 사용하는 게 합리적이다. 하지만 이로 인해 결국 모두가 공공재를 잃을 수 있다. 이때 필요한 것이 눈앞의 이익 너머를 보는 태도다.

죄수의 딜레마의 또 다른 주요한 예는 군비경쟁이다. 각 국가의 이익에는 잠재적 적국보다 더 우세한 군사력을 갖기 위해 파괴적인 무기를 증강하는 게 도움이 된다. 하지만 모든 국가가 그렇게 하면 원점으로 되돌아가게 된다. 게다가 엄청난 양의 자원을 필수품 생산이 아닌 무기 개발에 쏟아붓게 되며, 핵전쟁이라는 추가적인 위험까지 떠안을 수 있다. 국가 간 조약과 협정의 형태로 새로운 게임의 규칙을 도입해야만 그러한 상황에서 벗어날 수 있다.

사슴을 사냥할 것인가,
토끼를 사냥할 것인가

사슴사냥게임과 균형의 개념

사슴사냥게임이 죄수의 딜레마보다 나은 점

게임이론을 분석하는 또 하나의 중요한 도구는 사슴사냥게임이다. 다른 말로 코디네이션게임Coordination Game 이나 확신게임Assurance Game 이라고도 한다. 사슴사냥게임은 프랑스 철학자 장 자크 루소 Jean-Jacques Rousseau 의 《인간 불평등 기원론》에서 유래되었다. 이 게임에는 많은 버전이 있다. 여기에서는 게임의 전반적인 내용을 살펴보자.

10명의 참가자가 함께하는 사냥 게임을 생각해보자. 참가자는 사슴을 사냥할지 토끼를 사냥할지 각자 선택해야 한다. 사슴 사냥은 쉽지 않다. 참가자 10명이 모두 사슴 사냥을 선택할 때만 성공할 수 있다. 사냥에 따른 보상은 이렇다. 모든 참가자가 사슴을 사냥하기로 선택하면 함께 사슴을 잡고, 각 참가자는 보상으로 8달러씩 받는다. 반면 모두가 토끼 사냥을 선택하면 훨씬 적은 보상인 2달러를 받지만, 단독으로 잡을 수 있기에 혼란을 겪을 일은 없다. 하지만 누군가는 사슴을 사냥하고, 또 누군가는 토끼를 사냥하기로 선택한다면 혼란만 발생하고 2달러 이외에 보상을 더 얻을 수 있는 사람은 아무도 없다.

이 게임에 균형을 이루는 특정 결과가 있다는 건 직감적으로 쉽게 알 수 있다. 그 결과 중 하나에 도달하고 나면 누구도 개별적인 행동으로 게임에서 더 많은 이익을 얻을 수 없다. 모든 참가자가 사슴 사냥을 선택하면 결과는 명확하다. 참가자들은 각각 8달러를 받게 되고 아무도 그 상태에서 이탈할 생각은 하지 않을 것이다. 그렇게 해봐야 이 게임에서 더는 얻을 것이 없기 때문이다. 명확한 결과가 나오는 또 다른 상황은 모두가 토끼 사냥을 선택하는 것이다. 이 경우 참가자들은 2달러씩 받는다. 그들은 형편없는 균형에 도달했다며 애통해할 수 있다. 하지만 그 상황에서 벗어나기 위해 개인이 할 수 있는 일은 전혀 없다. 토끼 사냥을 하지 않으면 2달러는커녕 아무런 보상도 얻을 수 없기 때문이다.

마지막으로 개인이 단독으로 행동을 바꾼다고 해서 더 나은 결과를 얻을 수 없는 경우를 하나 더 살펴보자. 예를 들어 두 명 이상이 사슴 사냥을 선택하고, 또 다른 두 명 이상이 토끼 사냥을 선택하는 것이다. 이들 모두 2달러 이외에 더는 얻을 것이 없게 되지만 더 나은 결과를 만들기 위해 개인이 할 수 있는 일도 전혀 없다. 이것이 각 개인이 무력하기 짝이 없는 무정부 상태의 결과다. 이러한 종류의 게임이 처음에는 토마스 홉스Thomas Hobbes, 장 자크 루소, 데이비드 흄의 관심을 끌었고 이후에는 집단행동 및 리더십 문제를 해결하기 위해 노력하는 경제학자와 철학자의 연구 주제가 되었다.[6]

확신게임, 즉 사슴사냥게임이 죄수의 딜레마보다 나은 점이 하나 있다. 모든 참가자가 사슴 사냥을 선택해서 '좋은 균형'에 이르면 그 상태를 유지하기 위해 외부 세력의 힘을 빌릴 필요가 없다는 점이다. 그 상태를 유지하는 게 각 개인의 이익에 부합하기 때문이다. 이 게임을 두 명의 참가자로 단순화하면 분명히 두 개의 균형이 생긴다. 둘 다 사슴 사냥을 선택하든가 아니면 둘 다 토끼 사냥을 선택하는 경우다. 죄수의 딜레마에서는 협력을 통해 양쪽 참가자에게 결과적으로 더 나은 상태(각각 징역 2년)를 만들 수 있지만 이런 결과는 외부의 힘 없이는 유지될 수 없다. 각 죄수가 단독으로 협력 상태에서 벗어나면 즉시 석방이라는 훨씬 더 나은 결과를 얻을 수도 있기 때문이다.

시간이 주어지면 모든 것이 변한다

지금까지 우리는 참가자들이 동시에 행동하는 게임, 즉 참가자 각자가 다른 참가자의 선택을 모르는 상태에서 행동하는 게임을 살펴보았다. 그런데 이런 게임은 다양한 버전으로 만들 수 있다. 예를 들어 게임 속에서 시간의 흐름을 분명하게 보여주어 한 참가자가 먼저 행동한 후, 그 행동을 보고 다음 참가자가 자신의 행동을 선택하는 방식으로 만들 수 있다. 이렇게 참가자들이 순차적으로 행동하는 게임을 확장형 게임이라고 한다. 죄수의 딜레마와 확신게임처럼 참가자들이 동시에 결정하는 게임을 전략형 게임 또는 표준형 게임이라고 한다. 하지만 이어지는 내용에서는 이런 전문용어는 거의 사용하지 않을 것이다. 맥락상 어떤 종류의 게임인지 분명하기 때문이다.

사슴사냥게임의 변형 버전을 생각해보자. 앞서 다룬 게임에서 보상은 동일하게 두고 참가자를 두 명으로 바꿔보자. 그렇지만 이번에는 참가자 1이 사슴 사냥을 할 것인지 토끼 사냥을 할 것인지 먼저 선택한다. 그 선택을 본 다음 참가자 2가 무엇을 사냥할지 선택한다. 이 경우 어떤 결과가 나올지 쉽게 예측할 수 있다. 참가자 1은 자신이 사슴 사냥을 선택하면 참가자 2도 사슴 사냥을 선택할 것이라는 점을 쉽게 유추할 수 있다. 자신이 토끼 사냥을 선택하면 참가자 2도 토끼 사냥을 선택할 것이 분명하다. 따라서 참가자 1은 틀림없이 사슴 사냥을 선택할 것이다.

이제 균형에 대한 개념을 좀 더 체계적으로 소개하겠다.

이기지 않는 것이
더 이득일 때도 있다

존 내시의 균형이론

균형이 없는 제로섬 게임, 균형을 유지하는 논제로섬 게임

존 내시의 탁월한 연구 덕분에 '균형'이라는 개념에 공식적인 정의와 이름이 생겼다. 내시 균형의 정의는 간단하다. 어떤 게임에서 모든 참가자가 자신이 선택한 행동을 바꾼다고 해서 더 나은 결과를 얻을 수 없다는 사실을 아는 상태, 즉 모든 참가자가 스스로 합리적인 선택을 했다고 생각하고 그 선택을 바꿀 의사가 없는 상태를 '내시 균형'이라고 한다.

사슴사냥게임에서 내시 균형은 다음과 같다. 모든 참가자가 사슴 사냥과 토끼 사냥 중 하나를 선택한다. 다른 참가자의 선택이 결정된 상황에서 자신의 선택을 바꿔서 더 나은 결과를 얻는 참가자가 아무도 없다는 게 확실해지면 내시 균형에 도달한다.[7]

참가자가 두 명인 버전에서 내시 균형은 둘 다 토끼 사냥을 선택하는 경우와 둘 다 사슴 사냥을 선택하는 경우 두 가지뿐이다.

참가자가 10명인 버전에서는 앞서 살펴본 것처럼 내시 균형이 다른 형태로 이루어지기도 한다. 두 명 이상이 토끼 사냥을 선택하고, 두 명 이상이 사슴 사냥을 선택하는 경우다. 이 경우 사슴 사냥은 이미 실패한 셈이고 기껏 토끼를 사냥해봐야 2달러밖에 얻지 못하므로 참가자 모두에게 더 나아질 건 아무것도 없다. 앞에서 다룬 것처럼 누구도 개별적인 행동을 통해 더 나은 결과를 얻을 수 없는 것이다. 이는 자연 상태에 관한 토머스 홉스의 유명한 사상과 유사하다. 홉스는 "사람들은 완전히 개인적인 삶을 살고 있으며 개별적으로 이 상태를 바꿀 수 있는 사람은 아무도 없다"라고 말했다.[8]

내시 균형은 삶의 현실적인 문제들을 고찰하는 데 유용한 도구다. 특히 인간의 협력과 집단행동 문제를 해결하는 데 도움이 된다. 또 협약과 제도의 역할을 분석하는 도구가 되며 계몽 철학자들의 사상을 공식화하고 명확하게 이해하는 데도 유익하다.

이런 문제에 대해서는 뒤에서 자세히 다룰 것이다. 여기서는 게임에 균형이 존재한다는 개념 정도만 보여주려고 한다. 내시 균형과 관련해 오랜 시간 지속된 끈질긴 질문이 있다. 균형을 정의하는 방법은 알지만 균형이 존재하는지는 어떻게 확신할 수 있는가? 특히 규모가 크고 복잡한 게임에서 균형이 존재하는지 어떻게 알 수 있을까? 앞서 살펴본 게임들처럼 간단한 사례들은 말 그대로 가능한 모든 결과를 검토함으로써 쉽게 답을 찾을 수 있다.

마찬가지로 간단한 게임을 만들어 균형이 없는 게임도 존재한다는 사실을 쉽게 확인할 수 있다. 제로섬zero-sum 게임을 생각해보자. 참가자 두 명이 각자 A와 B 중 하나를 선택한다. 그리고 정해진 룰에 따라 한쪽 참가자는 일정한 금액을 따고 다른 쪽 참가자는 정확히 그만큼의 금액을 잃는다. 즉, 참가자들의 보상을 합하면 0이다. 그래서 제로섬 게임이다. 상대가 이기면 나는 진다. 보다 구체적인 사례를 생각해보자. 참가자 두 명이 똑같이 A나 B를 선택하면 참가자 1은 1달러를 얻고 참가자 2는 1달러를 잃는다. 두 명의 선택이 갈리면 참가자 1이 1달러를 잃고 참가자 2는 1달러를 얻는다. 이 게임에서는 결과가 어떻든 한쪽 참가자가 선택을 바꾸기를 원할 것이다. 따라서 이 게임에는 내시 균형이 존재하지 않는다.

실제 현실에도 제로섬 게임 같은 상황이 많이 벌어진다. 두 국가가 외딴 섬에서 발견한 금을 차지하기 위해 싸우면 제로섬 게임에 갇히게 된다. 한 국가가 얻으면 다른 국가는 잃는다. 그런데 종종 사람들은 국가 간의 모든 갈등을 제로섬 게임이라고 생각한다. 사실은 그렇지 않다. 두 국가가 새로운 공장을 짓기 위해 시장을 탐색하는 중이라면 협력을 통해 생산적인 결과를 함께 얻을 수 있다. 하지만 협력하지 않고 다툰다면 아무것도 얻을 수 없을 것이다. 이렇듯 논제로섬

non-zero-sum 게임에는 협력의 기회가 분명 존재한다.

균형의 유무를 찾는 가쿠타니의 부동점

앞서 예를 든 게임들에서는 균형의 존재 또는 부재를 쉽게 발견할 수 있다. 하지만 현실은 복잡하다. 수백만 명의 사람이 전쟁, 외교, 금융 전략 등의 복잡한 게임에 갇혀 있다. 이러한 현실 문제를 게임이론으로 분석하려면 균형의 유무를 알아내는 게 중요하다. 그러나 그 일이 몹시 어려워서 오랜 시간 동안 누구도 그 해법을 내놓지 못했다. 해법을 찾아내기 위해서는 순수 수학을 활용한 정리가 필요했다. 마침내 1941년 일본의 수학자 가쿠타니 시즈오角谷 靜夫가 답을 찾았다. 그의 해법은 가쿠타니의 부동점 정리fixed-point theorem로 불린다. 나중에 존 내시가 이 정리를 활용해 균형을 적어도 하나는 가진 게임들의 특징을 설명했다.

이 책에서 수학을 다룰 필요는 없다. 하지만 수수께끼 같은 이야기를 통해 부동점이 무엇을 말하는지 대략적인 감은 잡을 수 있다. 이 과정을 정신 훈련으로 생각하자. 직관적 사고를 활용해 문제를 풀고 '증거'가 무엇인지에 주의를 기울여보자.

어느 날 한 남자가 새벽 6시에 산기슭에서 출발해 산을 오른다. 속도가 더딘 고된 산행이다. 멈췄다 다시 가기를 반복하면서, 또 어느 구간은 천천히 걷다가 어느 구간은 빠르게 걸으며, 그날 저녁 6시에 정상에 도착한다.

다음 날 새벽 6시에 남자는 산에서 내려오기 시작한다. 올라온 길과 같은 길로 내려가며 저녁 어느 시간에 전날 출발했던 장소에 도착한다. 이 이야기에서 당신이 생각해볼 질문은 다음과 같다. 그 길에 '부동점'이라고 부르는 지점이 존재하는가? 그러니까 남자가 산을 오른 첫날과 내려온 다음 날 정확하게 같은 시간에 지나게 된 지점이 있는가? 답이 뭐라고 생각하든, 그 답을 뒷받침할 증거를 찾아보자.

이 질문을 고민해보고 답을 증명하려고 시도해봤는가? 그렇다면 이어지는 내용을 통해 답을 제대로 찾았는지 확인하라.

답은 이 문제에는 부동점이 반드시 존재한다는 것이다.

남자가 빨리 걷든 천천히 걷든, 중간에 얼마나 쉬든 상관없이 부동점은 반드시 존재한다. 그리고 그 증거가 있다. 둘째 날 남자가 새벽 6시에 하산을 시작할 때 한 여자가 산 밑에서 산을 오르기 시작하며 전날 남자가 산에 오른 속도를 '정확히 그대로 따라 걷는다'고 해보자. 틀림없이 남자와 여자가 마주치는 지점이 있을 것이다. 그들이 만난 지점, 그곳이 부동점이다. 이게 바로 증거다.

문제가 너무 간단하게 끝나버려서 그게 정말 증거가 되는지 의아하게 생각하는 사람이 있을 것이다. 하지만 우리는 모두 부동점의 존재를 명확하게 인식할 수 있다. 이 사실은 증거가 무엇인지에 대해 대단히 흥미로운 점을 말해준다. 증거에 대한 명확한 정의는 없다. 기본적으로 합리적인 모든 사람이 사실임을 확인할 수 있다면 그것이

곧 증거다. 수학과 게임이론이 엄격하고 정확한 학문이다 보니 '증거'
에 대한 이런 모호한 정의는 우리를 괴롭힌다. 하지만 직관은 피할
수 없다. 결국 우리는 생각보다 훨씬 더 많이 직관에 의존한다.

우리가 호랑이에게
화를 내지 않는 이유

인생 게임과 아타락시아의 실천

인생 게임에서 통제할 수 있는 것은 내 선택뿐

체스, 브리지, 축구는 게임이다. 죄수의 딜레마, 사슴사냥게임, 핵전쟁도 게임이다. 비록 보상은 천차만별일지라도 게임은 게임이다. 이런 면에서 인생 자체를 하나의 게임으로 볼 수 있다. 우리의 인생은 수십억 명의 참가자가 자신의 이익을 추구하며 전략적으로 선택을 하는 거대한 게임이다. 우리의 활동을 제한하는 물리 법칙과 생물학적 법칙을 제외하면 선택지에 아무런 한계가 없는 이 거대한 게임을 '인생 게임'이라고 한다.[9] 그래서 게임이론을 배우는 것은 중요하다. 우리는 체스나 브리지를 하지 않을 수 있고, 사슴사냥게임을 거부할 수도 있으며, 운이 좋아 핵전쟁 게임에 휘말리지 않을 수도 있다. 하지만 그 누구도 인생 게임은 피할 수 없다. 게임이론을 배우는 것은 결국 삶의 방식을 배우는 것이다.

앞서 살펴본 다소 추상적인 이야기를 통해 우리는 더 나은 삶을 사는 방법에 대해 어느 정도 통찰을 얻었다. 인생을 게임에 비유하는 건 참가자가 실행 가능한 행동이나 전략을 선택할 수 있다고 분명히 말하는 것이다. 그 선택만이 참가자가 통제할 수 있는 유일한 것이다.

게임이론에서는 다른 사람의 행동에 대한 원망이나 분노는 다루지 않는다. 타인의 행동은 마치 움직이는 당구공과 같아서 당신의 의지로 바꿀 수 없다. 당신의 행동에 타인이 보이는 반응에 대해서도 당신은 통제권이 없다. 이러한 자연의 법칙에 대해 당신이 할 수 있는 일은 아무것도 없다. 따라서 타인의 행동에 대해 분노하거나 조바심 낼 필요도 없다.

인생의 게임이론에서 배울 수 있는 교훈이 바로 이런 점이다. 다른 사람이 어떤 선택이나 행동을 하든 거기에 분노하거나 원망을 품는 것은 무의미하다. 다른 사람의 행동이 마음에 들지 않을 수 있다. 하지만 그렇다고 화를 품으면 그로 인한 해는 다른 사람이 아니라 자기 자신에게 돌아온다. 물론 체스 같은 확장형 게임에서는 내 선택을 본 상대가 어떤 선택을 할지까지 생각해야 한다. 그래서 상대의 선택에 영향을 미치기 위해 전략적으로 행동할 수 있다. 하지만 이때에도 원망이나 분노에게 내어줄 자리는 없다.

'나쁜' 인간은 호랑이와 비슷하다. 다른 사람에게 해를 입히는 일에서 즐거움을 얻는 보수 함수를 가졌기 때문이다. 당연히 우리는 호랑이한테 물리지 않기 위해 적절한 행동을 해야 한다. 하지만 호랑이에게 '화'를 내지는 않는다. 호랑이한테 공격을 받아 원망과 분노가 가득한 상태에서 대처하려고 하면 상황만 더 나빠진다. 우리는 호랑이를 삶의 일부로 받아들이고 호랑이는 원래 그런 존재라고 생각할 필요가 있다. 더불어 호랑이를 다루는 최상의 전략을 냉정하게 판단해야 한다.

원하는 것을 얻으려면 아타락시아를 실천하라

건설적인 감정도 있다. 사랑이나 공감 같은 감정은 직접적으로 더 많은 보상을 주고 행복에 이르게 한다. 따라서 사랑과 공감은 키우고 발전시켜야 한다. 하지만 분노와 증오, 원망은 우리의 삶을 불행의 늪으로 빠뜨리고 아무런 유익도 주지 않는다. 사랑을 키우고 분노를 없앤 상태, 이것이 고대 그리스의 철학자 피론, 에피쿠로스, 스토아학파(크라테스Crates 와 히파르키아Hipparchia 에서 발단되어 키프로스의 제노가 창시하고 세네카Seneca와 에픽테토스로 이어짐)가 자신의 철학으로 삼고 삶의 방식으로 실천한 '아타락시아'다.

하지만 아타락시아를 실천하겠다고 스토아학파나 에피쿠로스학파가 될 필요는 없다. 다양한 가치관의 철학자에게, 가끔은 정치 지도자에게, 유신론자와 무신론자에게 아타락시아의 정신을 볼 수 있다. 인도의 사상가 스리 아우로빈도Sri Aurobindo는 젊은 시절 인도의 독립을 위해 투쟁하다가 붙잡혔다. 식민정부는 그를 콜카타의 알리포어 교도소 독방에 1년 동안 수감했다. 가장 아름다운 옥중 에세이 중 하나로 불리는《유쾌한 감옥》에서 아우로빈도는 독방 생활이 어떻게 증오와 불안을 낳고 심지어 정신이상 상태를 만들 수 있는지 썼다. 독방에 갇히고 나서 얼마 안 되었을 때 그는 온갖 부정적인 감정에 시달렸다. 하지만 결국 극복했다. 창살 안에서의 1년은 그가 영적 지도자로 탈바꿈하는 시간이었다. 그는 이렇게 말했다. "나는 1년간의 고독한 수감 생활에 관해 이야기했다. 하지만 그것은 숲속에서의 삶, 즉 아시람ashram(힌두교도들이 수행하며 사는 격리된 공간—옮긴이)이나 수도원에서의 생활이었다고 말하는 게 더 적절할 것 같다."[10]

아타락시아를 잃기가 얼마나 쉬운가. 정부나 국제기구의 최고위급 정책 논의부터 대학교의 학과 회의에 이르기까지, 수많은 토론 현장에서 사람들은 아타락시아를 쉽게 잃는다. 그럴 때 사람들의 목표는 발언권 확보다. 만약 발언권이 상대의 마음을 바꿀 수 있는 확실한 수단이라면 이 목표는 의미가 있다. 하지만 아타락시아를 잃고 화를 내면 누구의 마음도 바꾸지 못한다. 그저 남의 말을 누르고 내 주장을 펴는 것 자체가 목적이 되고 만다. 이는 단순한 이론이 아니라 삶에 적용해야 하는 현실적인 교훈이다. 발언권이 아니라, 원하는 것을 얻기 위해 노력하라.

이러한 조언을 하면서 나는 사람들의 보수 함수가 숭고한 것이길 바란다. 즉, 그들이 진정으로 바라는 것이 사회적 선이기를 원한다. 하지만 내 바람이 이루어지든 그렇지 않든, 안타깝게도 위의 격언은 모든 경우에 유효하다.

아타락시아를 잃지 말라는 권고와 관련해 한 가지 주의할 점이 있다. 앞에서 간단하게 언급했듯이 분노는 때때로 다른 사람의 행동에 영향을 미쳐 게임의 결과를 바꾼다. 어떤 사람은 당신이 화내는 모습을 보고 겁을 먹거나 죄책감을 느껴 행동을 바꾼다. 하지만 그렇더라도 당신이 화를 품을 필요는 없다. 그저 화를 '보여주기만' 하면 된다. 화를 보여주는 것은 도움이 될지 모르지만 화라는 감정을 품는 것은 아무런 가치가 없다.

죄인을 미워하지 않는 것은 인생 게임의 좋은 전략이다

분노를 다스리는 일은 감정을 관리하며 행복과 성공의 크기를 키우는 구체적인 노력이다. 마음의 평화를 앗아가는 감정, 이를테면 분노와 원망뿐 아니라 증오, 시기심, 짜증, 억울함, 앙심, 비참함, 절망은 인간 정신의 한 부분이다(이런 감정이 얼마나 많은지 심란해질 정도다). 이런 부정적인 감정 때문에 우리는 평소라면 하지 않을 행동을 하게 된다. 하지만 역설적이게도 그 행동들 덕분에 인류가 지금까지 생존해온 건지 모른다. 특정한 행동을 촉발하는 부정적인 감정들은 혹독한 자연 선택에서 살아남아 지금도 존재하고 있다.

하지만 부정적인 감정을 품지 않고도 그 감정을 이용해 도움이 되는 행동을 하도록 정신을 훈련할 수 있다면, 그 감정들이 낳는 부작용은 배제하고 유익만 취할 수 있다.

먼저 부정적인 반응을 일으키는 정보를 감정이 아니라 사실과 데이터로 저장하는 연습을 해야 한다. 그렇게 할 때 감정적인 괴로움 없이 그 정보를 객관적으로 활용해 결정하고 행동할 수 있다. 쉬운 건 아니지만 그렇다고 불가능한 것도 아니다. 우리는 보통 누군가에게 못되게 구는 사람을 보면 언짢아하면서 못된 짓을 그만하라고 말한다. 이렇게 언짢은 감정은 우리에게 이성적인 행동을 촉구한다. 하지만 정신을 훈련하면 언짢은 감정을 느끼지 않고도 현명한 행동을 할 수 있다. 실제로 마음의 평화는 상황을 명확하게 보게 해주기 때문에, 정신 훈련을 통해 우리는 훨씬 더 나은 행동을 할 수 있다. 이 주장은 훌륭한 종교 지도자들이 공통적으로 이야기하는 "죄는 미워하되 사람은 미워하지 말라"라는 말을 뒷받침한다. 뒤에서 살펴보겠지만 죄인을 미워하지 않는 것은 인생 게임의 좋은 전략일 뿐 아니라 결정론의 관점에서 이치에도 맞는 일이다.

이를 가장 잘 보여주는 예가 코로나19 팬데믹 기간에 우리가 취한 행동이다. 몇 년 동안 우리의 정신에 팬데믹이라는 먹구름을 드리운 채 살다 보니 불안과 정신 건강 문제가 세계적으로 퍼졌다. 전염병에 걸려 병원에 가고 사망할 위험이 커진 삶 그리고 친구를 만날지 말지, 여행을 갈지 말지, 심지어 동네 카페에 갈지 말지를 결정해야 하는 삶은 우리의 일상을 짓눌렀다. 일상의 모든 결정에서 우리가 얼마나 위험한 세상을 살고 있는지 실감해야 했다.

이제 잠시 한 걸음 물러나 생각해보자. 델리에서 아그라로 운전해 가다가 사망할 확률이 코로나19 바이러스에 노출되어서 죽을 확률보다 훨씬 더 크다. 하지만 타지마할을 보러 차를 타고 가면서 불안에 떠는 사람은 없다. 사고 위험에 관한 데이터를 알고 있는 사람이나 택시 기사처럼 그 길을 반복적으로 운전하는 사람조차 불안해하지 않는다.

이유는 간단하다. 그러한 데이터는 뇌의 감정을 처리하는 영역이 아니라 지식을 처리하는 영역에 저장되기 때문이다. 우리는 여행에 나설 때 필요한 모든 단계를 밟는다. 안전띠를 착용하고, 규정 속도 이상으로 운전하면 안 된다는 것을 상기하며, 브레이크가 정상적으로 작동하는지 확인한다. 그렇게 기계적으로 단계들을 밟은 다음 아그라의 위대한 건축물을 보러 기쁘게 출발한다. 이러한 행동은 공포나 불안이 아니라 이성적 사고에서 나온다. 많은 사람이 이 이성적 사고를 도구로 삼아 코로나19 팬데믹을 헤쳐나갔다.

불안과 싸우려면 고속도로를 달리는 운전자에게서 교훈을 얻어야 한다. 감정이 아닌 이성을 사용해 올바른 행동을 취하고 그다음에는 위험이 없다고 가정하며 살아라. 당신이 바꿀 수 있는 것은 바꾸고 그 후에는 버트런드 러셀의 이야기에 나오는 닭처럼 살아라.

3장

불안을
이기는
균형이론

사람은 누구나 어느 정도 열등감을 지닌 채 살아간다.
이 열등감은 우리의 행복을 해치는 주요 원인 중 하나다.
그러나 게임이론과 수학을 적극적으로 활용하면
열등감을 유발하는 상황들을 꿰뚫어 보게 되고
그렇게 느낄 필요가 전혀 없다는 사실을 깨닫게 된다.
나아가 사회적 위치가 내 마음이 만든 구성물이라는 걸 인식하면
더 이상 비교 의식과 불안감에 시달리지 않을 수 있다.

왜 마이애미비치에는
몸매가 좋은 사람만
보이는 걸까

열등감을 초래하는 구조적 편향

인간은 왜 다른 사람과 비교하며 열등감을 느끼는가

자존감은 행복의 중요한 원천이다. 다른 사람이 자신을 높이 평가한다는 사실을 알면 자신감이 커지고 만족감이 생긴다. 반면 사람들이 자신을 업신여긴다고 생각되면 수치심과 불안감은 물론 심한 경우 절망감을 느낀다.

경제학자들은 일반적으로 이렇게 가정한다. "인간의 행복, 즉 경제학적 표현으로 '효용'이나 '보수'는 소득과 부의 수준에 달렸다." 그래서 사람들은 부를 최대한 많이 쌓으려고 노력한다. 실제로 소득·부와 행복·효용·보수 사이에는 어느 정도 관련성이 있다. 하지만 적당한 수준의 경제적 안정을 이룬 다음에 더 큰 행복과 삶의 만족을 얻으려면 타인의 존중이 필요하다. 교실에 있는 수줍은 학생, 외향적인 회사원, 사교계 명사나 은둔형 외톨이까지 모두가 그런 존중을 원한다.

인간이 느끼는 우울함과 불안의 주요 근원은 수치심이다. 미국의 철학자 마사 누스바움Martha Nussbaum은 자신의 저서 《혐오와 수치심》에서 이렇게 말한다. "수치심은 혐오처럼 사회에서 흔히 볼 수 있는 감정이다. … 우리는 대부분 '정상'처럼 보이려고 노력하지만 때때로 어떤 식으로든 '비정상적인' 결함이 드러난다. 그럴 때 우리는 얼굴을 붉히고, 숨고, 눈을 가린다. 수치심은 약점을 들킬 때 나타나는 고통스러운 감정이다."[1]

수치심은 자존감을 떨어트리고 열등감을 만든다. 놀라울 정도로 많은 사람이 열등감을 가지고 있다. 실업자나 노숙자는 열등감을 거리낌 없이 드러내기도 한다. 거만한 우익 자경단원이나 다양한 계급장을 단 우월주의자는 아닌 척하며 숨기지만 그들에게도 열등감이 있기 마련이다. 국제 인권변호사이자 배우 조지 클루니George Clooney의 아내인 아말 클루니Amal Clooney는 2021년 노벨 평화상 수상자인 마리아 레사Maria Ressa의 책 《권력은 현실을 어떻게 조작하는가》의 서문에 이렇게 썼다. "반대 의견을 견디지 못하는 독재자들을 '스트롱맨strongmen'이라고 부르는 것은 모순이다."[2] 맞는 말이다.

수치심(특히 독재자들에게 많다)의 근원은 정신 깊은 곳에 숨겨져 있다. 심리학자들은 사람의 마음에 쉽게 스며드는 수치심의 뿌리가 어디에 있는지 연구해왔다. 마사 누스바움을 비롯한 심리학자들은 수치심이 어떻게 반사회적 행동을 억제하는 데 종종 사용되었으며 일부 관습법을 만들었는지 설명한다.[3] 하지만 수치심을 느끼지 않으려는 노력이 오히려 부도덕한 경쟁을 유발할 수도 있다. 미국의 사회학자 어빙 고프만Erving Goffman은 자신의 유명한 저서 《스티그마》에서 이렇게 말한다. "(궁극적으로) 미국에서 얼굴을 붉힐 일이 없는 완벽한 남성은 단 한 부류다. '결혼한 젊은 백인, 북부 출신의 도시인, 개신교도인 이성애자 아버지, 대학 교육을 받은 정규직, 밝은 피부 및 표준 키와 적정 체중, 뛰어난 스포츠 실력'이라는 조건을 모두 갖춘 사람이다."

내가 주장하고 싶은 바는 많은 수치심이 정신의 깊은 뿌리에서 비롯되지만, 또 많은 경우 추론 과정의 단순한 결함 때문에 생긴다는 것이다. 그런 경우라면 지크문트 프로이트나 카를 융이 아니라 데이비드 흄과 버트런드 러셀, 존 폰 노이만의 도움이 필요하다. 이들의 생각법은 우리가 열등감에서 벗어나 이성적인 사고를 하도록 돕는다.

내 주장이 과장되지 않도록 각별히 주의하면서 말해보겠다. 나는 뿌리 깊은 정신적 요소, 즉 스트레스 장애나 어린 시절의 트라우마 때문에 자존감을 잃는 다양한 상황이 있다는 사실을 잘 알고 있다.

그런 경우에는 치료나 상담이 필요할 것이다. 하지만 추론 과정의 단순한 결함 때문에 열등감이 생기는 경우도 무수히 많다. 그런 추론상의 오류 때문에 자신이 실제 모습보다 형편없다는 생각에 시달릴 수 있다. 조금만 계산해보면 그런 생각에서 벗어날 수 있다.

추론 과정의 결함을 분석하기에 앞서 열등감이 겸손과는 전혀 다르다는 사실을 기억하면 좋겠다. 겸손은 광활하고 복잡한 우주에서 상대적으로 자신은 먼지처럼 아무것도 아닌 존재라는 인식에서 생긴다. 겸손은 마음을 진정시키는 훌륭한 효과를 지녔기에 발전시킬 가치가 있다. 무엇보다 겸손은 다른 사람으로 인한 굴욕감을 느끼지 않도록 해준다. 주변 상황과 관계 없이 스스로를 낮추기 때문이다.

반면에 열등감은 다른 사람과 비교해 자신의 가치를 깎아내리게 만들기 때문에 감정적으로 해롭다. 앞으로 설명하겠지만, 열등감은 추론을 잘못해서 생기는 경우가 많다. 내가 제시할 논거는 경제학에서 오랜 전통을 가진 주장이다. 이 주장의 유래는 1970년대 미국의 경제학자들로 거슬러 올라가는데, 조지 애컬로프George Akerlof가 발표한 '레몬 시장'에 관한 논문과 조지프 스티글리츠Joseph Stiglitz가 발표한 선별에 관한 연구가 시발점이다. 이들의 논문을 파고들려면 경제학의 '비대칭 정보'에 관한 문헌들도 살펴봐야 하기에 자세한 내용은 다루지 않겠다. 그 대신 많은 사람이 불필요한 열등감을 느끼는 이유를 간단하게 설명하겠다.

내시 균형 상태의 마이애미비치

간단히 말해서 사람들이 열등감을 느끼는 이유는 이렇다. 우리 대부분은 자신의 더 나은 면모를 세상에 보여주고 싶어 한다. SNS에 사람들이 게시한 사진들을 보라. 실제보다 더 잘생기거나 예쁘게 나온 사진, 재밌는 시간을 보내거나 멋진 휴가를 즐기는 사진이 대부분이다. SNS에는 다른 사람들이 최고의 삶을 사는 흔적들만 있으니 그것을 보면서 자기 삶이 몹시 형편없다고 생각하기 쉽다. 그래서 움츠러들기 시작한다. 흥미롭지만 잘 알려지지 않은 사실은 이런 식의 추론에는 눈덩이 효과가 있어 결국에는 대다수의 사람에게 악영향을 미치게 된다는 것이다.

이제 마이애미비치를 생각해보자. 게임의 편의를 위해 아름다움을 기준으로 몸매를 여덟 개 등급으로 분류해서 점수를 매긴다고 하자. 가장 매력적인 몸매에는 8점, 가장 볼품없는 몸매에는 1점을 준다.

플로리다에 각 등급의 사람이 1000명씩 있다고 치자(그렇다. 플로리다의 인구를 8000명으로 가정하자는 것이다). 평소에는 사람들이 옷을 입고 있어서 몸매를 제대로 볼 수 없지만 마이애미비치에서 수영복을 입으면 서로의 몸매를 쉽게 평가할 수 있다. 인간은 비교적 이성적인 존재라 자신이 '가장' 매력적이라고 주장하지는 않는다. 하지만 하위권에 속하는 건 싫어한다. 자신의 몸매가 하위권이라는 사실을 알게 되면 수치심을 느끼고 열등감을 키운다. 이 가정에 따르면 자신의 점수를 알게 되는 순간 플로리다의 인구 절반은 스스로에 대해 부정적인 감정을 느낀다(1~4점을 받은 사람이 4000명이니까).

잠시 짚고 넘어가야 할 게 있다. 지금 이야기 중인 이런 이유로 수치심을 느끼거나 열등감을 가질 필요는 전혀 없다. 이 점에 대해 나는 이 장 끝부분에서 당신을 설득해보겠다. 이 이야기에서 가정하는 건 사람들이 그렇게 느껴야 한다는 것이 아니라, 많은 이가 그런 식으로 느낀다는 것이다.

사고실험을 계속해보자. 자신이 하위권에 속한다고 느낀 사람들은 더 이상 수영복을 입고 마이애미비치에 나오지 않을 거라고 가정해보자. 너무 구체적이고 강한 가정이라는 것을 안다. 하지만 이 가정들은 현실의 특징을 담고 있고, 이를 통해 인생에서 얼마나 엉뚱한 일이 벌어지는지 증명할 수 있다.

마이애미비치는 일요일에 처음 문을 연다. 처음에는 모두가 해변에 온다. 그들은 자신이 어떻게 생겼는지 알고 있지만 해변에 도착하기 전에는 자기 외모의 상대적 점수는 모른다.

해변에서의 하루가 끝나면 1~4점인 사람은 자신이 미의 기준에서 하위 50퍼센트에 속한다는 사실을 알게 된다. 그들은 열등감이 생겨 다시는 해변에 가지 않기로 결정한다.

이제 월요일에는 5~8점인 사람들만 해변에 간다. 금빛 모래를 거니는 사람들을 둘러보며 5점과 6점인 사람은 자신이 하위권에 속한다고 생각한다. 그리고 다시 해변을 찾지 않기로 결심한다. 기억하라. 사람들은 자신이 가장 매력적이라고 주장하지는 않는다. 다만 누구도 하위권에 속하고 싶지는 않다. 수치심을 느끼기 때문이다. 그래서 화요일에는 7점과 8점인 사람들만 해변에 나타난다. 여기까지 추론하면 수요일에는 8점인 사람들만 해변에 올 거라는 게 분명해진다.

이것이 균형이다. 이제 해변에서는 미의 분포가 안정화되었다. 8점에 속하는 1000명의 사람이 해변을 거닐며 이 세상은 실제보다 더 아름답다는 환상을 만들어낸다. 마이애미비치게임에서는 8점인 모든 사람이 해변에 나오고, 나머지 사람은 아무도 해변에 나오지 않는 상태가 내시 균형이다.

균형에 도달하고 나면 해변은 하루 이틀이 지나고, 한 해 두 해가 지나도 언제나 그 모습을 유지한다. 어떻게 이런 균형에 이르렀는지는 이미 기억에서 사라진 지 오래다. 해변에는 8점인 사람들만 보인다. 어느 날 매력적인 6점이 해변을 찾을 수 있지만 여전히 수치심을 느낄 것이다. 집이나 호텔에서 창문을 통해 해변을 바라보는 사람들은 해변에 있는 사람들이 평균적인 모습이라고 상상할지 모른다. 인구의 상위 12.5퍼센트를 제외한 모든 사람은 자신이 하위 50퍼센트에 속한다고 믿을 것이다. 그리고 그들 중 많은 사람이 자존감 결핍으로 고통받기 시작할 것이다.

그들 중 일부는 자신처럼 다른 사람도 집에 머물 가능성을 알아

챌 수 있다. 그들은 해변에 있는 사람뿐 아니라 조용히 집에 있는 사람도 평균에 포함된다는 것을 깨달을 것이다. 이런 추론을 통해 상황을 꿰뚫어 보면 눈앞에 보이는 상황에는 구조적 편향이 있으며 특정한 역학을 통해 이러한 편향이 확대된다는 것을 알게 된다.

실제로 우리 대부분은 스스로 생각하는 모습보다 더 낫다. 다만 온갖 SNS가 쓸데없는 열등감을 느끼도록 부추겼을 뿐이다. 예전에는 해변이나 헬스장에 가야 자신의 몸매를 남과 비교하며 열등감을 느꼈지만 이제는 침실이나 서재에서 소셜미디어를 통해 사람들이 어떤 모습인지 직접 보거나 추정할 수 있다. 또 사람들이 무엇을 하고 있는지, 더 정확하게 말하면 무엇을 하고 있는 것처럼 보이고 싶은지도 알 수 있다. 이제 해변을 피하는 것만으로는 비교의 늪에서 벗어날 수 없다. 따라서 다른 사람의 삶을 어떻게 바라볼지에 대해 추론 능력을 훈련하는 것이 더욱 중요하다.

이제 게임이론을 간단하게 복습해보자. 8점인 사람은 모두 마이애미비치에 가고 그밖의 사람은 모두 집에 머무는 것이 '마이애미비치게임'의 유일한 내시 균형임을 알았다. 그리고 이 게임의 참가자가 8000명이라는 점도 기억하자. 각 참가자는 B와 H 중 하나를 선택할 수 있다. B는 해변에 가는 것을, H는 집에 머무는 것을 뜻한다. 앞에서 설명한 선호도를 감안할 때 개인적으로 선택을 바꾼다고 해도 더 나아질 게 없는 유일한 결과는 8점인 사람이 모두 B를, 다른 모든 사람은 H를 선택하는 것이다. 이런 상태에서는 8점이 아닌 사람이 해변에 가면 자신이 하위권에 속한다는 사실을 알게 되기 때문에 가지 않는 편을 선호한다는 것이 자명하다.

8점이 아닌 사람이 해변에 나가는 일은 내시 균형이 아니라는 것을 입증하는 건 독자들에게 맡기겠다. 즉, 8점이 아닌 집단의 사람들이 어쩌다 해변에 나가면, 그들 중 자기 행동을 바꾸고 싶은 사람이 생길 것이라는 말이다. 해변에 있지 않던 사람이 해변으로 나오거나 해변에 있던 사람이 해변을 떠나는 식으로 말이다.

내 친구가 나보다
SNS 팔로워가
더 많은 이유

소셜미디어 시대에 불행해지는 수학적 근거

어째서 내 친구가 나보다 친구가 많은 걸까

소셜미디어 시대에 자존감이 떨어지고 비참함을 느끼는 사람이
많아지는 데는 또 다른 '통계적' 이유가 있다. 소셜미디어를 통해 사
람들 대부분이 자신보다 자신의 친구들이 친구 수가 더 많다는 것
을 알게 된다. 이런 상황은 자칫 당황스러울 수 있다. 어째서 내 친
구들이 나보다 인기가 더 많은 걸까?

2011년 스탠퍼드대학교 공학 교수인 요한 어잰더Johan Ugander, 당
시 페이스북에 근무하던 브라이언 카러Brian Karrer와 라스 백스트
롬Lars Backstrom, 스탠퍼드대학교 연구원인 캐머런 말로Cameron Marlow

는 페이스북의 방대한 자료를 활용해 그 문제를 연구했고 친구들이 자신보다 인기가 많아 당혹스러운 사례가 상당히 많다는 사실을 알게 되었다. 그들은 페이스북을 적극적으로 이용하는 7억 2100만 명을 조사했는데, 조사 대상자들에게는 평균 190명의 친구가 있었다. 반면 그들의 친구들에게는 평균 635명의 친구가 있었다. 또한 미국의 수학자 스티븐 스트로가츠Steven Strogatz의 조사 결과에 따르면 페이스북 사용자의 93퍼센트는 친구가 자신보다 더 많은 친구를 두고 있었다.

위 데이터는 친구가 자신보다 친구가 더 많은 게 어떤 면에선 당연하다는 것을 보여준다. 실제로 사회학자 스콧 펠드Scott Feld는 1991년 《미국 사회학 저널American Journal of Sociology》에 발표한 논문 〈친구에게 나보다 더 많은 친구가 있는 이유Why Your Friends Have More Friends Than You do〉에서, '평균적으로 당신의 친구가 당신보다 친구가 많은 것은 수학적 진리'라는 점을 보여주었다. 친구의 인기가 더 많다고 기분이 상해서 상담가를 찾아가기 전에 간단한 계산을 해보자.

그의 주장은 이렇다. 어떤 사회에서 모든 개인이 정확히 같은 수의 친구가 있다면 자기 친구 수와 친구의 친구 수가 같을 것이다. 그 외 모든 상황에서는 평균적으로 자기 친구 수는 친구의 친구 수보다 적을 것이다.

내 친구가 나보다 친구가 많은 건 수학의 문제

이를 확인하기 위해 알리야, 브라이언, 추 화 세 명으로 구성된 사회가 있다고 해보자. 알리야와 브라이언은 친구다. 추 화는 그 두 명의 이름은 알지만 친구는 아니다.

그러니까 이 사회에서는 각 개인이 평균 2/3명의 친구를 가진 셈이다(이 수치는 통계일 뿐이니 안심하길). 두 명은 친구가 한 명씩 있고, 한 명은 친구가 없기 때문이다. 이제 이 사회 구성원의 친구는 몇 명의 친구가 있는지 생각해보자. 알리야의 친구(브라이언)는 평균 한 명, 브라이언의 친구(알리야)도 평균 한 명의 친구가 있다. 추 화는 친구가 없으니 계산에 넣지 않는다. 이 사회에서 각 개인은 평균 2/3명의 친구가 있지만 그 개인의 친구는 평균 한 명의 친구가 있다.

이제 이 사회에서 브라이언에게 친구가 두 명(알리야와 추 화) 있다고 가정해보자. 그리고 알리야와 추 화는 각각 브라이언 한 명만 친구로 두고 있다(알리야와 추 화는 친구가 아니다). 이 사회에서 각 개인은 평균 한 명 이상(4/3)의 친구를 가지고 있다([브라이언: 2명 + 알리야: 1명 + 추 화: 1명] ÷ 3 = $\frac{4}{3}$).

이제 개인의 친구는 몇 명의 친구가 있는지 생각해보자. 알리야의 친구(브라이언)에게는 두 명의 친구가 있다. 마찬가지로 추 화의 친구(브라이언)도 두 명의 친구가 있다. 브라이언의 친구(알리야와 추 화)들에게 있는 친구의 수는 평균 한 명이다. 따라서 이 사회에서 개인의 친구는 평균 5/3명의 친구가 있다.([알리야의 친구: 2명 + 추 화의

친구: 2명 + 브라이언의 친구: 1명] ÷ 3 = $\frac{5}{3}$). 다시 말해 평균적으로 그들의 친구는 그들 자신보다 더 많은 친구를 가지고 있다.

인내심을 갖고 규모가 더 큰 사회나 친구 집단을 조사해보라. 이 통계는 언제나 맞을 것이다. 따라서 복잡한 사회적·심리적 문제로 보이는 것 중 적어도 일부는 단순한 수학의 문제다.

"대부분의 사람들은
생각하지 않지만
그래도 존재한다"

열등감을 느끼지 않는 법

스스로 만들어내는 허상의 순위를 없애라

마이애미비치의 예는 아무렇게나 만든 게 아니라 실제 경험에 바탕을 둔 것이다. 오래전 나는 아내와 두 아이를 데리고 해변에 갔다. 당시 나는 하나같이 멋진 몸매와 매력적인 외모를 가진 사람들을 보고 충격을 받았다. 어찌나 충격적이었던지 집으로 돌아오자마자 곧장 헬스장에 등록했다. 하지만 일주일이 지나자 훌륭한 몸매가 날마다 역기를 들어 올리는 극도의 고통을 감내할 정도의 가치는 없다는 생각이 들었다. 그래서 그만두었다. 그 이후로 여러 번 헬스장을 가다 말다 했다(다른 사람에게 하는 조언이 아니다. 그냥 내가 그런 행동을 했다고 솔직하게 말하는 것이다).

지금까지 다룬 이야기는 어떤 순위에서 하위권에 있으면 열등감이 생긴다는 전제를 바탕으로 한 것이다. 해변에서 낮은 점수를 얻거나 친구 수가 적으면 사람들은 대개 열등감을 느낀다. 분석한 바에 따르면 몸매나 친구 수 같은 '기준'이 있을 때 더 많은 사람이 불필요한 열등감을 키운다. 이제 나는 이 기준 자체가 틀렸다는 사실을 분명하게 보여주려고 한다. 당신은 자신이 사회적 순위에서 어느 위치에 있다고 생각되든, 그와 상관없이 열등감을 느끼지 않는 방법을 배워야 한다.

인간의 재능은 천차만별이다. 수학에 재능이 없는 사람이 문학 천재일 수 있다. 수학이나 문학에 소질이 거의 없는 사람이 사업 수완은 뛰어날 수 있다. 수학이나 문학에 재능이 없고 사업 감각도 없는 사람이 예술에는 숨겨진 재능이 있을 수 있다. 열등감은 어떤 한 가지 재능이 특별하거나 필수적이라고 생각하는 함정에 빠질 때 생긴다. 다행히 우리 사회에는 다양한 재능을 종합적으로 계산해 순위를 매기는 합의된 방식이 없다. 따라서 인간이 매기는 순위는 불완전할 수밖에 없다. 당신의 순위는 어떤 영역에서는 낮지만 또 어떤 영역에서는 높을 수 있다. 그리고 우리는 다양한 재능 중 어떤 재능이 더 중요한지 판단할 수 없다. 그러므로 개인의 순위를 매길 방법 또한 없다.

여기에 더해 우리가 생각해봐야 할 철학적 문제가 있다. 궁극적으로 순위는 사회가 아니라 우리 마음이 만들어낸다는 점이다. 사회적 순위에서 당신은 어느 위치에 있다고 생각하는가? 그 순위는 당신 스스로 정한 것이다. 우리 주변의 세상조차 스스로 만든 마음의 구성물이다. 따라서 내가 객관적인 사실로 받아들이는 것이 실제로는 사실이 아닐 때가 많다. 마이애미비치를 거닐거나 얼마나 많은 인터넷 친구가 있는지를 생각할 때, 여기서 생기는 문제의 심각성은 오로지 '내'가 만들어내는 것이다.

데카르트를 반박한 오그던 내시

사실 다른 사람이 실제로 존재하는지 증명하는 일조차 놀라울 정도로 어렵다. 우리는 결국 각자의 마음을 통해 모든 것을 지각하기 때문에 일부 철학자는 다른 사람이 실제로 존재하는지 그 확실성에 의문을 제기했다. 나는 다른 사람이 내 마음의 구성물일 수 있다는 가능성을 배제할 수 없을뿐더러 배제하지 않기로 선택했다. 고등학교 시절 나는 깊은 성찰을 통해 타인이 내 마음의 구성물일 수 있다는 결론에 이르렀고, 고뇌와 안도를 동시에 느꼈다. 나중에 버트런드 러셀도 이 문제에 직면했다는 글을 읽고 위안을 얻었다. 하지만 러셀은 여러 가지를 총체적으로 고려해볼 때 다른 사람들이 자신의 마음 외부에 존재할 것이라고 주장했다. 자신의 마음이 만들어낸 사람 외에 세상에 아무도 없다고 생각하면 너무 괴로우니 자기 생각이 틀렸을 거라고 스스로를 설득한 게 아닐까?

이 문제에 대한 내 관점은 다음과 같다. 나는 내 마음이 다른 사람을 온전히 지각할 수 있으며, 그들을 보고, 사랑하고, 미워하고, 함께 대화를 나누는 능력이 내게 있기에 외로움을 느끼지 않는다고 본다. 그런데 정말 다른 사람이 실제로 존재할까? 내 직감으로는 그렇다. 그리고 나는 그들이 존재한다는 가정하에 살아가고 있다. 하지만 나는 내 직감에 근거가 없다는 것을 안다. 게다가 우리의 직감과 상식은 전반적으로 믿을 만하지만, 실제 현실이 그런 믿음을 저버릴 때도 있다. 수천 년 동안 사람들은 지구가 평평하다고 믿었다. 견고한 논리가 아니라 직감과 상식을 활용해 그런 믿음을 가지고 있었다. 어쨌든 우리가 딛고 서 있는 땅은 평평했으니까. 우리의 마음과는 별개로 다른 사람들이 존재하는 것처럼 살아가는 한편, 내가 지각하는 세상이 내 마음의 창조물이라는 생각을 마음 깊은 곳에 담아두길 바란다. 그러면 거기서 마음의 평화와 인생을 살아갈 힘이 흘러나올 것이다.

이런 사고방식을 널리 전한 철학자가 르네 데카르트Rene Descartes다. 그는 "나는 생각한다, 그러므로 나는 존재한다"라는 유명한 말을 남겼다. 이 말은 철학적으로는 강력한 힘이 있지만 그와 동시에 일부 사람들을 유아론唯我論에 빠뜨릴 수 있는 위험성을 내포하고 있다. 일전에 데카르트를 반박하는 글을 읽은 적이 있는데 다소 장난기가 있지만 데카르트를 반박한 시도 중 최고였기에 그 글로 이 장을 마치려 한다. 결국 내시라는 원점으로 되돌아가지만, 이번에는 존 내시가 아니라 미국의 시인 오그던 내시Ogden Nash다. "나는 생각한다, 그러므로 나는 존재한다"라는 데카르트의 말에 오그던이 응수한 말을 쉽게 풀어 쓰면 다음과 같다. '대부분의 사람은 생각하지 않는다. 그럼에도 불구하고 그들은 존재한다.' 그가 쓴 시의 한 구절이다.

────── 데카르트는 생각하는 사람,

그러므로 존재하는 몇 안 되는 사람이죠.

생각하지 않지만 그래도 존재하는 사람이 훨씬 더 많아요.[4]

마지막으로 덧붙이자면, 오그던 내시의 삶은 인간의 재능이 얼마나 다양할 수 있는지 보여준다. 오그던 내시는 1920년 하버드대학교에 입학했지만 1년 후에 자퇴했다. 학교생활이 쉽지 않았기 때문이다. 이후 그는 채권 중개인이 되고 싶었다. 그의 가족도 그걸 원했다. 미래 세대에게는 다행스러운 소식이 있다. 오그던 내시가 채권 중개에는 전혀 소질이 없었다는 것이다. 그는 이렇게 말했다. "나는 채권 판매인으로 돈을 벌기 위해 뉴욕에 왔고 2년 만에 겨우 대모에게 채권을 팔았다."

4장

더 나은 선택을
도와주는
사고법

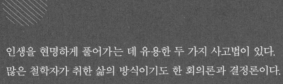

인생을 현명하게 풀어가는 데 유용한 두 가지 사고법이 있다.
많은 철학자가 취한 삶의 방식이기도 한 회의론과 결정론이다.
회의론은 당연시 여기던 가정을 깨뜨려 새로운 가능성을 연다.
이를 통해 혁신을 일으킬 수도, 감춰졌던 삶의 모순을 발견할 수도 있다.
결정론은 나와 타인의 행동을 더 깊이 이해하게 해주고
감정을 다스려 합리적 선택을 하게 한다.

내가 틀릴 수도 있다는
가능성을 항상 열어두라

삶의 철학으로서 회의론

신이 존재한다면 인간의 삶에 왜 비극이 존재하는가

인생에는 우리가 알 수 없는 것들로 가득하다. 이를 인식하는 것은 그저 겸손의 문제가 아니라 지능의 문제다. 어리석은 과신은 개인과 집단, 국가가 치명적인 재앙을 겪는 주요 원인이다. 유신론자와 무신론자, 과학이나 미신 신봉자까지 누구나 이런 실수를 저지른다.

무신론자인 나는 무엇에든 확고한 믿음이 없는 편이다. 확실한 것은 우리가 아는 게 거의 없다는 사실이다. 이러한 무지는 눈, 코, 입, 귀, 피부 등 우리의 감각기관으로 인지하는 것 너머로까지 확장되어야 한다.

내 이야기를 해보겠다. 나는 콜카타의 전통적인 벵골인 가정에서 자랐다. 어머니는 어린 내가 기도와 명상에 많은 시간을 쏟는 것을 무척 자랑스러워했다(의심할 여지 없이 어머니가 그렇게 하라고 시켰을 것이다). 보통의 인도인이 그렇듯 우리 가족은 정기적으로 사원에 갔다. 나는 콜카타 변두리의 갠지스강 제방에 있는 닥샤인스워와 벨루르마트 사원을 좋아했다. 이 아름다운 건축물에는 우주의 신비와 콜카타의 역사가 담겨 있다. 또한 세계를 여행하며 전 인류적 형제애에 대한 메시지를 전하기 위해 큰 희생을 치른 스와미 비베카난다Swami Vivekananda 같은 힌두교 지도자들이 머무는 곳이기도 하다.

이후 성인이 된 나는 델리경제대학교에서 학생들을 가르칠 때 콜카타에 머물던 테레사 수녀Mother Teresa를 만났다. 그녀와 함께 일하던 내 누이를 통해서 만날 수 있었는데, 누이에게서 테레사 수녀의 끝없는 동정심에 대해 들었다. 그녀는 한 치의 망설임도 없이 죽어가는 거지를 끌어안았고, 거리를 떠도는 나병 환자들이 집을 구할 수 있도록 도왔다. 아마도 나는 신과 종교, 현대 의학에 대한 테레사 수녀의 관점에 전적으로 동의하지는 못할 것이다. 하지만 옆집 창에서 흘러들어오는 희미한 불빛에 의지해 살아가는 허름한 집에서 그녀를 만났을 때, 그녀가 가진 친절함의 힘에 감동받고 경탄하지 않을 수 없었다.

숭배 장소에 감도는 분위기는 매혹적이다. 나는 종교의식을 몹시 좋아했고 지금도 그렇다. 그러한 의식에 사용되는 연출은 매우 흥미롭다. 많은 진보주의자가 '종교는 믿지만 종교의식은 거부한다'고 말한다. 하지만 나는 그 반대다. 나는 종교는 믿지 않지만 종교의식은 좋아한다.

사실 나는 중학교에 다닐 때 신에 대한 믿음을 잃었다. 아마 13~14살 무렵이었을 것이다. 몇 가지 이유가 있었다. 어렸을 때 아버지는 매주 화요일 저녁에 가디스 칼리 사원에 갔다. 아버지가 운전대를 잡으면서, 신을 믿진 않지만 위험을 감수하고 싶지는 않다고 중얼거리던 모습이 가끔 기억난다. 시간이 꽤 흐른 뒤에 나는 아버지의 말이 17세기 프랑스 철학자 블레즈 파스칼Blaise Pascal의 사상인 이른바 '파스칼의 내기Pascal's wager(신의 존재 유무를 놓고 내기를 한다면 신의 존재 쪽에 거는 것이 유리하다고 주장한 기독교 변증론—옮긴이)'와 같은 맥락이라는 것을 알게 되었다. 돌이켜보면 아버지는 신앙이 없었던 것 같다. 아버지의 말과 내 사고가 결합하면서 내 믿음도 식어가기 시작했다.

그러다가 고등학교에서 버트런드 러셀을 알게 되었다. 책을 많이 읽어 매우 박식한 한 선배에게 러셀의 책을 추천받았다. 선배는 나와 많은 대화를 나누다가 러셀의 책을 꼭 읽어보라고 권했다.

나는 책을 많이 읽는 편은 아니었지만 러셀의 책은 읽어봐야겠다고 생각했다. 당시 러셀의 책을 읽은 것은 내 인생에서 가장 중요한 지적 경험 중 하나가 되었다. 그렇다고 그의 주장이 모두 옳다는 건 아니다. 누군가가 확신을 갖고 주장했거나 혹은 책으로까지 공표한 내용이더라도, 그것을 그대로 받아들여서는 안 된다는 것을 그에게서 배웠다. 나는 그의 책들이 무척 마음에 들었고 특히 《서양철학사》를 탐독했다.

버트런드 러셀은 아직 미성숙한 단계였던 내 사고 체계를 크게 발전시켰다. 결과적으로 나는 신을 믿지 않기로 결심했다. 박식한 힌두교인들 사이에서는 오랫동안 일신교와 다신교를 놓고 논쟁이 있었다. 신은 하나일까 아니면 여럿일까? 정통 힌두교인조차 힌두교의 오래된 다신론을 받아들이지 못했다. 어떤 사람들은 신성한 유일신의 현시로 여러 신이 나타난다고 생각했다.

나는 일신교가 맞는지 다신교가 맞는지에 관한 논쟁에 흥미를 느끼지 못했다. 그에 앞서 신의 존재 자체부터 되짚어봐야 한다고 생각했다. 거의 모든 종교인이 믿는 것처럼 전지전능하고 전적으로 자비로운 신이 존재한다는 믿음은 비극과 슬픔이 가득한 현실과 어울리지 않는다. 종종 슬픔을 겪을 때 나는 전지전능하고 자비롭다는 신의 정의가 비논리적이라는 생각을 한다. 신이 완벽한 능력에 자비심까지 갖춘 존재라면, 인간의 삶에 비극과 슬픔이 생겨날리 없기 때문이다.

신에 대한 다른 견해는 어떨까? 예를 들면 매우 강력하지만 약간의 자비를 베푸는 존재라는 견해는? 그런 신은 존재할 수 없을까? 나는 '존재할 수 있다'고 답하겠다. 하지만 나는 그런 존재를 신이라고 부르지 않는다.

　신이 모든 사물을 계획적으로 만들어낸 우주의 창조자라는 견해는 어떤가? 이 견해는 논리적 타당성이 있다. 우리는 그런 신의 존재를 완전히 배제할 수 없다. 솔직히 나는 이 문제에 대해서는 직감에 의존한다. 나는 우주가 누군가의 계획적인 창조물이라고 생각하지 않는다. 나아가서 설령 그렇더라도 어째서 그 존재를 숭배해야 하는지 모르겠다. 하지만 내가 틀릴 수 있다는 가능성을 항상 열어둔다. 이런 태도가 바로 회의론의 핵심이다. 고백컨대 내게 회의론은 마음속 은밀한 곳에 있는 철학 학교다.

무신론자에게도 기적은 일어난다

　이탈리아 토리노를 방문할 때 있었던 놀라운 경험을 이야기하겠다.[1] 2017년 나는 개발경제학 강의를 하러 토리노에 갔다. 토리노는 마르크스 철학자이자 정치인인 안토니오 그람시Antonio Gramsci가 이탈리아 공산당의 기관지《신 질서L'Ordine Nuovo》를 창간하고 무솔리니 정부에 반대하다가 경찰에 체포되어 투옥되었던 도시다. 또한 프리드리히 니체Friedrich Nietzsche의 애환이 담긴 곳으로, 그곳에서 니체는 신경쇠약에 시달리다가 결국 제정신을 잃고 말았다.

　토리노 방문은 인상적이었지만 거기까지 가는 과정에서 겪은 일은 기적 그 자체였다. 토리노로 떠나기 일주일 전 미국 영주권 증명서인 그린카드가 감쪽같이 사라졌다. 집안을 샅샅이 뒤졌지만 도무지 찾을 수 없었다. 끝까지 찾지 못하면 해외 일정을 취소해야 할 상황이었다. 그 소식을 주최 측에 어떻게 알려야 할지 난감했다. 나는 농담 삼아 아내에게 지금이야말로 기도해야 할 때라고 말했다. 그리고 수도승처럼 양반다리를 하고 앉아 기도했다.

"신이여, 당신도 잘 알다시피 나는 당신을 날마다 찾지 않습니다. 솔직히 몇 년에 한 번 절망적인 일이 있을 때만 당신께 기도합니다. 오늘이 그런 날 중 하루입니다. 오래전부터 계획한 강의를 취소하면 몹시 절망스러울 겁니다. 당신의 존재를 의심하지만 만약 당신이 계신다면 제발 제 정직함을 소중히 여기시어 그린카드를 찾게 해주소서. 하지만 그렇게 해주신다고 해서 당신에 대한 믿음이 생기지는 않을 겁니다. 세상을 둘러보면 당신이 존재한다는 증거가 거의 없어서 한 번의 기적으로 제 마음을 바꾸지는 못할 것입니다."

그런 다음 자리에서 일어나 평소대로 늦은 밤까지 책을 읽고 글을 쓰다가 잠을 잤다. 다음 날 아침 나는 아무 생각 없이 일상적으로 사용하는 침대 옆 서랍을 열었다. 아내와 내가 그린카드를 찾느라 수없이 열어본 서랍이었다. 그런데 서랍 안에 그린카드가 아주 잘 보이게 놓여 있었다. 나는 기쁨과 혼란이 뒤섞인 감정적 동요를 느꼈다. 며칠 전의 일들을 재구성해보려고 노력했지만 '과학적'이라고 불리는 방식으로는 도저히 그 일을 설명할 수 없었다.

그러면 그 일은 어떻게 해석해야 할까? 성향상 나는 그린카드가 원래 거기에 있었고 다만 아내나 내가 그것을 보지 못한 것이라고 믿고 있다. 한편 타고난 회의론자인 나는 귀납법에 반하는 사건이 생긴다 해도 신경 쓰지 않는다. '논리적으로' 불가능한 것이 아니라면 무엇이든 가능하다고 믿기 때문이다. 하지만 그 경험이 너무 당혹스러운 나머지 내가 내린 유일한 결론은 이것이다. '신이 존재하든 그렇지 않든 그는 나를 사랑한다.'

다음 해에 콜카타를 방문해서 큰누나에게 그 사건을 이야기했다. 누나는 몸서리치며 말했다. "나도 기도는 할 만큼 했는데. 신은 내 기도를 듣지 않는 게 분명해. 이제 날마다 기도해서 신을 귀찮게 해야겠어."

이 일화에서 얻을 수 있는 교훈은 기적은 논리적으로 불가능한 게 아니라는 점이다. 기적은 세상의 작동 방식이 우리가 가진 생각과 충돌하는 사건이다. 상식적으로, 사라진 그린카드가 신에게 기도했다고 다시 나타나는 일은 없다. 그렇지만 우리는 그런 사건들에 열린 마음을 가져야 한다. 앞장에서 다룬 버트런드 러셀의 닭 이야기와 같은 맥락이다. 매일 먹이를 주던 남자가 어느 날 아침 목을 비틀었을 때 크게 충격받았을 닭의 순진함을 떠올려보라. 일어날 리 없는 일이 어느 날 일어날 수도 있다.

과학은 그러한 궁지에서 우리를 구해내지 못한다. 이 때문에 나는 리처드 도킨스Richard Dawkins의 무신론에 공감하면서도, 과학의 힘에 대한 그의 독단적인 확신이 미신과 다를 바 없다고 본다.

회의론은 인생 처방을 내리기보다 슬쩍 옆구리를 찌를 뿐

내가 이렇게 옹호하고 있는 회의론은 오랜 역사가 있다. 이 철학은 고대 그리스의 철학자 피론으로 거슬러 올라간다. 기원전 360년에 엘리스에서 태어난 피론은 당시 대다수의 사람이 단명했던 것과 달리 90년이라는 아주 긴 수명을 누렸다. 분명히 그는 철학을 통해 마음의 평화를 얻었기 때문에 장수했을 것이다.

모든 판단을 보류하는 회의론의 본질 때문에 피론은 생전에 어떤 글도 쓰지 않았다. 하지만 그로부터 막대한 영향을 받은 추종자들에 의해 피론의 삶과 철학은 지금까지 상당 부분 문서로 잘 보존되어 있다. 피론은 의심을 삶의 본질로 삼는 회의론을 완벽하게 실천했다. 그에 관한 일화는 많다. 한번은 피론보다 20년 선배인 아낙사르코스Anaxarchos가 길을 가다가 도랑에 빠졌다. 피론이 지나가다가 그를 보았지만 도와주지 않았다. 나중에 피론은 아낙사르코스가 도랑 안보다 밖에서 더 행복할지 확신할 수 없었다고 말했다.

기원전 334년에 두 사람은 알렉산더 대왕의 동방 원정에 참여해 여러 곳을 다니다가 인도에 도착한다. 틀림없이 피론은 인도에서 무니 사두mouni sadhu(산스크리트어로 침묵 고행자 ― 옮긴이) 몇 명을 만나 감명을 받았을 것이다. 무니 사두도 피론처럼 어떤 글도 쓰지 않았다. 그뿐 아니라 어떤 말도 하지 않았다. 그들은 그저 침묵 속에 있었다. 피론은 침묵이 더 우월하다는 점을 인정했다. 그가 패배를 인정한 또 다른 사건이 항해 중에 일어났다. 거센 폭풍이 몰아칠 때

배에 있던 사람들은 파도에 이리저리 휩쓸리며 공포에 떨었다. 그 배에서 평정심을 유지한 존재는 둘뿐이었다. 피론과 돼지였다. 하지만 피론은 돼지에게 졌다. 폭풍 속에서 돼지는 계속 먹이를 먹었지만 피론은 음식을 먹지 못했다.

회의론에서 교훈을 얻으려면 주의가 필요하다. 예상할 수 있듯이 거기에는 교훈이 거의 없다. 회의론, 즉 피로니즘Pyrrhonism은 특별한 인생 처방을 내리지 않는다. 알고 있다고 믿는 것에 의문을 제기하라며 우리의 옆구리를 쿡 찌를 뿐이다. 그러나 이를 외면하지 않고 스스로 질문을 던지다보면 다양한 설명과 관점에 대해 열린 마음을 가질 수 있다. 이런 회의론적 태도를 갖추면 삶에 고난이 닥쳐도 평정심을 유지하며 대처해나갈 수 있을 것이다.

아무것도 없던 모자 안에
어떻게 토끼가 들어갔을까

숨겨진 가정의 발견

발견의 가능성을 높이는 회의적 사고법

회의론은 질문을 부추긴다. 그렇기에 과학 발전의 대단한 동력이 된다. 회의론이 촉발한 질문이 인류 역사상 가장 혁신적인 아이디어를 탄생시키기도 했다. 일상생활에서처럼 과학에서도 가정을 세운다. 사실 우리는 앞으로 나아가려면 가정을 해야 한다. 문제는 그런 가정 중 일부가 우리 정신 안에 너무 깊이 뿌리 박혀 있어, 가정이 있다는 사실 자체를 인식하지 못한다는 것이다. 이로 인해 가정은 점점 더 깊숙이 숨겨진다.[2]

1838년 프랑스의 경제학자 오귀스탱 쿠르노는 과점 시장을 설명하는 탁월한 모델을 발표했고, 이를 통해 우리는 실제 시장이 어떻게 작동하는지 이해할 수 있게 되었다. 하지만 여기에도 문제가 있다. 이 모델을 사용해 시장을 분석하고 어떠한 법칙을 산정해낼 때, 쿠르노가 했던 여러 가정을 자주 놓친다는 것이다. 코로나19 팬데믹 기간에 백신 시장이 제대로 작동하지 않았던 것처럼, 현실이 산정한 법칙대로 움직이지 않으면 경제학자들은 당황한다.

과학과 마술 사이에는 흥미로운 연결점이 있다. 마술을 보고 놀라는 이유는 마술쇼를 지켜보는 관객이 이미 마음속으로 가정을 정해두기 때문이다. 1분 전만 해도 아무것도 없던 모자에서 토끼를 꺼내는 모습을 보면 관객은 깜짝 놀란다. 토끼가 모자 안에 들어가는 방식에 대해 잘못된 가정을 했기 때문이다. 마술 과정이 설명되면 우리는 '그렇게 당연할 걸 몰랐네. 아주 명확한데 말이야'라고 생각한다.

이제는 다른 과학 분야처럼 경제학에서도 이론을 세우면서 이를 위해 어떤 가정을 했는지 명확히 제시하곤 한다. 이렇게 어떤 이론의 전제가 되는 가정, 즉 어떤 이론 체계에서 가장 기초적인 근거가되는 가정을 '공리公理'라고 한다. 일반적인 과학을 대할 때 우리는 그러한 명시된 가정에 의문을 제기하고 그 가정이 타당한지 확인하기 위해 실증적인 증거를 수집하려고 노력한다. 가정이 타당하지 않다면 다른 가정으로 바꾸고 모델을 새로 구축한다. 이런 과정을 통해 모델을 조금씩 손보며 발전시킬 수 있다. 그런데 어떤 가정들은 누가 그 가정을 세웠는지도 모호하고 가정이 있는지조차 인식되지 않는다. 드물긴 하지만 누군가가 그런 가정에 결함이 있음을 발견할 때 놀라운 혁신이 일어난다. 이러한 발견으로 이어질 가능성이 가장 큰 방법은 질문을 일으키는 '회의적 사고법'이다. 같은 이유로 회의적인 생각은 일상생활에서 실수를 피하고 더 나은 삶을 살게 해준다.

유클리드 기하학부터 경제학까지 일반화되는 공리의 사용

숨겨진 가정을 발견한 가장 유명한 사례는 기하학에서 나왔다. 유클리드가 고안한 기하학 모델은 견줄 만한 것이 없을 정도로 정밀하고 탁월했다. 그 전체 이론이 처음에는 무無에서 출발했다. 즉, 직관적으로 받아들일 수 있는 공리를 전제로 탐구하다가 마법처럼 정리(명제)를 도출해냈다. 하지만 유클리드가 눈치채지 못한 가정이 적어도 하나 있었다. 그 가정이 너무나 당연한 것처럼 보여서 공리로 기록하지 않은 것이다. 유클리드는 모든 운동은 테이블 같은 2차원의 평면에서 이루어진다고 가정했다. 하지만 시간이 훨씬 흐른 뒤에 이 가정은 모든 운동에 적용되는 공리가 아님이 밝혀졌다.

그러한 발견에는 수학자가 필요하지 않다. 분명한 것처럼 보이는 것에 의문을 제기하는 능력이 필요할 뿐이다. 기하학에 숨겨진 가정이 있다는 사실을 처음 깨달은 사람은 11세기 니샤푸르 출신의 페르시아 시인이자 철학자, 역사가, 수학자인 오마르 하이얌Omar

Khyyam이다. 하이얌의 뒤를 이어 수학을 취미 삼아 공부했던 독일의 법학자 페르디난트 카를 슈바이카르트Ferdinand Karl Schweikart가 19세기 초에 유클리드가 놓친 가정을 우연히 발견했다. 물론 이를 계기로 시작된 비유클리드 기하학의 새로운 구성은 수학자 없이는 불가능했을 것이다. 그래서 우리는 러시아의 수학자 니콜라이 로바쳅스키Nikolai Lobachevsky, 독일의 수학자 프리드리히 가우스Friedrich Gauss와 베른하르트 리만Bernhard Riemann을 비롯한 여러 수학자의 덕을 봤다.

기하학의 숨겨진 가정을 발견한 일은 현실 세계에 중대한 영향을 미쳤다. 유클리드 기하학의 일부는 지구 표면에서 적용되지 않는다. 지구의 표면은 평면이라기보다 구의 조각이 모인 값과 비슷하기 때문이다. 만약 지상으로부터 높이 떠서 대기권을 통해 빠르게 이동하는 비행시대에 유클리드 기하학으로 비행기가 하늘을 나는 값을 계산했다면 치명적인 재앙을 초래했을 것이다.

공리의 사용은 이제 경제학에서도 일반화되었으며, 프랑스 경제학자 제라르 드브뢰가 1959년에 발간한《가치이론The Theory of Value》에서 정점에 도달했다. 이 책은 애덤 스미스와 레옹 발라가 제시한 전체 경제 개념의 폭과 장엄함을 수학적 정확성으로 포착하려는 시도다. 그의 책은 철저하게 공리와 정리로 집필되었다. 드브뢰의 책은 시처럼 놀라운 간결성과 우아함을 지녔다. 유클리드가 기하학에 기여했다면 드브뢰는 경제학에 기여했다고 할 수 있다. 드브뢰의 책과 미국의 경제학자 케네스 애로Kenneth Arrow의 연구는 이기적인 개인의 행동을 조정하고 그들이 자신도 모르게 집단의 이익을 달성할 수 있게 해주는 시장의 보이지 않는 손이라는 애덤 스미스의 정리를 공식화함으로써 경제학에 큰 영향을 미쳤다.

이로써 보이지 않는 손이 작동하는 데 필요하지만 명시되지 않은 가정들이 명확해졌고, 이는 예리한 관찰자의 관심을 끌었다. 애로는 이런 가정들을 여러 차례에 걸쳐 주도면밀하게 상기시켜 주었다. 어떤 가정은 경제학 구조에 너무 깊이 박혀 있는 나머지 그 가정이 보이지 않는 손이 작동하는 데 필요하다는 사실을 잊기도 한다. 예를 들어 경제학자들은 사람들의 선호는 이행성transitivity 같은 기술적 속성을 충족해야 한다는 점을 분명히 한다. 이행성은 어떤 사람이 바나나보다 사과를 선호하고 오렌지보다 바나나를 선호한다면 그 사람은 오렌지보다 사과를 선호해야 한다는 가정이다.[4] 우리 삶에서 이러한 이행성은 일반적으로 적용된다. 하지만 언제나 그런 건 아니다. 마찬가지로 우리는 종종 인간의 선호는 한계효용 체감의 법칙을 따른다고 가정한다. 즉, 동일한 재화를 더 많이 소비할수록 그 소비로 얻는 효용은 감소한다고 가정한다.

경제학 교과서는 이런 가정들이 타당하기 때문에 사람들 사이에서 거래와 교환이 발생한다고 주장한다. 교과서를 철썩같이 믿는 경제학과 학생들도 대부분 그렇게 생각한다. 그 믿음에 재를 뿌리는 것은 그 가정들이 쥐에게도 적용된다는 사실이다. 하지만 쥐들은 서로 거래와 교환을 하지 않는다. 이는 이런 가정들이 거래와 교환에 '필요조건'일 수는 있지만 '충분조건'은 아니라는 사실을 알려준다.[5]

거래와 교환을 가능하게 하고 집단의 이익을 달성하는 데 필요한 많은 가정을 인식하지 못하고 놓치는 이유는 무엇일까? 경제에 사회, 정치, 문화, 제도가 스며들어 있기 때문일 수 있다. 예를 들어 거래를 성사시키려면 시장으로 달려가 상인에게서 모든 음식을 강탈하려는 생각을 억제해야 한다. 이는 쥐에게는 없는 능력이다. 이러한 억제력은 문화 및 규범과 관련 있다. 이와 마찬가지로 거래를 하려면 의사소통을 해야 한다. 하지만 경제학 교과서에 신중하게 기록하는 다양한 공리 중에 '대화할 수 있다'라는 공리는 없다.

덴마크 출신 심리학자 모텐 크리스티안센Morten Christiansen과 영국의 행동과학자 닉 채터Nick Chater가 쓴《진화하는 언어》의 첫 문장은 삶의 진실을 상기시킨다. "언어는 사람됨의 본질이다. 하지만 우리는 그런 생각을 거의 하지 않는다. 외국에 나가거나 뇌졸중에 걸려 언어를 사용하지 못하는 상황이 되어서야 삶의 모든 면에서 언어가 얼마나 중요한지 알게 된다." 경제학도 예외는 아니다. 말할 수 있다는 것은 당연한 것으로 여겨진다. 물론 경제가 작동하는 데 필요한 언어 능력과 다양한 규범, 문화적 특징이 계속 안정적으로 유지된다면 괜찮다. 하지만 어떤 규범은 시간이 흐르면서 바뀐다.[6] 의사소통 능력만 해도 디지털 시대에는 다른 사람과 대화하는 방식이 변할 가능성이 있다. 소셜미디어에서는 같은 표현이라도 의미가 달라질 수 있기에 '소통할 수 있다'라는 가정도 바뀔 수 있으며 이를 계기로 현대 경제의 기반이 대대적으로 개편될 수 있다.

세상을 이해하고, 세계적 문제에 대해 창의적인 해법을 내놓으며, 일상생활에서 더 나은 결정을 하려면 세상에 관한 우리의 생각을 얽매고 있는 숨겨진 가정을 명확하게 밝혀야 한다. 거기에 답이 있을 수 있다.

인생의 신비를 이해하려면
경험해보지 않은
세계의 존재를 인정하라

미지의 감각, 미어하기

외계 생명체를 우리가 지각할 수 있을까

사람들은 대부분 우리의 시각과 의식으로는 지각하지 못하는 현실이 많다는 것을 인지한다. 적어도 무의식적으로는 그런 현실을 감지한다. 이러한 인식이 공상과학소설의 소재가 될 뿐 아니라 과학과 철학을 탐구하는 동기가 되며 외계 생명체의 존재에 대한 추측을 낳는다.

다른 행성에 지능을 가진 생명체가 존재할 수 있다는 생각은 대단히 흥미롭다. 15세기 유럽의 선원들은 먼 미지의 세계에 있는 사람들과 그들의 풍습을 상상했다. 그리고 마침내 아메리카, 인도, 동아시아 등에서 낯선 사람들을 만나게 되었다. 마찬가지로 우리도 먼 행성에 있는 사람과 그들의 삶, 풍습, 문화를 상상하곤 한다. 그들이 우리와 만나면 어떤 반응을 보일까? 그들은 친절하고 대화가 잘 통할까? 아니면 우리에게 위협을 느껴 공격적으로 전쟁에 나설까? 이 모든 건 지능 격차에 따라 다를 것이다. 우리가 발견한 새로운 '인간'이 우리보다 훨씬 더 지능적이면 그들이 우리의 허를 찌를 것이다. 우리의 운명은 그들이 얼마나 자비로운지에 따라 달라질 수 있다. 하지만 우리의 지능이 그들보다 우위에 있다면 상황은 반대가 될 것이다.

하지만 우리가 이해하기 더 어려운 변형된 생명체도 있을 수 있다. 실제로 존재한다 해도 무한히 크거나 무한히 작은 것은 상상하기 어렵다. 특히 작은 존재는 받아들이기 더 어렵다. 과학자 친구들은 내게 작음에는 한계가 있다고 말한다. 분자, 원자, 양자, 광자 등에는 한계가 있다는 것이다. 일례로 소립자를 생각해보자. 소립자는 더 이상 나눌 수 없는 가장 작은 입자다. 하지만 자신 안에 다른 구성물을 가지고 있지 않은 사물이 존재한다는 사실을 증명할 수 있을까? 그러기는 어렵다고 생각한다. 작음은 끝이 없기 때문이다. 이를 이해하기 위해 과학자가 될 필요는 없다. 사실 과학자가 되면 사고 과정에 가정이 들어가기 때문에 오히려 불리해질 수 있다. 여기서 필요한 건 일반 과학이 아니라 상상력이다.

기하학적인 비유로 설명해보겠다. 오직 동심원의 집합으로만 이루어진 우주를 생각해보자. 각각의 원에는 두 개의 원이 인접해 있다. 하나는 반지름이 두 배고 또 하나는 반지름이 절반이다. 이 정의에 따르면 우주에는 무한한 수의 원이 있게 된다. 이 우주를 생각하는 또 다른 방식은 중심 지점을 두는 것이다. 그 지점을 무한한 수의 원이 둘러싸고 있다(원 말고 다른 것은 없다). 반지름이 1킬로미터인 원이 있다고 하자. 그 원에 인접해서 반지름이 2분의 1킬로미터인 원과 2킬로미터인 원이 있다. 그리고 반지름이 4분의 1킬로미터인 원과 4킬로미터인 원이 더 있고, 8분의 1킬로미터인 원과 8킬로미터인 원도 있다. 그렇게 인접한 원이 무수히 뻗어 나가며 이어진다.

이 우주의 중요하고 흥미로운 점은 어떤 쌍(원, x, 우주)이 다른 쌍(원, y, 우주)과 동일하다는 것이다. 어느 한 장소에서 우주를 관찰하는 우리에게는 어떤 원은 먼지처럼 작고 어떤 원은 엄청나게 거대하다. 하지만 이 우주에는 원들만 있기 때문에 관찰자인 우리는 존재하지 않는다. 이러한 이유로 우주에서 어떤 원의 위치는 다른 원의 위치와 같다. 우주에는 그 원보다 더 크고 작은 원이 끝없이 존재한다.

이 비유는 다음과 같은 가능성을 알려준다. 분자와 원자 또는 그밖의 아주 작은 입자들은 어쩌면 작은 태양계와 비슷할 수 있다. 그 태양계에는 우리처럼 지능과 가족, 친구, 자동차, 비행기, 전쟁, 사랑, 우정을 가진 생명체가 거주할 수 있다. 역으로 우리의 태양계는 우리의 우주와 비슷한 우주(크기는 제외하고)에 사는, 우리와 비슷한 사람(크기는 제외하고)의 발가락에 있는 원자나 분자와 같을 수 있다. 이러한 모습은 우리가 흔히 상상하고 찾는 외계 생명체의 모습과는 매우 다르다.

경험한 적 없는 세계, 어떻게 지각할 것인가

우리가 세상을 바라볼 때 인식하지 못하고 놓치는 가정이 또 있다. 우주를 마음속에서 어떻게 인식하고 창조하는지 생각해보라. 우리는 눈으로 파란 하늘, 하늘까지 닿는 높은 빌딩, 끝없이 펼쳐지는 바다, 활짝 핀 꽃이 있는 세상을 본다. 귀로는 친구가 말하는 우정의 소리, 적이 쏟아내는 증오의 소리, 불특정 다수에게 외치는 정치인의 소리, 하루를 마치고 부두로 돌아오는 외로운 배의 뱃고동 소리를 듣는다. 손으로는 사물을 만지며 그 모양과 질감을 느낀다. 코로는 냄새를 맡는다. 혀로는 맛을 본다.

우리는 보고 듣고 맡는 이 각각의 영역을 지각할 수 있는 눈, 귀, 코라는 기관을 가지고 있다. 하지만 우리의 감각이 세상의 모든 영역을 지각하고 있다고 가정할 근거는 없다. 시야, 소리, 냄새 등 인간이 지각하는 영역 이외에도 우리 주변에 또 다른 영역이 있지만 우리에게 그것을 지각하고 인지할 감각기관이 없을 수 있다. 즉, 우리는 눈과 귀가 있어 보고 들을 수는 있지만 '미어mear (인간에게 없는 감각을 지칭하기 위해 저자가 만든 용어—옮긴이)'가 없기에 '미어'하지 못할 수 있다.

잠깐 다른 이야기를 하고 넘어가야겠다. 시각 같은 감각기관이 없다고 해서 그게 무조건 손실이라고 가정하는 것은 잘못이다. 콜카타에서 나는 복작복작하고 온갖 불평불만들이 오가는 대가족에서 자랐다. 식구 중에는 시청각을 잃은 삼촌이 있었다. 친척들 대부분은 그를 불쌍하게 여겼지만 현자로 통하는 큰고모는 삼촌에 대해 조용히 중얼거렸다. "운이 좋구나. 이 소란을 안 들어도 되니 얼마나 좋아."

하지만 좋은 쪽으로든 나쁜 쪽으로든 감각기관의 부재가 초래하는 영향은 막대하다. 감각기관의 부재가 우리의 지각에 어떤 영향을 미치는지 알아보려면 사고실험을 해야 한다. 태어날 때부터 시각장애를 가진 사람을 생각해보자. 이 사람은 시력이 아예 없이 태어났다. 그는 듣고 말하고 게임하고 점자로 된 글을 읽을 수 있을 것이다. 시간이 흐르면 하늘과 별, 달에 관해 이야기할 수 있을 것이다. 하지만 그것들에 대해 다른 사람과는 분명히 다른 이미지를 가지고 있을 것이다. 그의 머릿속에서 하늘과 별, 달은 우리와 다른 모습으로 나타날 것이다.

이제 한 단계 더 나아가 '모두가' 시력이 없는 세상을 상상해보자. 눈이라는 기관이 인간에게 아예 존재하지 않는 것이다. 그것 말고 세상은 지금과 똑같다. 사람들은 주변에 시각적인 세계가 있는지 전혀 모를 것이다. 그들에게 시각적인 세계는 청각과 후각으로 인지하는 익숙한 세계와 전혀 다른 차원에 있다. 현실에 존재하는 '시각적 세계'라는 이 거대한 조각은 그들이 지각하고 상상하는 수준을 넘어선다. 여기서 내가 주장하는 바는, 우리도 어쩌면 그와 비슷한 상태일 수 있다는 것이다.

그렇게 지각할 수 없는 영역이 우리 주변에 존재할 수 있다. 그 영역은 우리가 시각과 청각, 후각 덕분에 보고 듣고 냄새 맡아서 알고 있는 영역과 완전히 다르다. 하지만 미어가 없기 때문에 우리는 미어하는 게 무엇인지, 미어하는 능력을 통해 무엇을 지각할 수 있는지 알 수 없다. 만약 미어라는 감각을 갖게 된 사람이 지구에 등장하면 어떨까? 그리고 그 사람이 미어로 지각한 또 하나의 영역을 우리에게 알려주려고 한다면? 우리는 그를 이해할 수 없을 것이다. 아마 그 사람을 비웃거나 미쳤다고 생각할 것이다. 역사에 등장한 신비주의자나 권력을 손에 쥔 미치광이 중에는 허공에 떠도는 소리가 들린다고 주장했던 사람들이 있다. 다른 사람들에게는 그들의 말이 횡설수설하는 소리로 들렸을 것이다. 하지만 그들이 우리에게는 없는 감각을 가지고 미어했을 가능성을 배제할 수는 없다.

인생에서 벌어지는 신비로운 일을 이해하려면, 적어도 그 가능성을 인식하려면 우리가 경험으로 알 수 있는 영역 외에 다른 영역이 존재할 수 있음을 인정해야 한다. 이 세상에는 우리가 경험하지 못하는 영역이 있을 수 있다. 시각의 세계나 촉각의 세계처럼 또 하나의 세계가 있을 수 있다. 다만 우리가 인식하지 못할 뿐이다.

비합리적인 것이
합리적인 것이 될 수 있을까

인간이 합리적이라는 가정의 문제점

러셀의 역설과 논리의 허점

역설은 숨겨진 가정을 인식할 수 있는 훌륭한 방법이다. 이 세상에 진짜 역설은 없다는 게 내 생각이다. 역설은 명확한 사고 능력이나 예리한 추론 능력이 결여될 때 생긴다. 이를 잘 보여주는 것이 그 유명한 '러셀의 역설'이다. 버트런드 러셀은 자신의 저서《수학의 원리Principles of Mathematics》을 집필하던 중 우연히 이 역설을 발견했다.

X를 모든 것의 집합이라고 해보자. 그러면 숟가락은 모든 숟가락의 집합과 마찬가지로 X의 원소다. 이제 자신을 원소로 포함하지 않는 모든 집합의 집합으로 정의되는, X에 속하는 집합 Y가 있다고

해보자. 다시 모든 숟가락의 집합을 생각해보자. 모든 숟가락의 집합은 숟가락이 아니므로 이 집합은 분명히 Y의 원소다.

이제 이런 질문을 해보자. Y는 Y의 원소인가? Y의 원소인 경우 Y는 Y의 원소가 될 수 없다(자신을 포함하지 않는다는 정의에 따라). 또 Y가 Y의 원소가 아니라면 Y는 Y의 원소가 '되어야' 한다(자신을 포함하지 않는다는 정의에 따라). 따라서 Y는 Y의 원소가 아니고, 원소가 '아닌 것'도 아니다. 이는 불가능한 일이다. 이것이 러셀이 발견한 역설이다.

이 역설은 오랜 시간 지속되어 오다가 마침내 이 이론이 러셀이 무의식중에 만든 가정에서 비롯되었다는 허점이 밝혀졌다. 바로 '전체 집합', 즉 모든 것의 집합이 존재한다는 가정이다. 모든 것의 집합 같은 것은 존재하지 않는다는 사실을 깨닫게 되면, 위에서 모든 것의 집합이라는 가정에서 정의한 집합 Y가 전혀 집합이 아닐 수 있기 때문에 이 역설은 해결된다.

내시 균형을 깨뜨리는 여행자의 딜레마

전체 집합이라는 주제는 나중에 더 이야기하겠다. 여기서는 내가 고안한 '여행자의 딜레마'라는 게임을 소개하려 한다. 이 게임은 게임이론의 역설 몇 가지를 보여준다.

두 여행자가 태평양의 어느 한 섬을 여행했다. 그 둘은 한 상인에게서 똑같은 기념품을 샀다. 그런데 돌아와서 보니 기념품이 망가져 있었다. 그들은 항공사 측에 보상을 요구한다. 항공사는 보상은 하겠지만 독특한 기념품의 가격을 모르는 게 문제라고 말한다. 그 래서 이렇게 제안한다. 각 여행자는 종이에 2달러에서 100달러까지 기념품의 가격을 적어야 한다. 만약 둘 다 같은 액수를 적으면 그 금액으로 보상할 것이다. 하지만 액수가 다르면 항공사는 더 낮은 가격이 정확한 가격이라고 추정할 것이다. 그래서 낮은 가격을 적은 여행자에게는 정직함에 대한 보상으로, 적어놓은 가격에 2달러를 더해 지급할 것이다. 하지만 다른 여행자에게는 항공사를 속이려 한 행동의 벌칙으로 다른 여행자가 적은 가격에서 2달러를 빼고 지 급할 것이다. 이제 두 사람은 얼마를 적을 것인지 각자 정해야 한다. 이것이 여행자의 딜레마다.

이때 우리는 여행자 각자가 '합리적'이라고 가정한다. 즉, 그들은 최 대의 보상액을 받기를 원한다. 나아가 우리는 거의 모든 게임이론에 서처럼 모든 참가자는 다른 참가자가 모두 합리적으로 판단한다는 것을 알고 있다. 또 모두가 서로의 합리성을 알고 있다는 것도 안다. 이를 상식의 가정이라고 한다.

여행자의 딜레마에서는 어떤 균형이 이루어질까? 답을 찾기 위해 앞에서 다룬 내시 균형을 적용해볼 수도 있을 것이다. 하지만 좀 더 직관적으로 생각해보자. 당신이 여행자 중 한 명이라고 하자. 당신 은 처음에 100달러를 써야겠다고 생각한다. 그리고 다른 여행자도 똑같은 생각을 할 거라고 생각한다. 그러면 각각 100달러를 받게 된다. 그런데 99달러를 적으면 101달러를 받을 수 있다는 생각이 갑자기 떠오른다. 하지만 그 결정이 당신에게 합리적인 행동이라면 다른 여행자에게도 합리적인 행동이다. 그래서 둘 다 99달러를 적으면 모두 99달러를 받는다. 그런데 당신은 98달러를 적어 100달러를 받을 수 있다. 하지만 다른 여행자도 합리적이므로 당신과 똑같은 생각을 할 것이다. 이런 과정이 반복된다.

이러한 역진 귀납법이 멈추는 유일한 지점은 2달러다. 그래서 합리적인 두 여행자는 결국 2달러라고 쓰고 각각 2달러를 받는다. 이게 사실상 내시 균형이다. 게임이론을 적용하면 둘 다 2달러를 받는 결과를 예측할 수 있다. 하지만 이 결론은 무언가 꺼림직하지 않은가?

실험을 통해 우리의 직감을 확증할 수 있다. 십중팔구 참가자들은 2달러를 선택하지 않는다. 실제로 90 후반대의 숫자를 가장 많이 적는다. 이렇게 게임이론의 예측과 실제 행동 사이에 차이가 생기는 데는 많은 이유가 있다. 모든 인간이 무자비하게 이기적인 존재가 아니며 모두가 합리적인 사고를 하는 것도 아니기 때문이다. 이런 흥미로운 이유 말고도 제대로 조사되지 않은 문제들이 있다. 인간이 무자비하게 이기적이고 자신의 이익 극대화에만 초점을 맞추고 추론 능력에 결함이 없다고 해도 그들은 2달러를 선택하지 않을 게 분명하다. 그들은 이런 식으로 추론한다. '합리성이 그렇게 나쁜 결과로 이어진다면 합리성을 거부하고 더 높은 숫자를 적는 게 내게 더 합리적이다.' 그리고 다른 참가자도 똑같이 생각한다. 두 참가자는 그렇게 하는 게 자신들 모두에게 낫다는 사실을 안다.

비합리적인 결정이 합리적이라는 주장은 역설적이다. 이를 공식화하기는 매우 어렵다. 비합리적인 게 합리적임을 증명하려는 노력이 성공한 경우를 나는 본 적이 없다. 여행자의 딜레마를 '해결'하려는 노력으로 연구자들은 여러 실험과 심리학에서 아이디어를 빌리고, 게임이론과 컴퓨터공학에서 증명한 논거를 활용했다. 인간이 모두 이기적이지는 않다는 사실, 합리성은 상식이 아니라 현실에 있다는 사실, 우리의 사고력에는 제약이 있다는 사실, 우리가 이익 극대화보다는 후회 극소화를 더 추구할 수 있다는 사실, 인공지능이 우리를 대신해 게임에 참가할 때 결과가 달라질 수 있다는 사실 등을 분석해 그 역설을 설명하려 했다.[7] 하지만 역설은 여전히 풀리지 않고 있다.

이 이야기를 꺼내는 이유는 이 문제를 해결하는 데는 전문가보다 일반 독자가 더 유리할 수 있기 때문이다. 일반 독자의 정신에는 이미 자리 잡은 가정이 없기에 역설을 해결할 가능성이 더 크다. 지나친 훈련은 종종 무능함을 낳기도 한다. 일부 역설의 기저에 있는 근본적이고 철학적인 문제는 '훈련받지 않은' 정신이 훨씬 더 잘 볼 수 있다.

특히 여행자의 딜레마는 게임이론의 일반적인 가정, 즉 합리성이 상식이라는 가정에 어두운 그림자를 드리운다. 참가자 자신뿐 아니라 다른 참가자 역시 합리적임을 서로 알고 있다는 가정에 의문이 생기는 것이다. 러셀의 역설에서도 근본 문제는 전체 집합이 존재한다는 잘못된 가정이었다. 그처럼 여행자의 딜레마에도 그 가정 자체에 결함이 있는지 따져볼 필요가 있다.

인생이라는
궁극의 게임에서는
어떤 전략이든 수행할 수 있다

게임이론의 현실 적용 시 주의사항

인생 게임 참가자에게는 얼마나 많은 선택지가 주어지는가

인생에서 어떤 결정을 하기 위해 게임이론을 활용할 때 반드시 기억해야 할 것이 있다. 모든 이론은 인위적으로 만든 구성이라는 사실이다. 그러므로 게임이론의 아이디어를 현실에 적용하려면 상식과 이성적 직감을 동시에 활용해야 한다.

현실에서 예외가 생길 가능성이 큰 게임이론의 대표적인 가정은 각 참가자에게 실행할 수 있는 명확한 행동이나 전략이 있다는 가정이다. 이 가정은 체스 같은 보드게임에서는 타당하다. 체스에서는 모든 단계에서 선수가 실행할 수 있는 명확한 전략이 있다. 하지만 일상생활에서는 그런 경우가 드물다.

게임이론가들은 1962년 쿠바 미사일 위기를 소련과 미국 사이의 게임으로 설명하거나 현재 러시아, 우크라이나, 미국이 겪고 있는 갈등을 게임으로 설명하며 각 참가자에게 선택지가 열려 있다고 말한다. 하지만 과연 우리는 그 선택지 중에서 실제로 실행 가능한 대응책이 무엇인지 정말 알고 있을까? 만일 지금 우리가 1962년 백악관 집무실에서 케네디 대통령과 그의 보좌관들이 소련 미사일에 어떻게 대응할지 논의한 비밀 대화 녹취록을 읽어볼 수 있다면, 새로운 행동 방침을 내놓을 수 있을지 모른다. X, Y, Z를 추진했다면 어떻게 됐을까? 소련을 상대로, 미사일 시설을 철수하지 않으면 미국에 대한 전쟁 행위로 간주하고 보복할 것이라는 최후통첩을 하기로 최종 결정했을 때, 이것이 당시 상황을 타결할 최선의 조치는 아닐 수 있지만 당시 실행 가능한 조치 중에서는 가장 좋은 선택이었을 것이다.

인생에서 벌어지는 대부분의 게임에는 참가자가 선택지로 여기는 것보다 더 많은 전략적 선택지가 있다. 전쟁이나 기업간 금전적 경쟁도 인생 게임이다. 사람들은 누구나 특정 게임에 참가하고 있고, 각 참가자는 물리 법칙을 거스르지 않는 행동이라면 무엇이든 할 수 있다. 잠재적인 행동 전략은 무한하고, 원칙적으로 우리는 그 전략 중에서 원하는 것은 무엇이든 수행할 수 있다. 따라서 인생 게임은 궁극의 게임이다. 하지만 인생 게임이라는 개념은 앞서 설명한

'전체 집합'과 마찬가지로 논쟁의 여지가 있다. 인생 게임에서 각 참가자의 선택지는 '물리 법칙의 한계 내에서 가능한 모든 행동'이라는 광대한 집합이다. 하지만 그처럼 모호하고 광범위한 전체 집합은 집합이 아니라는 주장이 제기될 수 있다. 앞서 살펴보았듯이 모든 것의 집합은 집합이 아닌 것처럼 말이다.

이 문제를 어떻게 해결하면 좋을까? 해답은 인생 게임을 게임이론가들이 합의한 대로 보는 것이다. 그들은 특정 문제에 대해서 그것을 인생 게임이라고 가정하며 논의한다. 따라서 앞에서 살펴본 죄수의 딜레마를 인생 게임으로 생각하고 싶다면 우주에는 참가자 두 명 말고는 아무도 없으며 각 참가자에게 '자백' 또는 '자백하지 않음' 외에 다른 선택지는 없다고 가정해야 한다. 여행자의 딜레마를 인생 게임으로 볼 때도 마찬가지다. 여행자의 딜레마가 인생 게임이라면 이 우주에 있는 존재는 두 명의 여행자가 전부고 그들이 할 수 있는 행동이라고는 2~100달러에서 금액을 선택하는 것뿐이다. 그 밖의 요소는 인생에 없다고 가정하는 것이다.

인생 게임은 존재한다. 하지만 그것은 순전히 나와 독자 사이의 합의일 뿐이다. 이 말이 무슨 의미인지 유의해야 한다. 죄수의 딜레마에서 참혹한 결과가 나오는 것을 본다고 해도 우리는 잘못된 선택을 한 참가자에게 벌금을 부과해서 문제를 해결해야 한다고 주장할 수 없다는 뜻이다. 만약 어떤 사람이 참가자들의 행동을 지켜보고 자백을 선택한 참가자에게 벌금을 부과할 수 있다면 그 사람은 처음부터 게임의 참가자였어야 한다. 죄수의 딜레마가 인생 게임이라면 나쁜 결과를 해결하겠다고 난데없이 새로운 참가자를 만들어 게임의 참가자를 두 명 이상으로 만들 수 없다.

이 사실을 기억해두길 바란다. 다음 장에서 도덕성과 더 나은 세상을 만드는 방법을 다루면서 좀 더 자세히 생각해봐야 하기 때문이다. 잠깐 예고하자면 다음 장에서는 현실이라는 시험대를 통과하지 못하는 게임이론의 가정을 하나 더 살펴볼 것이다.

'창조된 목표'를 추구하는 스포츠 팬과 정당 지지자

게임이론을 비롯해 경제학의 많은 분야에서는 인간의 선호를 정해진 것으로 본다. 어떤 사람은 오렌지를 사과보다 더 선호하고 어떤 사람은 사과를 오렌지보다 더 선호한다. 어떤 사람은 음악을 감상하며 즐거움을 얻고 어떤 사람은 미술 작품을 감상하며 즐거움을 얻는다. 다행히 경제학과 게임이론은 개인의 선호를 판단하지 않는다. 당신이 무엇을 추구하든 그것은 당신의 보수 함수에 포함된다. 앞에서 다룬 내용을 기억해보자. 보수 함수는 게임의 세 가지 요소 중 하나다. 우리는 분석가로서 보수 함수를 정해진 것(외인성)으로 보고 행동과 결과, 균형을 계속 분석해야 한다.

게임이론에서는 볼 수 없지만 현실에서는 흔하게 관찰되는 현상이 있다. '창조된 목표created targets'라고도 불리는 현상이다.[8] 이러한 현상의 대표적인 예를 스포츠에서 찾을 수 있다. 축구를 생각해보

자. 벌판 양 끝에 막대기로 사각형의 골대를 만들어 세운다. 한 무리의 사람들에게 공을 주며 빨간색 셔츠를 입은 사람들에게는 벌판의 북쪽 끝에 있는 골대 안으로 공을 차야 한다고 말하고 파란색 셔츠를 입은 사람들에게는 남쪽 끝에 있는 골대 안으로 공을 차야 한다고 말한다. 그리고 어느 쪽이 공을 더 많이 넣었는지 숫자를 세어서 많이 넣은 쪽에 승리를 선언하겠다고 한다. 곧 사람들은 서로 엉키고 넘어지며 부상 위험까지 무릅쓰고 자기 팀 골대 안으로 공을 넣으려고 하고 상대 팀 골대로 공이 들어가는 걸 막을 것이다. 이 게임의 참가자들에게는 돈이나 사과, 오렌지, 옷 따위를 보상할 필요가 없다. 공을 자기 팀 골대로 집어넣어 점수가 올라가는 것을 보는 기쁨이면 충분하다. 게임이 진행되면서 승리 자체가 동기가 되는 것이다.

시간이 흐르면 A팀 혹은 B팀을 자신과 동일시하며 응원하는 관중이 생긴다. 그 열정이 얼마나 큰지 관중은 게임을 보기 위해 일과 여가까지 뒤로 미룬다. 상대 팀의 관중에 맞서 응원전을 펼치는 건 물론 자기 팀의 승리를 응원하는 데 기꺼이 돈을 지불한다.

이건 단지 하나의 사례에 불과하다. 인생에는 이러한 창조된 목표나 게임이 진행되는 동안 변하거나 새로 등장하는 보수 함수가 대단히 많다. 보수 함수는 가변적이며 이러한 특성은 사회가 어떻게 기능하는지에 막대한 영향을 미친다. 우려스럽게도 선거 정치가 그런 식이다. 미국의 민주당이나 공화당, 영국의 보수당이나 노동당,

인도의 회의당이나 인민당 등 성격이 뚜렷한 정당을 지지하는 시민들은 시간이 지날수록 맨체스터 유나이티드나 아스널을 응원하는 사람들과 유사해진다. 지지 자체가 창조된 목표, 최종 목적이 되고, 지지를 촉구하는 당의 성명서나 이념은 잊고 만다. 공화당이 승리하는 모습을 보는 기쁨이 아스널이 득점하는 것을 보는 기쁨과 똑같아지기에, 맹목적으로 공화당을 지지하는 식이다.

이렇게 새로운 목표를 채택하고 기꺼이 대가를 치르면서까지 목적을 달성하고자 하는 인간의 성향은 대기업이나 강력한 조직, 나아가 정치 지도자 같은 개인에게 굉장한 기회를 제공한다. 주변에서 새로운 게임과 목표를 만드는 정치인을 흔히 볼 수 있다. 불운한 사람들이 그렇게 새롭게 창조된 목표를 이루기 위해 고군분투하지만 최종 승자는 정치인이다. 이는 좋을 수도 있고 나쁠 수도 있다. 승자가 된 정치인이 극대화하려는 보수 함수가 무엇인지에 따라 결과는 달라진다. 그들이 시민의 복지를 개선하려고 노력한다면 전략적으로 목표를 창조하는 것은 실제로 유용할 수 있다. 하지만 자기 주머니만 채우려고 한다면 결과는 달라진다.

한번 받아들인 목표는 그 자체로 사람들에게 궁극의 목적이 될 수 있다. 따라서 골대를 이리저리 옮기는 건 사회적으로 엄청난 변화를 일으킬 수 있다. 세계은행에서 일할 때 나는 '기업하기 좋은 환경'의 국가별 순위를 매기는 부서를 맡았다. 곧 많은 국가가 이 랭킹 사다리에 오르는 것 자체를 목표로 삼는다는 게 명백해졌다.

수단이 목표가 된 것이다. 일부 정부는 더 큰 성장을 하거나 생활 수준을 개선하거나 빈곤율을 줄이거나 일자리를 창출하는 것과는 아무 상관 없이 그저 사다리만 오르고 싶어 했다. 그들에게 그것은 축구에서 득점하는 것과 같은 게임이었다. 이를 지켜보며 나는 그런 순위가 오용될 수 있음을 절감했다. 만약 국가가 투자은행에게 고객을 착취할 수 있는 자율권을 더 많이 줄수록 '기업하기 좋은 환경'의 순위가 오른다고 해보자. 십중팔구 고객을 착취할 자율권을 투자은행에 퍼주는 국가들이 생겨날 것이다.[9]

우주에서 100억 년 전과
똑같은 봄날 아침은
얼마든 반복될 수 있다

결정론과 선택

인과론, 참일 수도 거짓일 수도 있는

나는 델리의 세인트스테판칼리지 재학 시절에 결정론자가 되었다. 결정론이라는 용어와 결정론을 중심으로 한 학파가 있다는 사실은 한참 뒤에 알았다.

나는 세상에 대해 사색하고 학과 친구 닐로이 두타와 토론하면서 우연히 결정론을 마주했다. 닐로이는 경이로울 정도로 똑똑한 학생으로, 경제학과에서 가장 명석했다. 우리는 많은 시간 토론하면서 서로의 의견에 반박하기도 했고 동조하기도 했다. 닐로이는 파란만장한 삶을 살았다. 그는 인도 사회에 만연한 불공정과 불평등에 환멸을 느낀 나머지 공산주의 운동에 가담했다. 그리고 혁명을 돕겠다며 자퇴했다. 공산주의 운동은 내가 대학생일 때 절정에 이르렀는데, 당시 세인트스테판칼리지 학생 18명이 학업을 마치기 전에 학교를 떠났다. 그들은 경찰에 체포되지 않으려고 숨어 살며 밤길만 다녔다. 다른 친구들처럼 닐로이도 학교로 돌아오지 않았고, 결국 투옥되어 오랫동안 감옥살이를 했다. 하지만 혁명은 일어나지 않았다. 그는 평범한 삶으로 돌아와 인도 구와하티에 있는 법대에 진학했다. 그리고 마침내 성공적인 변호사가 되었다.

닐로이와 공산당에 가입했던 친한 대학 친구들은 인도 사회가 너무 불공정하다고 생각했고 나도 그들에게 동의했다. 하지만 나는 공산당에 가입하거나 혁명에 가담하지는 않았다. 어쩌면 이기심에서 비롯된 행동일 수 있다. 나는 안락한 삶을 위태롭게 만들고 싶지 않았다. 하지만 그게 결정적 이유는 아니었다. 닐로이는 나보다 훨씬 똑똑했지만 추론은 내가 더 잘한 것 같다. 공산주의에는 두 가지 문제가 있었다. 닐로이를 비롯한 내 친구들과 카를 마르크스, 프리드리히 엥겔스Frederich Engels, 러시아의 혁명가 레온 트로츠키Leon Trotsky, 인도의 독립운동가이자 혁명가 마나벤드라 로이Manabendra Roy가 상상한 유토피아가 멋진 세계라는 데는 동의한다. 마르크스가 꿈꾼, 시민 각자가 능력에 따라 일하고 필요에 따라 돈을 받는 이상적인 사회는 누구나 갈망하는 경이로운 세상이다.

하지만 나는 우리를 유토피아로 데려다줄 청사진을 보지 못했다.

지금까지도 공산주의는 어떤 종류의 유토피아에도 도달하지 못하고 오히려 그 반대의 세상만 만들어냈다. 이를 보면 대학생 때 느꼈던 내 불안은 잘못된 게 아니었다.

닐로이는 오랜 수감 생활 때문에 건강이 많이 상했다. 그는 2021년 너무 이른 나이에 사망했다. 혁명에 가담하지 않겠다는 내 결정에 닐로이는 크게 실망했지만 우리의 우정은 변치 않았다. 닐로이가 경찰의 감시 대상이 되어 숨어다니는 동안 연락할 수 없었지만 우리는 여전히 가까운 친구였다. 이에 대해 닐로이에게 감사하다. 감사한 일이 더 있다. 그의 탁월한 지혜와 대학 시절에 함께한 수많은 토론과 논쟁 덕분에 결정론이라는 사고방식을 접하게 된 것에 감사하다. 이제 결정론은 내게 중요한 철학이 되었다.

결정론의 첫 단계는 인과론이다. 대부분의 공리처럼 인과론도 참인지 거짓인지를 입증할 수 없다. 기본적으로 인과론은 이런 의미다. 우주에 아무것도 없고 어떤 소리만 연이어 난다고 해보자. 우주의 무한한 역사에 일정한 간격을 두고 '틱, 틱, 틱…' 들리는 소리가 유일하게 있다고 가정해보자. 인과론에 따르면 다음 순간에 '톡'이라는 소리는 들릴 수 없다. 지금까지 틱의 무한성으로 인해 '틱' 소리가 났다면, 그 무한성으로 인해 앞으로도 계속 '틱' 소리가 나야 한다. 이를 좀 더 일반화해서, 순간 1 전에 발생한 모든 일이 순간 2 전에 발생한 모든 일과 동일하다면 순간 1과 순간 2에 발생하는 일은 똑같아야 한다.

인과론의 실재가 연역적으로 확립될 수 없으므로(적어도 아직은 확립되지 않았으므로), 인과론은 참일 수도 있고 거짓일 수도 있다. 인과론을 증명하는 건 불가능하지만 우리 대부분은 직관적으로 인과론이 참이라고 생각한다. 나 역시 직감적으로 인과론을 믿고 있다. 인과론이 참이 아닐 수도 있다는 걸 알고 있지만 나는 인과론을 토대로 살아간다.

인과론이 실재하더라도 인과론의 법칙을 발견하는 것은 몹시 어렵다. 연구자들은 경제학 그리고 더 긴 역사를 지닌 역학을 활용해 무작위대조시험을 하며 인과론의 원리를 밝히려고 노력한다. 하지만 무작위대조시험의 연구자들 일부는 인과론을 확실하게 확립하는 건 불가능하다는 걸 안다(하지만 안타깝게도 많은 사람은 모른다). 우리의 몸과 마음, 행동에 대해서도 인과론이 어떻게 작용하는지 확인할 방법이 없다. 이와 관련한 최고의 명언이 있는데, 그 말을 한 사람은 철학자나 수학자, 경제학자가 아니라 시인이다. 영국의 시인 필립 라킨Philip Larkin 은 《파리 리뷰Paris Review》와의 인터뷰에서 자신이 학교에 다닐 때 말을 더듬는 습성과 수줍은 성향 탓에 어떤 어려움이 있었는지 말하면서 이처럼 아름다운 말을 남겼다. "내가 말을 더듬어서 수줍음을 탔던 건지 아니면 그 반대인지 종종 궁금해진다."

당신에겐 선택지가 있고, 선택은 다른 결과를 만든다

대다수의 합리적인 사람처럼 당신도 인과론을 인정하면 그다음은 논리적으로 자연스럽게 결정론을 받아들이게 된다. 비슷한 상황에서 두 개인이 각자 다른 선택을 한다고 해보자. 예를 들어 같은 상황에서 한 명은 살인을 저지르고 다른 한 명은 살인을 저지르지 않는다. 우리는 두 개인의 주체성을 넘어서서 그 원인을 추적할 수 있다. 인간의 삶은 유한하기에 행동의 원인을 그들 스스로 통제할 수 없는 외부의 요소에서 찾을 수 있는 것이다. 생활 환경이 달랐을 수도 있고 유전적 차이가 있을 수도 있다(둘 다 개인이 통제할 수 없다). 그러므로 우리의 행동은 아주 사소한 부분까지 우리의 통제를 넘어서는 힘에 의해 결정된다.

여기서 고대 철학자들을 괴롭혔던 문제가 생긴다. 우리의 삶이 모두 결정되어 있다면 우리에게 과연 자유의지가 있는 걸까? 미국의 철학자 라차나 캄테카는 이렇게 묻는다. "이론적 추론으로 운명이 결정되었다는 결론에 도달해도 현실적인 관점에서는 자신이 자유롭다고 생각해야 한다는 칸트의 사상을 아리스토텔레스는 지지할 수 있을까?"[10] '현실적인 관점에서'라는 표현은 결정론과 자유의지 사이에 모순이 있음을 암시한다. 우리는 현실적이 되기 위해 이 모순을 그냥 지나칠 필요가 있다.

하지만 결정론과 자유의지 사이에 충돌이 없다는 주장도 가능하다.[11] 당신이 시험공부를 하지 않기로 선택하고 이후 낙제한다고 해보자. 결정론에 따르면 당신의 낙제는 예정되어 있다. 여기에 나도 동의한다. 하지만 '낙제가 예정되어 있다면 당신이 무슨 행동을 해도 낙제할 것'이라고 주장하는 것은 오류다. 이런 관점을 채택하는 사람에게 결정론은 운명이나 다름없다. 운명은 태어나면서 정해졌고 어떤 행동을 해도 그 운명을 바꿀 수 없다고 생각하는 것이다. 하지만 이런 결론에 도달하는 건 논리적 실수 때문이다. 실제로 명제 A와 명제 B는 둘 다 타당할 수 있다.

A: 당신이 공부를 열심히 한다면 시험에 합격할 것이다.
B: 당신의 낙제는 예정되어 있다.

다시 말하면 당신은 열심히 공부할 자유가 있고 그렇게 한다면 시험에 합격할 것이라고 주장하는 건 타당하다. 결정론이 이를 부인하는 것은 아니다. 결정론이 말하는 것은 그저 당신이 공부를 열심히 하지 않기로 선택할 것이 예정되어 있다는 것이다. 관찰자가 자연의 법칙을 모두 알고 있다면 그는 당신이 어떤 선택을 할지 알 것이다. 하지만 관찰자가 당신의 선택을 예측할 수 있다고 해서 당신에게 선택지가 없다는 뜻은 아니다. 당신에게는 선택지가 있다. 그리고 그 선택은 다른 결과를 만들 수도 있다. 이 점이 중요하다. 세상에서 일어나는 일 중에는 당신에게 도덕적 책임이 있는 일도 있다는 뜻이기 때문이다.

앞에서 다룬 게임을 다시 생각해보자. 게임의 각 참가자에게는 취할 수 있는 일련의 전략이나 행동이 있고 그 가운데서 선택을 해야 한다. 이는 참가자의 실행 가능한 전략이다. 앞에서 나는 대학교 재학 시절에 공산주의 혁명이 과연 무엇을 이룰 수 있을지 의문을 품었다고 이야기했다. 하지만 그런 의문과는 별개로 내게 혁명을 도울 수 있는 실행 가능한 전략이 있는지 확신할 수 없었다.

이러한 순수한 정의는 중요한 도덕적 딜레마로 이어진다. 당신이 해변에서 일광욕을 즐기고 있는데 누군가가 바다에 빠졌다고 가정해보자. 살려달라는 소리가 들린다. 바다로 뛰어들어 그 사람을 구할 수 있는 건 당신뿐이다. 당신은 수영을 잘한다. 그 사람을 구하러 바다에 뛰어들면 어딘가 다칠 수는 있지만 목숨을 잃을 가능성은 없다. 이 상황에서 바다에 뛰어들지 않기로 선택하고 물에 빠진 사람이 익사한다면 당신에게는 그 사람의 죽음에 대해 도덕적 책임이 있다. 하지만 결정론의 관점으로, 통제할 수 없는 다른 요인에 의해 당신이 물에 뛰어들지 않기로 선택할 것이 예정되어 있다면 '도덕적'이라는 표현에는 논쟁의 여지가 있다. 여기서 그런 논쟁을 깊게 설명하지는 않겠다. 다만 도덕적으로 좋은 결과를 만들 수 있는 실행 가능한 행동이 있는데 그 행동을 하지 않기로 선택한다면 그 사람은 나쁜 결과에 대해 도덕적 책임이 있다는 일반적인 생각을 따르려고 한다.

이러한 도덕적 책임의 정의에도 불구하고 악에 대해 누군가에게 도덕적 책임을 물을 수 없는 거대한 영역이 있다. 규모가 큰 집단에서는 누구에게도 도덕적 책임을 물을 수 없는 악이 종종 발생할 수 있다. 앞으로 살펴보겠지만, 이로 인해 현대 정치와 분쟁, 더 나은 세상을 만드는 방법에 관해 어려운 질문들이 생긴다. 사람들 대부분은 여전히 인생에서 일어나는 일들의 원인과 책임 소재를 찾고 싶어 한다.

한 국가가 무정부 상태에 빠져 국민들이 기근과 고난, 죽음의 위험에 시달리고 있다고 치자. 만약 정부가 다른 식으로 정책을 펼쳤다면 그런 일이 발생하지 않았을 거라고도 가정해보자. 이럴 때는 국민이 받는 고통에 대한 도덕적 책임이 정치 지도자들에게 있다고 생각하기 쉽다. 과연 정말 그런가? 이제 모든 지도자가 함께 협력하지 않는다면 어떤 일도 추진할 수 없기에, 어떤 지도자도 아무 일도 안 한다고 가정해보자. 이런 상황에서는 국민의 고통에 대한 도덕적 책임이 지도자들에게 있다고 주장할 설득력 있는 근거가 없다.

이렇게 반문할 수도 있다. '그렇다면 왜 다른 지도자들에게 협력하자고 요청하지 않았는가?' 만약 그 요청이 지도자들의 협력으로 이어졌다면 이때는 지도자에게 할 수 있는 행동, 즉 언어 행위가 있었던 셈이고 그 행동을 통해 국민의 고통을 멈출 수 있었기 때문에 도덕적 책임이 있다. 하지만 내가 주목하는 건 '모든 지도자가 함께 협력하지 않는다면 어떤 일도 추진할 수 없기에 어떤 지도자도 아무 일도 안 하는' 상황이다. 이게 사실이라면 국민이 겪는 고통이 얼마나 심각하든, 어느 누구도 지도자들에게 책임을 물을 수 없다.

하지만 그렇다고 해서 관찰자인 당신이 그들에게 도덕적 책임이 있다고 '말해서는' 안 된다는 뜻은 아니다. 이 점은 짚고 넘어가야 한다. 그러한 당신의 말 때문에 모든 지도자가 행동에 나서서 고난을 멈추게 할 수 있다면, 지도자들에게는 도덕적 책임이 없더라도 당신에게는 지도자들에게 도덕적 책임을 지라고 말할 도덕적 책임이 있다.[12]

결정론자에게는 100억 년 후 세상이 오늘과 똑같이 움직인다

결정론에는 우리가 삶을 어떻게 살아가는지, 어떻게 생각하는지, 세상에서 일어나는 일들에 대해 어떻게 도덕적 책임을 부여하는지에 대한 철학적 의미가 담겨 있다. 하지만 이 문제를 생각하기 전에 나는 결정론자의 관점으로 세상을 바라보는 것의 시적 아름다움에 초점을 맞추고 싶다.

결정론에 담긴 한 가지 의미를 생각해보자. 미래 어느 시점에, 그러니까 100억 년이 흐른 뒤에 우주가 지금과 똑같은 모습을 하고 있다면 이는 100억 년마다 우주는 지금과 정확히 같은 모습일 것임을 암시한다. 이 논리는 쉽게 이해할 수 있다. 만약 오늘과 똑같은 하루를 100억 년 후에 구현하려고 세상이 어떤 식으로 움직인다면, 내일과 100억 년 후에서 하루 지난 날도 똑같을 것이다. 이 두 시점 전에 일어난 인과관계가 동일하기 때문이다. 그렇다면 그 과정이 이제는 변경할 수 없는 것이 되어 우리는 우주의 순환고리에 존재하게 된다. 동일한 시간이 지난 후에 우리가 우주의 원래 그 자리로 그대로 되돌아간다는 생각은 불가능한 일이 전혀 아니다. 얼마나 아름다운 생각인가.

기원전 399년 어느 봄날 아침 소크라테스가 아고라 샛길을 걸어가다가 아테네 시민들과 대화를 나누려고 멈춰 섰던 것처럼, 다시 법원에 걸어 들어가면서 침착함을 유지했던 것처럼, 배심원단 500명이 아고라에 있는 법원에 모여들었던 것처럼, 100억 년 후에도 소크라테스는 또다시 100억 년 전과 똑같은 봄날 아침 아고라 샛길을 걸어가다가 아테네 시민들과 대화를 나누려고 가던 길을 멈출 것이고, 500명의 배심원단이 100억 년 전과 똑같은 생각을 하며 그때와 같은 길을 걸어 같은 법원에 갈 것이다. 그리고 그들은 100억 년마다 똑같은 행동을 반복할 것이다.

소크라테스와 배심원단만 그럴까? 나도 100억 년 후에 다시 돌아와 내가 100억 년마다 돌아온다고 주장할 것이다. 그리고 당신도 100억 년 후에 지금 읽는 것과 똑같은 책을 읽을 것이고 저자가 하는 말이 맞는지 궁금해할 것이다.

우주가 무한히 반복되는 일은 완전히 가능하다. 어느 순간 결국 우주가 붕괴하고, 다시 빅뱅이 일어나고, 우리를 지금 이 순간으로 되돌려놓을 수 있다. 어쩌면 똑같이 반복되는 삶 이외에 인생에 더는 아무것도 없을지 모른다. 당신과 나, 우리 모두가 같은 모습으로 반복해서 되돌아오는 것이다. 마치 시의 행이나 단어가 최면을 거는 듯한 운율로 후렴구에서 반복되는 것과 비슷하다. 이 생각이 당신에게 어떠한 시적 평온함을 준다면 100억 년마다 똑같은 시적 평온함을 줄 것이다. 인생에 더 이상의 의미나 중요한 일은 없다. 이러한 무한한 순환고리가 진실이고 전적으로 가능한 일이라고 해도, 우리와 우리의 삶의 방식에는 아무런 영향을 미치지 않는다. 우리는 그저 무한히 반복하는 우주의 수레바퀴에 대해 곰곰이 생각해볼 뿐이다.

초기 그리스의 스토아학파, 특히 솔로이의 크리시포스Chrysippus가 유사한 주장을 했다. 우주의 궤도는 무한하며 시작도, 끝도, 의미도 없다는 그들의 주장은 주목할 만하다. 그들이 이런 결론에 이른 것이 인과론과 결정론을 통해 연역적으로 추론한 결과든(그럴 것 같다) 아니면 다른 방법으로 추론한 결과든 우주의 무한반복을 완전히 확신할 방법은 없다. 고대 사상가들의 대담성은 상상을 뛰어넘을 정도로 경이롭다. 이 책 후반부에서 결정론이 선택 및 도덕적 책임과 양립할 수 있다는 내용이 전개되는데, 다행히 초기 철학자들도 비슷한 생각을 했다.[13]

일반적으로 철학은 분석적인 글로 기록된다. 하지만 그러한 글에서 어떤 상황이 무한히 재현된다고 말하는 듯한 느낌이 든다고 해도 무심히 넘어갈 일이다. 라빈드라나트 타고르Rabindranath Tagore의 시나 밥 딜런Bob Dylan의 가사, 피트 시거Pete Seeger의 기적 같은 노래

〈작은 상자Little Boxes〉도 크리시포스와 동일한 사상을 담아 반복과 단조로움의 묘한 아름다움을 이야기한다.

———— 산비탈에 작은 상자들이 있네
조잡하게 똑같이 만들어진 상자들
작은 상자들
작은 상자들
하나같이 똑같은 모습의 작은 상자들[14]

세상 모든 일이 내 책임이거나
내가 할 수 있는 일이
아무것도 없거나

결정론이 주는 후회의 가치

우주의 행로를 바꿀 수 있는 건 오직 당신뿐

이제 결정론이 삶의 방식에 기여하는 실용적인 부분을 다시 살펴보자. 앞서 살펴본 것처럼 결정론은 다른 사람이 어떤 행동을 할 때 그 이유가 그의 통제 범위를 넘어서는 원인 때문일 수 있다는 점을 이해하도록 도와준다. 우리는 호랑이가 우리를 물어도 결코 호랑이에게 화를 내지 않는다. 호랑이가 원래 그렇다는 것을 알기 때문이다. 이 사실을 이성적으로 이해하고 평정심을 찾으면 도망을 가든 반격을 하든 합리적이고 효과적으로 호랑이에 맞서는 데 도움이 된다. 하지만 우리는 사람을 상대하는 일에는 훨씬 서툴다. 종종 분노나 증오로 인해 합리적인 결정을 내리는 판단력이 마비된다. 결정론은 다른 사람에게도 호랑이에게 보인 이해력을 똑같이 적용해야 한다고 말한다. 궁극적으로 사람들의 행동은 그들의 통제력을 벗어나는 요인으로 발생할 수 있기 때문이다.

명확히 정리해보자. 결정론에 따라 잘못한 사람을 처벌하지 말라는 게 아니라, 분노라는 감정 때문에 괴로워하지 말라는 것이다. 나아가 복수를 위해 처벌해서도 안 된다. 처벌의 목적은 처벌받은 사람과 그것을 지켜본 사람이 미래에 더 나은 행동을 하게 만드는 것이다. 다시 말해 처벌은 앙갚음의 수단이 아니라 처벌받는 사람의 행동을 바꿔 더 나은 세상을 만드는 수단이 되어야 한다.[15]

결정론은 오직 '당신'만이 우주의 행로를 바꿀 수 있다고 암시한다. 이러한 철학적 메시지는 유명한 인권 운동가 마리아 레사의 글에 잘 담겨 있다. "정직함을 배우는 것은 자신에 관한 진실에서 시작한다. 즉, 자기 평가, 자기 인식, 타인에 대해 자신이 가진 동정심이다. '이 세상에서 당신이 유일하게 통제할 수 있는 것은 바로 당신 자신이다.'"(마지막 문장은 내가 강조한 것이다.)

한 사람 한 사람이 자신이 할 수 있는 일, 실행 가능한 일련의 행동에서 선택할 수 있는 것을 제외하고는 세상의 모든 것이 이미 정해진 것임을 이해해야 한다. 당신의 관점에서 보면, 현재 일어나는 모든 일은 당신에게 책임이 있는 일과 당신이 아무것도 할 수 없는 일, 두 가지로 나뉜다. 다른 분류는 없다. 물론 다른 누군가가 어떤 행동을 하면 세상이 더 나은 곳이 될 거라는 생각은 할 수 있다. 하지만 그 생각은 누군가에게 그러한 행동을 하게 만드는 방법을 '당신이' 알고 있을 때만 의미가 있다.

당신의 연설, 항의, 투표, 경력 변화 등이 더 나은 사회를 만드는 데 도움이 되지 않는다면 사회가 더 나아지지 않는 것은 '불변의 사실'이다. 이는 마치 중력과 같다. 당신을 끌어당기는 중력이 싫을 수 있겠지만 그렇다고 해서 당신이 중력을 어떻게 할 수 있는 것도 아니다. 그러므로 중력을 싫어하는 건 좋은 생각이 아니다. 쓸데없이 화만 날 뿐이다.

소크라테스처럼 숙고하는 삶

결정론은 후회와 회한에 대해서도 비슷한 교훈을 준다. 정도의 차이는 있지만 우리 대부분은 그런 감정을 경험한다. 일부 사람은 죄책감 때문에 극심한 고통을 받기도 한다. 내가 왜 이 사람에게 상처를 주었을까? 왜 그렇게 명백한 잘못을 저질렀을까? 이러한 감정이 존재하는 것은 다 이유가 있다. 후회와 회한은 시간이 지나면서 우리를 더 나은 사람으로 만들어준다. 인간의 발전 가능성을 키워주었기에 진화의 과정에서 그 감정들이 인간의 내면에 자리를 잡을 수 있었다. 하지만 그렇다고 해서 그 감정을 실제로 느낄 필요는 없다. 당신의 과거 행동은 현 세상을 구성하는 한 부분이기 때문이다. 그것을 바꾸기 위해 당신이 할 수 있는 일은 아무것도 없다. 당신의 과거 행동은 중력과 같다. 그 행동을 좋아하거나 싫어할 수 있지만 바꿀 수는 없다.

여기서 단순한 교훈이 생긴다. 앞에서 분노를 어떻게 다뤄야 하는 지 살펴보았듯 후회나 회한, 죄책감이라는 감정도 내려놓으려고 노력해야 한다. 하지만 그 감정들에서 얻을 수 있는 유익은 간직해야 한다. 어떻게 그렇게 할 수 있을까? 과거 행동에 대한 정보를 지능을 담당하는 뇌 부위에 저장하면 된다. 이때 과거의 잘못된 행동이 나쁘다는 점을 부정해서는 안 된다. 그 정보를 두뇌에 잘 저장해서 미래에 더 나은 행동을 하게 하는 안내자로 삼아야 한다.

이제 출발점으로 되돌아가자(이러리라는 건 아마 결정되어 있었을 것이다). 오늘날 철학은 하나의 학문으로 정립되었다. 학생이 전공 과목을 배울 때처럼 철학도 시간을 따로 내서 배워야 한다고 여긴다. 철학은 책에서 찾을 수도 있지만 삶의 방식으로 드러나기도 한다. 그리고 삶의 방식으로서의 철학이 가장 가치 있다. 철학은 일상에서 숙고하고 추론하는 법을 가르쳐준다. 또한 이러한 능력을 갖출 때 우리는 비로소 좋은 삶을 영위할 수 있게 된다. 이와 관련한 가장 인상적인 사례는 소크라테스의 삶에서 찾을 수 있다. 그는 아카데미에서 가르치지 않았다. 아테네 아고라 주변의 샛길을 걸으며 일상을 보내면서 철학을 가르치고 배우고 실천했다. 후세에 전해지는 소크라테스의 유명한 토론 중 하나는 구두 수선공 시몬의 집에서 있었다. 영국의 역사학자 베터니 휴즈Bettany Hughes에 따르면 "관습에 얽매이지 않은 소크라테스가 보기에 구두 수선공의 집이 일상생활의 의미와 중요성을 분석하는 가장 적절한 장소"였을 것이다.

지금까지 다룬 논의에서 단서를 얻어 다음과 같은 가정을 하려고 한다. 각 개인은 자신에게 주어진 실행 가능한 행동 중에서 무엇을 선택한 것에 대해 책임이 있다는 가정이다. 이제 우리는 이 가정을 토대로 철학에서 논쟁의 소지가 가장 많은 주제 중 하나인 좋은 삶의 개념과 집단의 도덕적 책임이라는 개념을 살펴볼 것이다.

5장

선한
선택에 대한
역설

때때로 개인의 선택은 의지와 다른 결과를 낳기도 한다.
스스로를 지키기 위한 선택을 했을 뿐인데
그 선택이 모여 악한 사회가 만들어지기도 하고
심지어는 타인의 이익을 위해 도덕적인 선택을 했는데도
최종적으로 더 부도덕한 결과가 초래되기도 한다.
'그레타의 딜레마'와 '사마리아인의 저주'를 통해 사고를 확장하면
무엇이 진정 좋은 사회를 만드는지 단서를 얻을 수 있다.

채소가게 주인은
왜 정부를 찬양하는
포스터를 붙였을까

보이지 않는 손이 만드는 전체주의 체제

쥐에게는 없고 인간에게만 있는 도덕적 나침반

주류 경제학에서는 거의 관심을 받지 못하지만 인간 정신의 본질이며 경제성장에 중요한 토대를 제공하는 것은 도덕적 의지다. 여기서 도덕성은 페어플레이와 정의에 대한 타고난 감각이다. 착한 행동에는 상을 주고 나쁜 행동에는 벌을 주는 신이 있다면 도덕성은 필요 없을 것이다. 이기심이 그 일을 할 것이기 때문이다. 하지만 현실을 살아가는 우리에게는 도덕성이 필요하다.

다행히 우리 모두의 머릿속에는 공감이라는 도덕적 나침반이 있다. 공감의 정도는 다양하며 우리의 주된 관심은 대개 자신의 행복에 관한 것이다. 하지만 거의 모든 사람은 타인의 행복도 어느 정도 중요하게 생각하며 공정에 대한 열망을 가지고 있다. 다른 사람이 자신을 공정하게 대하기를 바라며, 실제로 공정한 대우를 받으면 보답하고 싶어 한다. 하지만 말로만 공정을 외치는 사람도 있다. 공정하지 않지만 공정한 것처럼 보이려고 제 모습을 꾸민다. 하지만 이기심을 위장하려는 이러한 시도조차 우리가 공정성을 중요하게 생각한다는 증거다.

일부 동물도 이런 특성을 보이지만 도덕성은 인간의 본질적인 특성이다. 인류의 진보와 경제성장은 대부분 인간에게 도덕적 나침반이 있기에 가능했다. 쥐는 인간 못지않게 이기적이지만 공감 능력과 도덕적 의지가 없기 때문에 의미 있는 공동체를 형성하지 못한다. 어째서 쥐의 세계에는 시장의 거래와 교환을 가능하게 하는 보이지 않는 손이 없을까? 왜 쥐들에게는 경제성장이 아무 의미가 없을까? 이기심이 부족해서가 아니다. 쥐의 세계에는 보이지 않는 손이 제대로 작동하고 진보가 이루어지는 데 꼭 필요한 공정성과 정의라는 규범이 내재되어 있지 않기 때문이다. 이는 앞서 설명한 것처럼 일부 신고전주의 경제학자들이 인지하지 못하지만 경제학의 근간을 이루는 가정이다.[1]

전통적인 게임이론가는 게임이론이 인간의 도덕적 열망에 대해 명시적으로 다루지 않을지언정, 게임이론의 표준 패러다임에서는 이를 허용한다고 반박할 수 있다. 게임이론에서 개인이 얻는 보상은 '원초적'이기 때문이다. 즉, 개인의 보상에 대한 결정은 게임이론가의 몫이 아니다. 어떤 참가자들은 보상의 일부를 자신이 사과를 먹고 금을 차지하는 것에서 얻고, 또 일부는 다른 사람이 사과를 먹고 어느 정도 부를 확보하는 것을 보면서 얻기도 한다.

집단의 일원인 개인은 얼마나 무력한가

이러한 생각은 타당하지만 이에 대한 반론도 있다. 보수 함수를 정해진 것으로 보면 중요한 것들을 놓칠 수 있다는 주장이다. 그러므로 우리의 선호를 이기적인 부분과 비이기적인 부분으로 구별해 분석하면 좋을 것이다. 그러한 분석을 통해 개인적으로는 아무도 원치 않는 불공정한 사회가 어떻게 만들어지는지에 대해 통찰을 얻을 수 있다. 슬픈 진실은 이 세상에 누구의 책임도 아닌 악이 많다는 것이다. 원한다면 집단으로서 힘을 모아 악을 없앨 수 있을지 모르지만 개별적 인간은 누구도 그렇게 할 힘이 없다. 프란츠 카프카 Franz Kafka 의 유명한 소설 《심판》과 《성》에 이런 끔찍한 세상이 묘사되어 있다.

《심판》의 내용이다. 여느 아침과 마찬가지로 8시가 조금 지난 시간에 요제프 K는 자신의 아파트에서 집주인의 요리사가 아침 식사를 가져다주기를 기다리다 갑자기 체포된다. 영장을 들고 예고 없이 들이닥친 경찰은 혐의가 무엇인지, 자신들의 정체가 무엇인지 명확히 밝히지 않는다. 모든 게 의문투성이다. 이들은 누구인가? 무슨 이야기를 하고 있는가? 어느 경찰서 소속인가? K는 평화와 법이 잘 유지되는 자유주의 국가에 살고 있는데, 그의 집에서 감히 그를 위협하는 사람들은 누구란 말인가?

소설에서는 이 질문들에 대한 답을 얻을 수 없다. 모든 개인이 하루하루 직장에 가며 집단의 일원으로서 압제 시스템을 만들지만 압제자가 누구인지, 그 사회를 조종하는 사람이 있는지 명확하지 않다. 무서운 건 카프카가 말하는 압제 시스템이 저절로 사회 전체에 퍼진다는 것이다.

현실에서도 후기 전체주의Post-Totalitarianism 독재 정부하에 그런 일이 그대로 일어난다. 카프카와 같은 체코 출신 작가 바츨라프 하벨Václav Havel 은 《힘없는 자들의 힘》이라는 적절한 제목의 소책자에서 이렇게 묘사한다. "채소가게의 주인은 양파와 당근 사이에 있는 창문에" 압제적인 전체주의 정부에 충성을 선언하는 포스터를 붙인다. 하벨은 "그는 왜 그런 행동을 하는가? 그가 세상에 전하려는 메시지는 무엇인가?"라고 묻는다.[2]

상점 주인은 진심으로 정부에 충성하는가? 하벨은 그렇지 않다고 대답한다. 그가 포스터를 붙인 이유는 "양파, 당근과 함께 본사에서 배달되었기" 때문이다. 만약 그가 포스터를 붙이지 않으면 그는 '불충한' 사람으로 비쳐 괴롭힘을 당할 것이다. 그는 순전히 그런 이유 때문에 포스터를 붙인 것이지, 충성심이 있어서 붙인 것이 아니다.

악한 사회를 만들어내는 보이지 않는 손

이처럼 주변인의 압력이 작용하는 상황은 많다. 학교 운동장에서부터 사내 정치, 마을 공동체에 이르기까지 다양한 상황에서 주변 사람들이 압박을 가한다.[3] 하지만 하벨의 분석은 여기서 끝나지 않기에 더욱 심오하다. 그는 그다음 질문을 던진다. "상점 주인이 불충하다고 괴롭히는 사람들은 왜 그런 행동을 하는가?" 대답은 같다. 불충의 신호를 보낸 사람을 공격하지 않는다면 그들 자신이 불충하다는 신호가 될 것이고 그러면 그다음에는 자신들이 배척당할 것이다. 결국 전체 시스템은 '맹목적인 자동화'에 갇히고 만다. 채소가게 주인부터 정당 대표까지 모든 개인은 균형에 갇힌다. 모든 개인이 '후기 전체주의 체제의 희생양이자 기둥'이 되는 것이다.

지도자가 저지르는 악행을 대놓고 비판할 수 있는 사회도 있지만, 그 지도자조차 사회 체제의 희생양일 수 있다. 사회가 그러한 균형에서 벗어나게 도우려면 자신의 온몸을 불사르는 것 말고는 할 수 있는 일이 없다(그리고 그런 극심한 피해로부터 자신을 보호하는 일은 도덕적인 사람들도 이해할 수 있는 행동이다). 하벨의 소책자는 정치적 선언문이었지만 사회에 대한 성찰의 훈련이기도 했다. 마치 자신의 주장을 확증이라도 하듯 책이 출판된 후 곧 그는 자신이 묘사한 국가를 그대로 재현한 체코슬로바키아에서 투옥되었다.

카프카와 하벨이 묘사한 세상은 보이지 않는 손이 만든 세상이다. 압제는 집단행동의 결과로, 어느 한 사람이 만들어낼 수 없다.

사악한 보이지 않는 손이 압제를 만들어내는 것이다. 이러한 보이지 않는 손에는 흥미로운 점이 있다. 그 기본 개념이 애덤 스미스가 설명한 보이지 않는 손과 같은 선상에 있다는 사실이다. 그가 말한 시장의 보이지 않는 손은 질서와 효용성을 가져다준다. 그는 시장의 최적화를 위해 총리나 대통령, 신이 필요한 건 아니라는 점을 보여주었다. 이때의 질서는 카프카와 하벨이 묘사한 것과 같은 맹목적인 자동화의 결과일 수도 있다.

애덤 스미스의 보이지 않는 손은 획기적인 발견이었다. 하지만 카프카와 하벨은 보이지 않는 손이 '항상' 개인의 유익을 위해 작동하는 건 아니라는 사실을 알려준다. 그것은 압제와 고통을 가할 수도 있다. 보이지 않는 손은 사회를 단결시켜 선한 힘을 발휘할 수도, 악한 힘을 발휘할 수도 있는 것이다. 따라서 우리는 그 힘을 인식하고 경계해야 한다. 이러한 개인과 집단의 단절에 대해 니체는《선악의 저편》에서 특유의 대담한 문체로 흥미로운 말을 했다. "개인에게 광기는 드물다. 하지만 집단, 정당, 국가, 세대에서는 광기가 규칙이다." 이다음에는 니체의 생각을 어떻게 공식화할 수 있는지 보겠다.

그레타 툰베리가
도덕적 의지만으로
미래 세대를 돕지 못하는 이유

도덕성의 한계, 그레타의 딜레마

집단에게 도덕적 책임을 물을 수 있을까

게임이론 덕분에 우리는 집단행동과 집단 역학에 대한 이해가 크게 늘었다. 그로 인해 오늘날 자주 발생하는 집단 실패에 더 현명하게 대처할 수 있게 되었다. 공유지를 훼손하거나 환경 파괴를 야기하는 집단에게 "당신들의 이익을 위해 궁극적으로 어떤 행동을 취해야 할지 다시 배우라"라고 굳이 말해줄 필요는 없다. 현재 그들이 보이는 행동은 오히려 자신들의 이익을 해치고 있기 때문이다. 죄수의 딜레마 같은 게임이론 덕분에 우리는 각자의 이기심이 문제를 일으킨다는 사실을 깨달았다. 따라서 개인이 눈앞의 이익만 추구하는 것을 저지하는 집단적 합의와 약속이 필요하다. 그렇게 해야 집단의 장기적인 이익을 실현할 수 있다. 나아가 집단적 합의와 약속이 제대로 작동하게 하는 방법도 파악해야 한다. 게임이론은 기후변화, 무역정책, 노동규제, 통화정책 등 여러 분야의 합의를 설계하는 데 중요한 역할을 한다. 그러한 합의는 집단의 더 큰 이익을 위해 개인의 작은 이익을 억누르는 데 도움이 된다.

하지만 도덕성 추구와 관련해 우리의 이해는 아직 초보적인 수준이다. 더 나은 세상을 만들기 위해 도덕적 의지를 실천하려면 현실에서 도덕성이 어떻게 구현되는지를 정확히 알아야 한다. 우리 인간에게는 타고난 도덕성이 있다. 하지만 그러한 도덕적 의지를 자기 생각대로 발휘하지 못할 수 있고 심지어 도덕적으로 행동하려고 하다가 오히려 역효과를 낳을 수도 있다.

집단에게 주도권을 부여하려는 우리의 성향은 종종 집단의 '숨겨진 의제hidden agenda'를 무리하게 찾아내려 한다. 하지만 대부분의 경우 집단에는 숨겨진 의제가 없다. 집단을 구성하는 개인은 그러한 의제를 가지고 있을지 모르지만 집단행동에는 개인의 의제가 반영되지 못하는 경우가 많다.[4] 세상에는 사람들이 상상하는 것만큼 음모가 많지 않다.

신문이나 잡지, 텔레비전은 물론 X(구 트위터)나 페이스북에서 거의 날마다 집단의 도덕성을 거론한다. 일례로 미국에서는 "부도덕한 민주당이 우리나라에 끼치는 폐혜"에 대한 뉴스가 자주 들린다.[5]

"공화당 엘리트들의 부도덕성은 도널드 트럼프를 뛰어넘는다. … 오늘날 공화당 엘리트들의 부도덕과 자만심은 그들이 수용하는 정책에 여실히 드러난다"[6]라는 기사도 보인다. 이러한 의견들이 정확할 수도 있지만(고백하자면 둘 중 하나는 정확하다는 게 내 직감이다) 면밀히 검토해볼 가치가 있다.

사람들은 너무 쉽게 집단의 도덕성을 논한다. 대기업의 도덕적 결함에 관해 이야기하는가 하면 이슬람 근본주의 무장단체인 후티, 르완다와 부룬디의 주요 부족인 투치족, 북한 지도부, 콜롬비아 무장혁명군 그리고 아랍의 봄이나 홍콩의 우산혁명을 이끈 시위단체를 설명할 때도 집단적 도덕성을 운운한다. 2019년 2월 14일 인도에서 '풀와마 공격'이 있었다. 파키스탄에서 조직된 테러단체가 인도의 준군사조직 요원을 태운 호송 차량을 공격한 것이다. 공격이 일어난 후에 그 일에 대한 도덕적 책임이 누구에게 있는지, 즉 그 책임이 공격을 감행한 사람에게 있는지 아니면 파키스탄 정부나 파키스탄의 모든 국민에게 있는지를 놓고 감정적인 토론이 있었다.

집단의 도덕적 책임은 철학적으로 논쟁의 여지가 있는 주제다.[7] 많은 경우 집단에게 도덕적 책임을 묻는 것은 아무런 의미가 없으며, 민족이나 인종, 종교 등의 집단을 향해 분노를 조장하면 사회 전체가 위험해질 수도 있다. 솔직히 말하면 어느 때는 집단을 구성하는 개인에게 도덕적 책임을 묻는 편이 낫다. 실제로 그들의 책임이 아니더라도 말이다.[8] 그들에게 죄책감을 심어주어 더 나은 행동을 하도록 장려할 수 있기 때문이다. 간단히 말해, 개인에게 책임이 있다고 '생각할' 합당한 근거가 없더라도 그렇게 '말하는' 것이 결과적으로 타당할 수 있다.

이미 설명했지만 인간은 무슨 일이 생길 때마다 누군가에게 그 원인을 돌리는 경향이 있다. 홍수나 가뭄, 전쟁, 분쟁 등 무슨 일이 일어나든 우리는 누군가에게 그 책임이 있다고 생각하려 한다. 많은 사람이 신을 믿는 것도 이러한 성향 때문이다. 또 바로 이 성향 때문에 우리는 세상에서 일어나는 사건들에 대해 특정 집단에 책임을 묻기도 한다. 그런 식으로 집단을 탓하는 게 어떤 의미가 있는지 조금도 생각하지 않은 채 말이다. 2022년 4월 16일 영국의 경제지 《이코노미스트Economist》의 커버스토리 "중국이 무엇을 잘못하고 있는가"가 그 특징을 잘 보여준다. 책임을 묻기에 중국보다 더 큰 집단을 생각할 수 있을까? 이는 단순히 표현 방식일 수 있지만 우리의 생각과 행동에 적지 않은 영향을 미치기도 한다. 그 결과 우리는 특정 행동만 문제 삼는 게 아니라 집단의 도덕성까지 탓하게 된다.

단순히 '의지'만으로 충분하지 않은 이유

앞에서 이미 살펴본 것처럼, 개인의 선택이 그 사람의 유전자 구성이나 환경적 요인으로 인해 미리 예정되어 있다면 개인이 자기 선택에 책임을 져야 할지 묻는 건 타당해 보인다. 실제로 여러 대안 중 하나를 선택한 사람이 그 선택에 책임을 질 수 있는지에 대한 논쟁이 많이 벌어진다.[9] 여기서 그 논쟁에 가담할 생각은 없다. 다만 나는 개개인이 자신이 활용할 수 있는 선택지 안에서 어떤 선택을 했다면 그 선택에 확실히 책임이 있다고 생각한다. 하지만 이렇게 개인의 책임을 인정하더라도 집단과 같은 전략적인 환경에서는 새로운 문제들이 계속 생긴다.

앞에서 살펴본 사슴사냥게임을 새로운 가정으로 생각해보자. 이번에는 참가자가 100명이라고 가정하겠다. 각 참가자는 A 전략과 B 전략 중 하나를 선택해야 한다. 100명이 모두 A를 선택하면 각 참가자는 101달러씩 받고, 모두 B를 선택하면 100달러씩 받는다.

모든 참가자가 같은 선택을 하지 않는다면 보상은 다음과 같다. 만약 참가자 100명 중 n명이 같은 선택을 한다면 그들은 각각 n센트씩 받는다. 즉 60명이 A를 선택하고 40명이 B를 선택하면 A를 선택한 참가자들은 각각 60센트를, B를 선택한 참가자들은 각각 40센트를 받는다.

이 게임에서 내시 균형이 단 두 개라는 점은 알기 쉽다. 즉, 모든 참가자가 A를 선택하거나 모든 참가자가 B를 선택하는 경우다. 이 게임이 반복적으로 진행된다면 모든 참가자가 A를 선택하거나 B를 선택하는 결과로 정착한다고 생각하는 게 합리적이다. A나 B 중 어느 한쪽으로 정착한다면 어떤 참가자도 단독으로 행동을 바꿀 동기가 없다. 물론 B를 선택하는 쪽으로 균형이 이루어지면 'A 균형'을 놓친 것에 대해 아쉬움이 있을지 모른다. A 균형에서는 1달러를 더 얻을 수 있으니 말이다. 하지만 일단 균형이 이루어지면 개인이 할 수 있는 건 거의 없다. 모두 A를 선택하거나 모두 B를 선택하지 않는 상황에서는 단독 행동을 통해 더 나은 결과를 얻을 수도 있기에 균형이 이루어지지 않는다.

이제 참가자와는 별도로 이 사회에 '구경꾼'이 있다고 가정해보자. 구경꾼은 참가자의 선택에 영향을 받는 개인들이다. 하지만 참가자의 보상이나 자신의 보상을 높이기 위해 그들이 할 수 있는 일은 전혀 없다(이렇게 무력한 상황은 논의를 단순하게 하기 위한 가정이다). 오늘날의 대표적인 구경꾼은 미래 세대다. '참가자'인 우리의 선택은 미래 세대의 행복에 영향을 미칠 수 있다. 하지만 미래 세대가 우리에게 미칠 수 있는 영향은 없다. 이는 동시대 사회에서 가난하고 하대받는 계층에도 적용된다. 예를 들어 봉건사회에서 영주 개인의 선택과 행동은 농노의 삶에 큰 영향을 미쳤지만, 농노의 행동이 영주의 행복에 미치는 영향은 미미했다. 여기서 다루는 게임에서는 사회가 두 종류의 개인, 즉 참가자와 구경꾼으로 구성되어 있다고 가정할 것이다.

100명의 참가자에 더해 구경꾼이 1000명 있다고 해보자. 구경꾼은 참가자보다 훨씬 더 가난하다. 그들의 보상이나 수입은 다음과 같이 결정된다. 모든 참가자가 B를 선택하면 구경꾼은 각각 5달러씩 얻고 A를 선택하면 1달러씩 얻는다. 그 외에 다른 결과가 나오면 아무것도 얻지 못한다. 1달러의 수입으로는 비참한 삶을 연명하게 되고 5달러가 생기면 여전히 가난하기는 해도 그나마 견딜 만하다고 해보자.

이 사회가 'A 균형', 즉 모든 참가자가 A를 선택하는 쪽으로 정착한다고 해보자. 외부 관찰자는 이 사회가 인색한 것은 물론 도덕적으로 무책임하다고 생각할 것이다. 그들은 자신들이 목격한 다른 사회, 즉 모두가 B를 선택하는 사회에 대해 이야기할 것이고, 두 사회를 비교하며 'A 균형'에 있는 참가자들이 도덕적으로 타락했다고 말할 것이다. 부도덕한 참가자가 가난한 구경꾼에게 입히는 피해에 대해 칼럼을 쓰는 사람도 생길 것이다. 칼럼니스트들은 겨우 1달러밖에 차이가 안 나는데 어떻게 A를 선택해 가난한 구경꾼을 1달러만 얻는 극심한 빈곤으로 몰아넣을 수 있느냐며 참가자들의 도덕성을 비난할 수도 있다.

하지만 이 경우 집단에 도덕성을 묻는 건 잘못되었다는 것을 우리는 안다. 사실상 두 사회는 똑같은 규칙을 가지고 있다. 각 참가자가 자신의 행복을 극대화하기 위해 노력한다는 것이다. 그렇게 노력한 결과 한 사회는 A 균형에, 또 한 사회는 B 균형에 이르렀을 뿐이다. 이 결과는 참가자의 도덕적 의지와 아무런 관련이 없다.[10] 실제로 어느 결과는 좋고 어느 결과는 나쁠 수 있지만 그것이 한 사회의 참가자를 비난하거나 다른 사회의 참가자를 칭찬할 이유는 되지 못한다.

문제는 이보다 더 심각할 수 있다.[11] 한 참가자, 심지어 모든 참가자가 도덕적으로 더 나은 결정을 해 집단행동을 했음에도 도덕적으로 더 타락한 결과를 초래할 수 있다. 이런 상황 때문에 정책 수립과 집단행동을 할 때 큰 어려움이 생긴다. 개인이 도덕적인 행동을 한다고 해서 더 도덕적인 결과가 나오는 것은 아니기 때문이다. 미래 세대가 더 나은 삶을 살도록 돕기 위해 그레타 툰베리의 도덕적 의지를 지지하더라도 우리는 결국 미래 세대에게 해를 끼칠 수 있다. 이런 문제를 그레타의 딜레마라고 할 수 있다. 단순히 '의지'만으로는 충분하지 않다.

이를 체계적으로 살펴보기 전에 나는 이 딜레마가 어떤 이론적 문제보다 훨씬 더 중요하다는 점을 강조하고 싶다. 역사에는 선의가 있었음에도 사람들을 실패로 이끈 사례가 가득하다. 가장 대표적인 사례는 프랑스의 앙리 드 생시몽Henri de Saint-Simon 과 샤를 푸리에Charles Fourier, 영국의 로버트 오언Robert Owen 등 18~19세기에 유럽과 미국에 유토피아 사회를 건설하려고 노력했던 유토피아 사회주의자들이라고 할 수 있다. 산업혁명으로 인해 유럽 사회에는 불공정성이 널리 퍼졌고 사람들은 혼돈에 빠졌다. 그런 현실을 보고 가만히 있어서는 안 된다고 생각한 그들에게 잘못을 물을 수는 없다. 더 나은 사회를 원하는 그들의 열망도 무시할 수 없다. 그들은 윤리적으로 탁월한 비전을 가지고 있었다. 하지만 그들은 실패했고, 혁명을 시작하기 전보다 더 깊은 상처를 세상에 남겼다. 일례로 생시몽은 1814년에 마치 예언이라도 하듯이 유럽 국가의 연합을 제안했다. 하지만 그가 내놓은 세부 계획은 실용적이지 않았기에 결국 실현되지 않았다. 3년 후 그는 사회주의 유토피아에 대한 자신의 비전을 글로 쓰기 시작했다. 그러나 그는 유토피아 세계를 가로지르는 운하 건설에 집착했고 결과는 좋지 않았다. 유토피아를 건설하겠다는 숭고한 목적으로 자산까지 쏟아부었지만 생시몽은 결국 실패했고 빈곤해졌다. 좌절한 그는 스스로 목숨을 끊으려고 했지만 그마저 실패하고 한쪽 눈을 잃었다.

유토피아 실험이 훨씬 더 심각하게 실패한 사례가 또 있다. 1958년 마오쩌둥毛澤東은 중국에서 대약진운동을 추진했다. 개인의 재산권을 빼앗은 후 빈털터리가 된 농민들을 대상으로 대규모의 협동조합을 조직했다. 이로써 농부 개인의 노력과 보상 사이의 연계가 끊어졌다. 인센티브의 역할을 과소평가한 이러한 유토피아적 구조는 역효과를 낳았고, 인류 역사상 가장 큰 기근이 발생해 3000만 명이 굶주림으로 사망했다.

도덕적 의지 자체로는 충분하지 않다. 그것이 성공하려면 객관적인 과학과 창의적 연구가 수반되어야 한다. 그 중요성을 보여주기 위해 이제 '그레타의 딜레마' 게임을 설명하려고 한다.[12]

그레타 툰베리를 만나면 달라졌을까

가상의 인물, 조니 원과 자야 투가 상호의존적인 환경에서 각자의 전략을 선택하는 상황을 생각해보자. 이들의 이름은 참가자 1(one)과 참가자 2(two)의 발음과 크게 다르지 않다. 편의상 조니 원을 참가자 1, 자야 투를 참가자 2라 칭하자. 이 게임에서 참가자 1은 A와 B 중 하나를 선택하고 참가자 2는 다른 선택지인 C와 D 중 하나를 선택한다.

기호로 이야기를 전개해보겠다. 참가자 1은 A 유기농 농업Agriculture과 환경에 해로운 B 벽돌 가마Brick kilns 사업 중 하나를 선택한다. 참가자 2는 환경에 심각한 피해를 줄 수 있는 C 광산업Coal-mining과 탄소 중립은 아니지만 좀 더 친환경적인 D 낙농업Dairy farming 중 하나를 선택해야 한다. 이런 선택이 구경꾼, 즉 미래 세대에게 어떤 결과를 가져올지 고려하면 이 문제의 중대성은 명확해진다.

보상은 다음과 같다. 참가자 1은 유기농 농업을 선택하면 항상 100달러를 얻고 벽돌 생산을 선택하면 항상 101달러를 얻는다. 따라서 참가자 1에게는 B가 주요 전략이 된다. 참가자 2가 어떤 선택을 하든 1의 관점에서는 벽돌 사업이 농업보다 낫다. 하지만 참가자 2의 보상은 1의 선택에 좌우된다. 1이 농업을 선택하면 낙농업의 대체 산업인 콩을 재배할 계획이라는 정보가 있다. 따라서 2는 광산업(100달러가 아니라 101달러의 보상)을 선택하는 게 더 유리하다. 하지만 1이 벽돌 사업을 선택한다면 낙농업에 대한 수요가 높아질 테고

이에 따라 2는 낙농업을 선택하는 것이 유리하다(이때도 100달러가 아니라 101달러의 보상을 얻는다). 이 구조를 한번에 이해하는 게 어렵더라도 걱정하지 마라. '보수 행렬'을 사용해 간단한 표로 정리할 것이다.

수익을 극대화하려는 개인의 욕구를 고려하면 이 게임에서 유일한 균형이 (B, D)라는 걸 쉽게 알 수 있다. 이 균형에서 두 참가자는 각각 101달러씩 번다. 참가자들은 모두 최대 수익을 얻기 위해 현 상태를 고수한다. 만약 그들이 다른 선택을 하면 어떻게 될까? 균형에서 벗어나 참가자 1이 단독으로 A를 선택하면 100달러를 벌고, 참가자 2가 단독으로 C를 선택하면 100달러를 번다. 따라서 두 참가자는 (B, D) 외의 다른 선택은 하지 않을 것이다.

이제 이 사회에 가난한 미래 세대가 있다고 가정하자(현세대가 환경에 끼친 피해 때문에 가난해졌다). 미래 세대의 행복은 전적으로 현세대의 행동에 달렸다. 만약 참가자 1과 2가 환경친화적인 (A, D)를 선택한다면 미래 세대는 8달러를 얻는다. 하지만 환경적으로 최악의 사태를 초래할 (B, C)를 선택한다면 미래 세대가 얻는 건 아무것도 없다. 참가자 1과 2가 (B, D) 또는 (A, C)처럼 환경적으로 좋은 것과 나쁜 것을 혼합해 선택한다면 미래 세대는 4달러 또는 2달러를 얻는다.

다음 보수 행렬은 참가자들의 보수(위쪽 보수 행렬)와 구경꾼(미래 세대)의 보수(아래쪽 보수 행렬)를 보여준다.

기본 게임

	C	D
A	100, 101	100, 100
B	101, 100	101, 101

미래 세대의 수익

	C	D
A	2	8
B	0	4

이런 조건에서 나올 수 있는 결과들을 평가해보자. 기본적인 게임이론과 신고전주의 경제학에 따르면 참가자들은 자신의 이익을 염두에 두고 결정하며 미래 세대의 보수는 고려하지 않는다. 이 가정에 따른 균형인 (B, D)에 주목해보자. 이 균형에서는 참가자 두 명이 각각 101달러를 얻는다. 이 균형은 어떤 개인도 일방적으로 선택을 바꿔서 이득 볼 게 없는 유일한 결과(게임이론에서 말하는 내시 균형)다. 여기서 참가자는 101달러씩 얻고 구경꾼은 4달러라는 변변찮은 결과를 얻는다.

이런 결과에 대해 대부분의 관찰차는 참가자 집단을 비윤리적으로 볼 것이다. 현세대는 적어도 100달러 이상을 벌면서 잘산다. 더구나 그들의 선택은 겨우 1달러만 추가로 벌어다 줄 뿐이다. 그런데 미래 세대의 보수는 그와 비교도 안 될 만큼 훨씬 적어, 심각하게 위태로운 삶을 살 가능성이 있다. 참가자들이 (B, D)에서 (A, D)로 선택을 바꾼다면 미래 세대는 4달러가 아니라 8달러를 얻을 것이다. 이같이 작은 희생을 선택하지 않는 건 비양심적으로 보인다.

이제 이런 상황을 가정해보자. 참가자 1이 그레타 툰베리를 만나 미래 세대의 중요성에 관해 배우게 된다. 그 과정에서 미래 세대는 현세대가 논의하는 문제에 어떤 발언권도 가지고 있지 않다는 것을 이해하게 된다. 참가자 1은 한 사람의 행동이 가난한 구경꾼에게 어떤 영향을 미치는지 사려 깊게 고려해보는 것이 최소한의 도덕성이라는 점을 배운다. 참가자 1은 그레타의 조언을 마음으로 받아들여(사실 우리 모두는 이렇게 해야 한다) 미래 세대의 행복을 고려해 결정하기 시작한다. 전개를 단순화하기 위해 이제부터 참가자 1은 미래 세대의 이익을 자신의 이익과 똑같이 중요하게 생각한다고 가정하자.

이럴 경우 게임은 틀림없이 달라진다. 이기적인 참가자(참가자 2)의 보수는 전과 동일하고 도덕적인 참가자(참가자 1)의 보수는 자신의 이익 '더하기' 미래 세대의 이익이 된다. 이것을 반영한 것이 다음의 보수 행렬이다. 이제 참가자 1은 자신의 이익과 구경꾼의 이익의 총액을 극대화하려고 노력한다. 참가자 한 명이 도덕적으로 변한 후 만들어지는 새로운 게임을 '그레타의 딜레마'라고 부르겠다.

그레타의 딜레마

	C	D
A	102, 101	108, 100
B	101, 100	105, 101

그레타의 딜레마에서는 어떤 결과가 나올까? 이때는 (A, C)라는 한 가지 균형만 있음을 쉽게 이해할 수 있다. 이전 결과인 (B, D)는 더는 균형이 아니다. 참가자 2가 D를 선택하면 참가자 1은 미래 세대를 돕기 위해 A를 선택할 것이기 때문이다. 그리고 참가자 1이 A를 선택할 것을 참가자 2가 알면 그는 C를 선택할 것이다. 이외의 다른 선택은 안정적이지 않다. 참가자 1이 도덕관념이 없는 사람에서 도덕적인 사람으로 변한 덕분에 결국에는 (A, C)로 균형이 바뀐다.[13]

처음에는 게임의 세계가 개선된 것처럼 보일 수 있다. 모든 참가자가 이기적이었다가 절반의 참가자만 이기적인 상황으로 바뀌었으니 말이다. 그런데 미래 세대에게 실제로 무슨 일이 발생하는가? 참가자 1이 그레타를 만나기 전에 미래 세대는 4달러를 얻었다. 하지만 참가자 1이 그레타의 영향을 받아 미래 세대를 돕기 위한 결정을 하면, 미래 세대의 이익은 2달러라는 훨씬 낮은 수준으로 뚝 떨어지고 만다. 현재 훨씬 많은 보상을 얻은 두 명이 미래 세대를 쥐꼬리만 한 2달러를 얻는 극한의 상황으로 몰아넣은 것이다. 하지만 외부 관찰자들은 그러한 끔찍한 상황의 원인이 참가자 중 한 명이 도덕적인 사람으로 변해 미래 세대를 돕는 일에 전념했기 때문이라는 사실을 이해하기 힘들 것이다. 이렇듯 전략적인 환경에서 어느 한 개인의 도덕적 의지가 반드시 도덕적 결과로 귀결되는 것은 아니다.

도덕적 의지를 가지고 부도덕한 행동을 할 수 있을까

그레타의 딜레마를 더 잘 이해하기 위해 이렇게 생각해보자. 누구든 3달러보다 낮은 이익을 얻는 균형은 '나쁜 결과'다. 따라서 (A, C)와 (B, C)는 나쁜 결과다. 나쁜 결과가 생기더라도 참가자 1에게는 책임이 없다. 참가자 1이 어떤 선택을 하든 참가자 2가 C를 선택하면 결과는 나쁘기 때문이다. 하지만 참가자 2에게는 도덕적 책임이 있다. 만약 참가자 2가 D를 선택한다면 나쁜 결과는 확실히 피할 수 있기 때문이다.[14] 이 문제를 두고 참가자 1이 그레타를 만나 '도덕적인 사람'이 되었기 때문에 나쁜 결과가 생겼다고 해석하는 건 곤란하다.

이에 대응해 이러한 주장이 가능하다. 참가자 1은 자신의 도덕적 행동이 미래 세대에 피해를 줄 수 있으니 부도덕한 '행동'을 하는 게 더 낫다는 점을 알아낼 수 있다는 것이다. 그러면 게임은 결국 (B, D)에서 균형이 이루어지고 구경꾼은 4달러라는 더 나은 결과를 얻는다. 하지만 이는 죄수의 딜레마에 맞서 '참가자들은 마치 자신이 이기적이 아닌 것처럼 행동할 지각이 있으며, 따라서 좋은 결과를 달성하게 될 것'이라고 주장하는 것과 비슷하다. 게임이론가들은 그런 주장을 인정하지 않는다. 상대에게 자신이 다른 사람이 되었으니 다른 선택을 하겠다고 설득해놓고 상대의 예상을 벗어나는 행동을 하면 늘 대가를 치르게 된다는 이유에서다.

그레타의 딜레마에서도 이와 유사한 논쟁이 가능하다. 참가자 1이 도덕관념이 없는 사람인 척하며 게임을 (B, D)로 몰아간 다음 마지막 순간에 A로 선택을 바꿔 (A, D)를 달성해 구경꾼이 8달러를 얻게 돕는 것이다. 게임이론가는 이렇게 반박할 것이다. "합리적인 참가자 2는 1의 이러한 행동을 예상하고 C를 선택해 결국 (A, C)로 돌아갈 것이다." 이러한 추상적인 분석은 다양한 상황에 적용할 수 있는 도구라는 면에서 이점이 있다. 처음에는 적군의 죽음에 신경을 쓰지 않다가 정당한 이유 없이 폭력을 자행하는 것에 문제의식을 느끼게 된 군인 이야기에 적용할 수 있다. 또 가난한 사람을 돕기 위해 약간의 희생을 하는 부자 이야기에도 적용할 수 있다.

전통적인 게임이론에 등장하는 이기적인 개인과 여기서 논의하는 도덕적인 개인 사이에는 특정 종류의 행동에 대한 헌신이라는 측면에서 흥미로운 차이점이 있다. 게임이론에서는 이기심(자신의 보수를 극대화하려는 욕망)을 타고난 것으로 간주한다. 하지만 도덕적이라는 것은 이를 넘어서는 자유의지라는 요소를 수반한다는 점에서 논쟁의 여지가 있다. 따라서 게임의 상황을 분석한 후에 도덕적인 사람이 될지 말지 '선택'할 수 있다고 주장할 수 있다. 그들에게 충분한 선견지명이 있다면 도덕적 결과를 도출하기 위해 도덕적으로

'행동'하지 않기로 결정할 수도 있다.[15]

그레타의 딜레마는 도덕적 철학을 넘어, 인간의 정신은 뉴런의 대규모 연결망으로 구성되어 있고 각각의 뉴런은 자신의 역할을 의식하지 못한다는 인지과학의 연결주의로 우리의 사고를 이끈다. 현재 이런 연결주의를 사회과학에 접목해, 개인이 인식하지 못한 채 집단적으로 행동하는 대규모 연결망의 존재 가능성을 인식하려는 노력이 있다. 그러한 집단적 유기체를 연구할 때 대부분의 상황에서 개인의 도덕성은 아무 소용이 없다. 집단에 속한 개인은 전통적 의미에서 자유의지가 없을 수 있기 때문이다.

현재로서 희망은 미국의 정치학자 로버트 퍼트넘Robert Putnam의 제안에서 찾아야 한다고 생각한다. 그는 리투아니아 출신의 프랑스 철학자 에마뉘엘 레비나스Emmanuel Levinas의 저작물을 언급하며 이렇게 말한다. "레비나스에게 윤리의 기본 중의 기본은 고통받는 인간을 마주하면 '내가' 그 상황을 즉각 인식해 '직접' 무언가를 해야 할 의무를 갖는 것이다. (실제로 도울 수 없더라도) 고통받는 사람을 보고 도울 의무를 전혀 느끼지 않고, 도울 수 있다면 도와야 한다는 것을 인식하지 못하는 것은… 윤리적이지 않다."[17] 로버트가 '마땅히 해야 한다는 말에는 할 수 있다는 의미가 함축되어 있다ought implies can'는 격언을 거스르는 것은 아니다. 그는 도울 수 없는 사람까지 무조건 도와야 한다고 주장하지 않는다. 도우려는 '의무감을 느껴야' 한다고 주장하는 것이다.

지금 당장 좋은 결과를 얻지 못하더라도 언젠가는 선을 이루겠다는 '도덕적 의지'를 계속 품으며 발전시켜야 한다. 도덕적 의지가 있어야 눈앞에 있는 게임 너머를 생각하고 우리의 행동을 어떻게 바꿀 수 있을지 고민하게 된다. 그레타의 딜레마를 통해 살펴본 것처럼 도덕적 의지가 역효과를 낳거나 문제를 악화시킬 수도 있다. 그럼에도 도덕적 의지는 게임을 초월해 이기적인 참가자에게 세금이나 벌금을 부과하는 등의 새로운 해법을 찾도록 영감을 준다. 이 점에 관해서는 이 책 후반부에서 설명할 것이다.

그레타의 딜레마의 핵심 메시지를 기억해야 한다. 나쁜 행동을 하는 집단을 보면서 그것이 집단에 속한 개인들이 바라서라고 가정해서는 안 된다. 사람들은 대부분 어떤 집단행동을 보면서 그 집단의 리더가 개인적으로 바란 행동일 거라고 생각한다. 그들은 하벨이 상상한 후기 전체주의 사회의 함정에 빠질 수 있다. 이 점이 도덕적인 선의를 가진 그레타 툰베리가 자각해야 하는 딜레마다. 미래 세대를 걱정하는 개인들은 그들을 도울 수 없을 뿐 아니라 사실상 해를 끼칠지 모른다. 도덕적으로 행동하지 못해서가 아니라, 그들의 도덕적 선택이 거대한 게임 속에서 하나의 요소에 불과하기 때문이다.

착한 사마리아인이
구경꾼의 상황을
더 나쁘게 만들 수 있다

집단의 도덕성과 사마리아인의 저주

착한 사마리아인도 도덕적 결과를 낳지 못할 수 있다

그레타의 딜레마에서 보여준 예상 밖의 결과가 단 한 사람의 도덕적 변화 때문인가 하는 질문이 생길 수 있다. 만약 한 명이 아니라 모두가 도덕적으로 행동한다면 어떻게 될까? 그럴 때도 도덕적 의지가 여전히 역효과를 낳아 부도덕한 결과로 이어질까? 그레타의 딜레마에서 만일 두 참가자 모두 도덕적인 사람이 된다면 예상 밖의 결과가 생길 수 없다. 하지만 이러한 희망이 우리가 사는 광활한 세상에서 항상 적용되지는 않는다.

모든 참가자가 도덕적으로 변했지만 더욱 부도덕한 결과를 낳는 상황은 어렵지 않게 찾을 수 있다. 두 명의 참가자, 즉 참가자 1과 참가자 2가 있는 사회를 생각해보자. 각 참가자의 선택지에는 A, B, C 라는 세 가지의 전략 및 행동이 있다. 이 사회에 생길 수 있는 결과는 아홉 가지다. 참가자 1은 다음 표의 행에서 선택하고 참가자 2는 열에서 선택한다. 그들이 얻는 보수는 아래 '기본 게임'이라는 보수행렬에서 볼 수 있다.

기본 게임

	A	B	C
A	102, 102	80, 120	108, 108
B	120, 80	104, 104	80, 102
C	108, 108	102, 80	106, 106

구경꾼의 이익 행렬

	A	B	C
A	20	4	0
B	4	6	10
C	0	10	4

이 사회에서는 참가자 1이 B를 선택하고 참가자 2도 B를 선택하는 (B, B)라는 결과가 유일한 균형이라는 점을 쉽게 알 수 있다. 어

떤 참가자도 단독으로 다른 선택을 하려는 의사가 없는 내시 균형
이 이루어지는 것이다. 다른 결과를 검토해보자. (A, A)에서는 참가
자 두 명이 모두 102달러를 얻는다. 하지만 각 참가자는 단독으로
다른 선택을 해서 더 나은 결과를 얻을 수 있다. 예를 들어 참가자
1이 A 대신 B를 선택하면 120달러를 얻는다. 이런 식의 대체 안이
(B, B)를 제외한 모든 결과에 대해 존재한다는 것을 확인할 수 있다.

게임이론의 기본 모형처럼 참가자는 자신의 행동이 구경꾼에게
어떤 영향을 미치는지 신경 쓰지 않는다. 구경꾼의 보수는 '구경꾼
의 이익 행렬'에서 보여주는 것과 같다고 하자. (B, B)가 균형이므로
구경꾼은 균형 상태일 때 6달러의 보수를 얻는다.

이제 착한 사마리아인이 이 사회로 온다고 하자. 참가자들의 도덕
적 타락에 경악한 사마리아인은 그들에게 기본적인 도덕을 가르친
다.[18] 앞에서 언급한 그레타처럼 사마리아인은 이렇게 말한다. "당신
들은 (B, B)라는 선택으로 각자 104달러씩 얻지만 그 결과로 구경
꾼은 6달러라는 형편없는 보수밖에 못 받는다는 것을 모릅니까? 큰
부자인 당신들이 (A, A)를 선택한다면 잃는 건 고작 2달러에 불과
하지만 구경꾼은 20달러를 얻게 됩니다. 그 선택으로 가난한 구경
꾼에게 14달러를 추가로 안겨줄 수 있다면 마땅히 당신들은 2달러
를 희생해야 합니다. 다른 참가자는 무시해도 괜찮습니다. 그 사람
도 당신처럼 큰 부자이기 때문입니다. 하지만 당신의 선택 때문에 가
난한 구경꾼에게 무슨 일이 일어나는지에 대해서는 주의를 기울여

야 합니다."

이제 두 참가자 모두 도덕적인 사람이 된다고 가정하자. 각 참가자는 구경꾼의 이익을 자신의 이익만큼이나 중요하게 생각한다. 그러면 (A, B)라는 결과에서 참가자 1의 총이익은 84달러가 된다. 이는 참가자 1의 이익 80달러에 가난한 구경꾼의 이익 4달러가 합해진 액수다. 그리고 참가자 2의 총이익은 124달러다. 이런 식으로 두 참가자의 총이익을 각각 계산하면 '사마리아인의 저주'라는 새로운 게임이 생긴다. 이때 생길 수 있는 결과들을 검토해보면 이 새로운 게임의 균형은 (C, C)라는 사실을 알 수 있다.

(B, B)가 더 이상 균형이 될 수 없다는 것은 자명하다. 예를 들어 도덕적으로 변한 참가자 1은 선택을 B에서 C로 바꿀 것이다. 결국 참가자들은 구경꾼의 상황을 더 나쁘게 만든다. 구경꾼이 처음에는 6달러를 얻었지만 이제는 4달러를 얻게 되는 것이다. 이렇듯 개인적으로 도덕적 행동을 하는데도, 심지어 참가자가 모두 도덕적인 행동을 하는데도 집단의 행동이 도덕적인 결과를 낳지 못할 수 있다.

사마리아인의 저주

	A	B	C
A	122, 122	84, 124	108, 108
B	124, 84	110, 110	90, 112
C	108, 108	112, 90	110, 110

개인의 도덕성이 집단의 도덕성으로 이어지게 할 수 없을까

어떤 개인이 도덕적인 사람이 되거나 혹은 집단 전체가 도덕적으로 변하더라도 이러한 역설적인 결과가 나올 수 있다는 것이 확실해졌다.[19] 이 두 게임의 경고는 이렇다. 어느 집단의 부도덕한 행동을 보고 그 집단에 속한 개인들이 도덕관념이 없다고 암묵적으로 생각하는 것은 완전히 틀릴 수 있다.

누군가는 그레타의 딜레마와 사마리아인의 저주에서 도덕적으로 묘사된 참가자들이 진짜 도덕적인 게 아니라고 반박할 수 있다. 만약 그들이 정말 도덕적이라면 자신의 행동이 어떤 결과를 낳는지 분석하고 그들이 하려는 도덕적 선택이 해로운 결과를 낳는다는 것을 확인해야 한다. 그다음 이타적인 결과를 달성하기 위해 이기적으로 보이는 행동을 선택해야 한다. 문제는 그레타의 딜레마에서 본 것처럼 참가자가 다른 참가자를 속여서 이전 전략으로 되돌아가려고 해도 이를 아는 상대가 속지 않는다는 것이다. 결국 단 하나의 균형에 이르게 된다.

이러한 게임은 그간 정책을 만들 때 합리성을 놓고 고민했듯이 도덕성을 놓고도 같은 과정을 밟아야 한다는 사실을 깨닫게 해준다. 게임이론은 개인의 합리적인 행동이 집단의 합리적인 결과로 이어지지 않을 수 있다는 사실을 보여줌으로써 사회에 큰 공헌을 했다. 이 깨달음으로 인해 개인의 행동이 집단의 이익과 조화를 이루는 법과 세금, 보상 등을 도입할 수 있었다. 게임이론에 의한 사고 과정 덕분에 공유지를 보호하기 위한 세금정책과 기후변화에 대처하는 국제 협약이 탄생할 수 있었다. 이 장에서 다룬 두 개의 게임은 그와 비슷한 문제의식을 불러일으켜, 개인의 도덕성이 집단의 도덕성으로 이어지게 하는 방법을 고민하도록 촉구한다.

사람들이 좋아하는 도덕적 책임에 관한 담론에 얼마나 결함이 많은지 이제는 명백히 알 수 있다. 영국이 인도를 통치하는 동안 많은 영국인은 자신들의 목적이 인도의 발전을 돕는 것이라고 말했다. 하지만 이런 말은 대부분 위선으로 여겨졌다. 식민 통치 기간에 인도의 경제가 망가졌다는 증거가 있기 때문이다. 다시 말해서 참가자 영국인의 행동 때문에 구경꾼 인도인이 착취당했다. 하지만 앞에서 다룬 게임의 논리를 통해 한 가지 사실이 분명해졌다. 나쁜 결과만 놓고 영국인 전체가 인도인을 해하려는 의도가 있었다고 무조건 결론 내려서는 안 된다는 사실이다.

6장

집단 안에서
우리는 무엇을
선택하는가

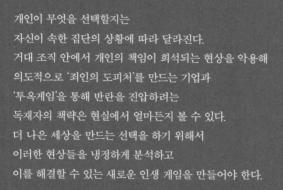

개인이 무엇을 선택할지는
자신이 속한 집단의 상황에 따라 달라진다.
거대 조직 안에서 개인의 책임이 희석되는 현상을 악용해
의도적으로 '죄인의 도피처'를 만드는 기업과
'투옥게임'을 통해 반란을 진압하려는
독재자의 책략은 현실에서 얼마든지 볼 수 있다.
더 나은 세상을 만드는 선택을 하기 위해서
이러한 현상들을 냉정하게 분석하고
이를 해결할 수 있는 새로운 인생 게임을 만들어야 한다.

거대 조직은
어떻게 작은 조직을
경쟁에서 따돌릴 수 있나

거대 조직이 만드는 죄인의 도피처

대형 은행의 말단 직원이 죄책감을 느끼기 어려운 이유

집단행동은 경제학자에게 익숙한 주제다. 여기서 집단행동을 살펴보는 이유는 앞에서 다룬 추상적인 분석으로 인해 몇 가지 현실적인 과제가 수면 위로 부상했기 때문이다. 현대사회에서는 집단에서 나타나는 행위나 조직적 집단행동과 관련해 동시다발적으로 새로운 문제들이 생기고 있다. 나는 당신과 그런 문제들을 공유하고, 이를 토론의 장으로 끌어내 게임이론의 근간에 있는 열린 질문들에 대해 자유롭게 논의하고 싶다.

그레타의 딜레마와 사마리아인의 저주 같은 게임은 흥미로운 함의를 담고 있다. 이러한 게임을 통해 세상에서 흔히 일어나는 현상을 이해할 수 있는데, 이를테면 국가나 기업 같은 거대한 조직이 어떻게 자신에게 속한 개인을 위해 '죄인의 도피처' 역할을 하는지 알 수 있다. 이 장에서 그 과정을 보여주려고 한다. 또한 그들이 어떻게 작은 조직을 경쟁에서 따돌릴 수 있는지 설명할 것이다.

볼테르가 남긴 명언을 생각해보자. "사람을 죽이는 것은 금지되어 있다. 그러므로 모든 살인자는 벌을 받는다. 전쟁의 나팔 소리에 맞춰 대량 살상을 한 게 아니라면 말이다."[1] 대규모 군대의 일원으로 살인을 하면 살인과 관련된 죄책감과 수치심이 사라진다. 내가 적을 죽이지 않으면 내 동료 군사가 죽인다. 따라서 죄책감 때문에 살인하지 않을 이유가 없다.

대기업이 기후변화, 환경문제를 비롯해 거시적인 사회적 책임에 적절한 주의를 기울이지 않아 미래 세대뿐 아니라 자사의 우산 아래로 들어오지 않는 동시대인에게도 해를 끼친다는 문제에 대해 많은 사람이 글을 썼다. 합법적으로 처벌할 수 없는 탓에 이런 일이 벌어지는 것이기도 하다. 대기업은 힘없는 소비자나 노동자의 보복을 두려워하지 않고 하고 싶은 대로 할 능력이 있다. 이에 더해 자신의 거대하고 복잡한 구조를 활용해 죄인의 도피처를 만들 수 있다. 즉, 기업의 행동과 그로 인한 최종 결과에 대해 구성원인 개인들이 책임감과 죄책감을 느끼지 않도록 보호하는 것이다.

작은 기업이나 자영업자가 소비자나 노동자에게 좋은 서비스를 제공하는 이유 중 하나는 능력이 있음에도 서비스를 제공하지 않으면 그로 인해 죄책감이 생기고 양심의 가책을 느끼기 때문이다. 행동경제학도 이 주장을 인정하고 있다. 우리는 상처 주고 속이는 것을 좋아하지 않는다. 게임이론의 기본 가정은 참가자 개인의 보상을 극대화하려는 이기심에 기인하지만, 인간에게는 그런 이기심을 초월해 사회적으로 무책임한 행동을 하지 않게 해주는 도덕적 나침반과 죄책감이 있다.

또한 작은 기업이나 자영업자가 소비자를 형편없이 대우하지 않는 이유는 그 책임이 누구에게 있는지 쉽게 찾을 수 있기 때문이다. 혹여 소비자 대우 문제로 책임을 지게 될 경우 해당 개인은 죄책감을 느낄 것이다. 그래서 스스로 행동을 통제한다. 하지만 대기업에서는 그 책임이 누구에게 있는지 명확하지 않을 때가 많다. 대형 은행이 고객인 나를 부당하게 대우하며 내게 무리한 수수료를 부과하고 부실한 금융상품을 판매한다고 해보자. 항의하기 위해 전화를 걸면 전화를 받은 이가 그저 거대한 조직의 작은 부품인 게 금세 드러난다. 그는 내가 받은 부당한 대우에 전혀 개입하지 않았다. 그가 개인적으로 하지 않은 일에 대해 사과하는 건 어딘가 모르게 이상하다. 그가 조직의 나쁜 행동에 개입하지 않았다는 이유로 나는 화와 짜증을 가라앉히려고 애쓴다. 설사 누구에게 책임이 있는지 끝까지 찾으려고 해도 대부분 실패하고 만다. 그레타의 딜레마와 사마리아인의 저주에서 일어나는 일과 비슷하게, 거대한 공급망을 통해 최종적으로 당신에게 도달하는 상품에 문제가 있을 때는 책임지는 '사람'이 없는 경우가 흔하다.

누가 죄인의 도피처를 만드는가

이런 구조는 대기업이 소비자와 노동자를 형편없이 대우하도록 허용할 뿐 아니라 심지어 그 수준을 더 악화시키도록 유도한다. 거대한 조직에 속한 일개 개인은 무력하기 때문에 대기업은 마음껏 환경을 오염시키고 사회 전체에 심각하고 부정적인 결과를 일으킬 수 있다. 군대가 이차 피해를 일으키는 것도 같은 이치다. 전쟁 중에는 군대가 도시를 파괴하는 일이 흔하다. 그런 행동을 억제하는 죄책감과 도덕적 나침반은 집단적 책임을 지는 거대한 조직 속에 숨어버린다.

물론 그러한 결과를 억제하기 위한 법이 이미 있고, 보다 확실한 예방을 위해 새로운 법을 제정할 수도 있다. 하지만 길고 복잡한 공급망을 가진 대기업은 여전히 자신에게 속한 개인에게 죄인의 도피처를 제공한다. 그 결과 대기업의 구성원들은 혼자서는 하지 않을 행동을 죄인의 도피처에서는 하게 된다. 덕분에 대기업은 이윤을 극대화하고 작은 기업이나 자영업자를 경쟁에서 따돌린다.

기업이 죄인의 도피처를 만들려는 의도로 거대하고 복잡한 의사결정 구조를 구축하는 건 아니다. 문제는 죄인의 도피처를 만든 기업이 성장하고 생존할 가능성이 더 크기 때문에 시간이 흐를수록 그런 기업이 표준이 되어간다는 점이다. 하지만 계획적으로 죄인의 도피처를 만드는 경우도 간과해서는 안 된다. 영악한 기업가는 죄인의 도피처가 발휘하는 힘을 알고 있다. 그래서 뻔뻔하게도 개별 직원(임원들을 제외한)이 기업의 집단행동에 책임감을 느끼지 않게 하는 구조를 만들어낸다.

어째서 어떤 시위는 성공하고
어떤 시위는 실패하는가

집단행동을 막기 위한 전략, 투옥게임

디지털 시대에는 혁명도 소셜미디어를 중심으로

게임에서 전략을 세우다가 도덕적 판단의 영역으로 들어가면 여러 가지 심각한 문제가 드러난다. 그런 문제들은 잘못된 집단행동을 막기 위해 우리가 어떤 행동을 해야 할지 고민하게 만든다. 개인이 도덕적 책임을 지지 않도록 기업 구조를 설계하는 일부 기업가와 마찬가지로 일부 사람들이 대중을 억압하기 위해 설계와 전략을 어떻게 사용할 수 있는지에 대한 예가 있다. 다음 사례를 통해 문제를 파악하고 어떻게 그런 행동을 막을 수 있는지 생각해보자. 이 사례가 흥미로운 이유는 추상적인 철학 사상을 현대 게임이론으로 분석하여 현실적이고 강력한 통찰을 보여주기 때문이다. 철학자와 논리학자들의 큰 관심을 받은 영국 철학자 오코노O'Connor 의 '기습 시험 역설Surprise Test Paradox '을 통해 이 부분을 설명할 것이다.

인류의 역사가 시작된 이래 이 세상은 수많은 반란과 내전을 겪어왔다. 사회는 시장의 보이지 않는 손 때문이든 리바이어던의 권위주의적인 손 때문이든 대체로 질서가 유지되는데, 혁명과 혼돈, 분쟁을 이해하는 것은 그러한 질서를 이해하는 것만큼 흥미로운 일이다. 질서나 조화와는 달리 봉기는 어떤 모델을 만들기 어렵다. 하지만 우리는 무정부 상태와 자연 상태를 이해하는 데 큰 진전을 이루었기에, 봉기도 이해할 수 있으리라는 희망을 품어보겠다.[2]

역사에는 평화로워 보이는 시대에 혁명이나 내전이 일어난 예도 드물지 않고, 성공 직전에 반란이 진압된 경우도 많다. 최근 수십 년 사이에도 그러한 사례를 볼 수 있다. 튀니지의 재스민혁명, 2010년에 시작되어 여러 명의 독재자를 끌어내린 아랍의 봄, 벨라루스에서 알렉산드르 루카셴코Alexander Lukashenko 의 잔혹한 독재에 대항해 2020년에서 2021년까지 이어진 대통령 퇴진 시위, 2022년 마흐사 아미니Mahsa Amini 가 경찰의 구타로 사망하면서 촉발된 이란 시위 등이 있다. 2021년 2월 1일 미얀마 쿠데타 이후 일어난 반대 시위에서 무시무시한 보복의 위협으로 시위대가 거리를 떠난 것처럼, 시위는 폭풍처럼 일어났다가 갑자기 잠잠해지는 형태를 띠기도 한다.[3]

신념을 전략화하는 절묘한 운용은 우리에게 반란의 성공 여부에 대한 통찰력을 제공한다. 이를 이해하기 위해 변화를 갈망하는 시민들의 지지를 잃은 독재자를 생각해보자.

정부에 대한 대대적인 반대가 봉기의 형태로 나타나려면 강력한 계기가 필요하다. 2010년 12월 17일 튀니지의 노점상 모하메드 부아지지Mohamed Bouazizi가 분신한 사건이 재스민혁명의 중심점focal point이 된 것처럼 자극적인 일이 일어나야 한다. 아니면 시민의 단체 행동을 조직하는 데 중추적인 역할을 하는 중심 리더focal leader가 있어야 한다.

이러한 조직화는 디지털 기술의 등장으로 가능해졌다. 정부는 반란에 참여한 사람을 체포, 투옥, 처형할 수 있기 때문에 어느 누구도 혼자 거리로 나가 시위하려고 하지 않는다. 하지만 수천 명이 동시에 거리로 나가 시위를 한다면 개개인은 비교적 안전하다. 아무리 강력한 독재자라도 동시에 체포하고 구금할 수 있는 사람 수에는 한계가 있기 때문이다. 따라서 시위가 성공하려면 시간과 장소를 조직할 필요가 있으며, 이는 전형적인 중심점 문제라고 할 수 있다.[4]

재스민혁명에서는 새로운 디지털 기술의 힘이 그러한 조직 활동을 성공적으로 만들어주었다. 사람들은 메시지를 교환하면서 자신들이 혼자 또는 소수로 시위하다 체포되는 일은 없을 거라는 확신을 얻었다. 이렇게 사람들이 확신을 갖고 결집하기까지 망명자 아미라 야히오이Amira Yahyaoui의 역할이 컸다. 2005년 반체제 인사였던 젊은 야히오이는 튀니지 대통령 벤 알리Ben Ali의 비밀 경찰에게 심하게 구타당한 후 프랑스로 추방되었다. 그곳에서 그녀는 소셜미디어를 사용해 반체제 인사를 모으는 일에 앞장서기 시작했다. 2010년 인터넷을 통해 튀니지의 활동가들이 일제히 거리로 뛰쳐나가는 시위를 조직했다. 시위가 점점 거세지면서 결국 2011년 1월 14일 벤 알리는 조국에서 도망쳐 사우디아라비아로 피신했다.[5]

이 시위는 해피엔딩으로 끝났지만, 변화가 일어나기 직전에 좌절된 시위도 있다. 벨라루스의 야당 지도자 스뱌틀라나 치하노우스카야Sviatlana Tsikhanouskaya는 비교적 안전한 리투아니아와 폴란드로 망명했다. 그리고 2020년 대선 이후 야당을 결집시키려고 노력했다. 이는 잠시 효과가 있었지만 시위대는 곧 민스크의 거리를 떠났다.

여기서 흥미로운 질문이 생긴다. 어째서 어떤 시위는 성공하고 어떤 시위는 실패할까? 그리고 독재자가 의도적이든 무의식적이든 조직적 반란을 저지하기 위해 사용하는 방법은 무엇일까? 반란의 미래를 예측하기 어려운 이유 중 하나는 반란이 본질적으로 무수한 위험을 수반하기 때문이다. 그래서 우리는 그 성패를 결코 단언할 수 없다. 하지만 나는 많은 불확실성이 순전히 집단 역학의 복잡성에서 비롯된다는 사실을 보여주고 싶다. 그렇게 해서 우리, 즉 평범한 시민이 압제자가 사용하는 방법을 더 잘 파악하기를 바란다. 그러면 우리 스스로 독재를 막는 법규와 협약을 만들 수 있을 것이다.

시위를 잠재우려는 폭군의 책략 '투옥게임'

이제 한 가지 이야기를 가정해보자. 한때는 국민에게 인기가 있었지만 폭군으로 돌변하면서 자신을 반대하는 사람들을 투옥하고 처형한 국가 지도자가 있다고 하자. 이 국가는 이 폭군과 그에게 충성하는 소수의 경찰, 시민 1000명으로 이루어져 있다. 모든 시민은 폭군을 권좌에서 몰아내고 싶어 한다. 인구의 절반, 즉 500명 이상의 시민이 거리로 나와 시위에 동참한다면 폭군이 쫓겨난다고 가정하자. 그리고 시민들이 시위 날짜를 정했다고 해보자. 이제 중심점이 생겼다. 시민 각자는 시위에 참여할지 침묵할지 선택해야 한다. 시위에 나선다고 해서 반드시 투옥되는 게 아니라면 어느 시민이든 침묵하기보다 시위하는 쪽을 선호한다고 가정하자.[6]

이 정도 규모의 국가에서는 폭군이 시민을 전부 체포해 투옥하고 싶어도 그럴 만한 능력이 없다. 단순한 분석을 위해 폭군은 기껏해야 100명만 투옥할 수 있다고 하자. 따라서 폭군은 상황이 절망적으로 보인다. 모든 시민이 동시에 시위에 나선다면 폭군이 아무리 감옥에 넣겠다고 위협해도 효과가 없을 것이다. 시위자가 체포될 확률은 10분의 1이다. 이 정도의 확률은 시위대를 해산시키기에는 턱없이 부족하다. 따라서 시민들은 시위할 것이고 지도자는 쫓겨날 것이다.

벨라루스의 대규모 시위대 역시 이와 비슷한 상황이었다. 물론 루카셴코는, 그러니까 폭군은 100명의 이름을 직접 명시하며 그들이 시위하는 모습이 눈에 띄면 체포해 투옥하겠다고 발표해 그 100명을 침묵하게 만들 수 있다. 그들이 체포될 확률은 1로, 시위에 나서면 무조건 체포되기 때문에 거리로 나가지 않을 것이다. 하지만 그렇다 해도 시위는 중단되지 않는다. 감옥의 수용 능력을 이미 계산한 나머지 900명은 더욱 안전하다고 자신할 것이기 때문이다. 결국 900명은 거리에 나가 시위를 하고 폭군은 종말을 맞이할 것이다.

하지만 독재자가 지능이 뛰어나거나 운이 매우 좋다면 시위를 완전히 잠재울 수 있다. 이렇게 하면 된다. 시민을 100명씩 10개의 집단으로 나누어 각 집단에 이름을 붙인다. 야당 지도자 100명을 '집단 1'로, 신문기자 100명을 '집단 2'로, 노동조합 지도자 100명을 '집단 3'으로, 이런 식으로 계속해 10대 청소년 100명까지 '집단 10'으로 분류한다.

그다음 시위자들을 체포할 계획을 모든 시민에게 알린다. 시위가 일어나면 폭군은 자신의 심복에게 야당 지도자 100명을 우선적으로 체포하라고 지시할 것이다. 야당 지도자가 100명 이하면 신문기자를 체포한다. 만일 야당 지도자와 신문기자가 100명 이하이면 집단 3의 노동조합 지도자를 체포한다. 그런 식으로 100명이 될 때까지 계속 시위자를 체포해 교도소를 채운다. 집단 1에서 시작해 집단 2, 그다음에는 집단 3, 그렇게 순차적으로 집단 10까지 체포 대상이 변하는 것이다. 나는 이러한 폭군의 책략을 '투옥게임'이라고 명명했다.

이 책략이 널리 알려져 상식이 되면 누구도 시위에 나서지 않을 거라는 사실을 쉽게 알 수 있다. 집단 1에 속한 시민은 곧바로 침묵에 들어갈 것이다. 그들은 자신들이 시위에 나서면 반드시 감옥에 가게 된다는 것을 알고 있다. 그래서 거리로 나서지 않는다. 모든 시민이 이 과정을 추론할 수 있다. 집단 2의 시민도 집단 1 중 아무도 시위 현장에 나오지 않는 상황에서 시위에 참가하면 분명히 체포될 거라는 사실을 금방 알게 된다. 집단 1이 시위에 참여하지 않을 것이고, 이 사실을 아는 집단 2도 시위에 불참할 것이라는 사실을 아는 집단 3 역시 시위에 나서지 않는다. 이러한 역진 귀납법의 냉혹한 논리는 집단 10에 속한 10대 청소년 100명에게까지 순차적으로 적용된다. 10대 청소년도 자신이 시위하러 거리에 나서면 경찰에 붙잡힐 거라는 사실을 곧 깨닫는다. 결국 벨라루스의 거리에는 아무도 나오지 않을 것이고 루카셴코 정권에 반대하는 사람 역시 더는 보이지 않을 것이다.

투옥게임을 만드는 데 사용된 이 추론은 이미 잘 알려진 기습 시험 역설에 기반한 것으로, 분석철학에서 익숙하게 사용되는 방법이다.[7] 이 역설을 간단하게 설명하자면 이와 같다. 한 학교의 교장이 교실로 들어가 어느 요일에 실시될지 모르는 기습 시험이 다음주에 있다고 말한다. 기습 시험이 유쾌할 리 없는 학생들은 풀이 죽어 집에 간다. 그런데 똑똑한 어느 학생이 어느 요일에 시험이 '실시될 수 있는지' 생각하기 시작하고, 궁리 끝에 흥미로운 결론에 이른다. 먼저 시험이 금요일에는 실시될 수 없음이 자명해진다. 왜냐하면 금요일은 한 주의 마지막 날이므로 시험 날짜를 금요일로 정하면 목요일 수업이 끝날 때 모든 학생이 금요일에 시험이 실시된다는 걸 알게 되기 때문이다. 따라서 금요일에 '기습' 시험을 본다는 건 논리적으로 불가능하다. 그런데 금요일이 배제되면 목요일도 배제되어야 한다. 기습 시험이 목요일에 실시될 예정이라면 학생들이 수요일에는 목요일에 테스트가 있다는 걸 알게 되기 때문이다. 역진 귀납법을 통해 이런 식의 논리를 월요일까지 끌고 갈 수 있다. 그리고 기습 시험은 불가능하다는 역설적인 결론에 이른다.

기습 시험 역설을 알아야 하는 이유

이런 식의 상식 추론을 순전히 학문적인 훈련으로만 취급하는 건 어리석은 일이다.[8] 앞서 다룬 이야기가 보여주듯이 독재자는 때로 이러한 전술이 어떻게 작동하는지 알지도 못한 채 이를 채택해 성공을 거두기까지 한다. 권위주의적인 억압은 전 세계적으로 흔하고 모든 면에서 점점 심해지고 있기 때문에 우리는 전략적 사고의 역할과 계층화 정보layered knowledge의 힘을 정확히 이해해야 한다.

어느 정도 인구를 갖춘 국가에서는 체포·투옥·처형에 관한 규칙, 즉 누가 첫 번째로 체포되고 누가 두 번째로 체포되는 식의 규칙이 일반화되기 어렵다. 그래서 많은 독재자가 실패하고 많은 혁명이 성공하는 것이 놀라운 일이 아니다. 하지만 루카셴코와 다니엘 오르테가Daniel Ortega, 블라디미르 푸틴 같은 독재자가 반정부 시위를 성공적으로 진압한 사례도 많다.

이것이 가능한 이유 중 하나는 앞에서 언급된 체포 규칙을 상식으로 만드는 일은 충분조건이지 필요조건이 아니기 때문이다.[10] 체포 규칙을 국민 모두가 인지하지 않아도 반란은 진압될 수 있다. 현실에서는 그 규칙을 아는 사람이 많을수록 시위가 와해될 가능성이 커진다. 그래서 영리한 지도자는 자신의 전략을 널리 퍼뜨릴 방법을 고안해 계층화 정보로 시위를 진압해낸다. 사람들은 체포될 확률이 1까지는 아니더라도 현저히 높아진다면 시위에 나서지 않을 것이다.

여기에 더해 현실에는 더 복잡한 문제가 더 있다. 투옥게임에서 성공하려면 다른 사람의 머릿속을 자세히 들여다봐야 하는데 그렇게 할 수 있는 확실한 방법이 없다는 점이다. 이러한 이유로 투옥게임을 사용해 반란을 진압하려는 전략은 언제든 실패할 가능성이 있다. 때문에 독재자의 직감과 교활함에 따라 상황이 많이 달라진다. 나아가 마하트마 간디Mahatma Gandhi, 바츨라프 하벨, 넬슨 만델라Nelson Mandela, 마틴 루서 킹Martin Luther King 같은 특정 개인이 혁명의 성패에 큰 영향을 미친다. 그들의 도덕적 신념은 게임이론에서 '비합리적'이라고 할 만큼 매우 강력했다. 이러한 사람들에게 위협을 가해 행동을 수정하게 하는 건 불가능할 수 있다.

종종 변화는 이러한 사람들의 존재에서 비롯된다. 이 점을 아일

랜드의 극작가 버나드 쇼Bernard Shaw는 자신의 희극《인간과 초인》에서 흥미롭게 표현했다. "합리적인 사람은 자신을 세상에 적응시킨다. 비합리적인 사람은 세상을 자신에게 적응시키기 위해 끈질기게 노력한다. 따라서 모든 진보는 비합리적인 사람에게 달렸다."

사람들에게 도덕적 나침반이 있으면 사회에 도움이 된다. 하지만 그레타의 딜레마가 강조한 것처럼 그것이 확실한 해결책은 아니다. 게임이 펼쳐지는 전략적인 환경에서 선한 사람은 의도하지 않은 해를 끼칠 수 있다. 여기서 내 목표는 문제를 해결하는 게 아니라(내가 해법을 내놓지 못할 것임을 알기에) 도덕 철학과 게임이론을 통해 우리가 얼마나 현실에 근접해 있는지 보여주는 것이다.[11] 실제로 문제를 해결하기란 어렵다.[12] 독재자가 처벌 체계를 설계하고 그것이 상식이 될 만큼 널리 알리지 못하거나 비합리적으로 도덕적인 소수의 사람들을 다루지 못해서 반란을 막지 못하는 것처럼, 우리도 지도자의 권력을 효과적으로 제한하기 위한 사전 합의와 헌법을 만드는데 실패할 수 있다. 하지만 기습 시험 역설을 바탕으로 한 투옥게임은 우리가 해결해야 할 도전 과제를 분명히 알려준다.

집단행동으로 인한
비극을 막으려면
우리는 무엇을 해야 할까

더 나은 세상을 위한 인생 게임 재정의

먼 미래에도 사용할 수 있는 새로운 규칙의 필요성

도덕적 의지는 필요하지만 그것만으로는 충분하지 않다. 희망을 품으려면 도덕적 의지와 과학적 분석이 모두 필요하다.

2022년 10월 29일 밤, 대한민국 서울 한복판 이태원에서 끔찍한 비극이 발생했다. 사건 당일 10만 명 이상의 젊은이가 핼러윈 축제를 즐기기 위해 이태원으로 모여들었다. 인파가 점점 불어나면서 이태원의 주요 식당들로 향하는 한 작은 골목이 미어터질 듯 비좁아졌고 사람들이 갇히면서 아수라장이 되었다. 당황한 사람들이 앞다퉈 골목을 빠져나가려고 하면서 상황은 더욱 악화되었다. 좁은 골목에서 서로 밀다가 엉키고 넘어지면서 결국 150명 이상이 사망했다. 충격적인 규모의 사상자가 발생한 비극이었다. 사고 이후 기자들은 정확한 원인을 밝히기 위해 동분서주했다. 이태원 참사는 지진이나 태풍 같은 자연재해가 아니었다. 시위대를 포위해 사격하라고 명령하는 독재자 같은 가해자가 있던 것도 아니었다.

이처럼 비극에 대한 책임을 묻기 어려운 일이 발생했을 때 사람들은 마음이 불편해지고 자신이 비극에 가담한 건 아닌가 하는 의구심마저 갖게 된다. 하지만 앞서 반복해서 살펴본 것처럼 현실에는 개인이나 집단에 책임을 물으며 손가락질할 수 없는 집단적인 결과가 존재한다.

그렇다면 우리는 불행한 관찰자로서 그러한 비극을 그저 받아들여야 할까? 나는 "그렇지 않다"라고 대답하겠다. 더 정확하게 말하면 그러지 않기를 바란다. 더 나은 세상을 만들기 위한 첫걸음은 미래를 내다보고 어디서 문제가 생길 수 있는지 예측하며 그 문제를 예방하기 위해 사전에 조치하는 것이다. 우리는 지진이나 쓰나미 같은 자연재해를 대비하기 위해 자연과학을 활용한다. 여기에는 해결하려는 의지가 필요하며 물리학과 화학도 필요하다. 전쟁이나 분쟁, 압제, 기후 재난, 이태원 참사 같은 집단행동으로 인한 비극을 막으려면 사회과학과 게임이론, 수학이 필요하며 거기에 더해 도덕적 의지가 필요하다. 이상적인 건 미국의 정치철학자 존 롤스John Rawls가 '무지의 베일Veil of Ignorance'이라고 명명한 원초적 입장에서 미래를 계획하는 것이다. 즉, 내 사회적 지위가 마치 베일에 가려진 듯 어떻게 될지 모르더라도 여전히 사회는 내가 속하고 싶은 곳이어야 한다. 그래야 공정성이 보장된 상태에서 미래를 계획할 수 있다.

이것이 헌법을 제정하거나 선언문을 만드는 이유다. 지도자나 법률가가 헌법을 만들거나 평범한 시민과 활동가가 선언문을 작성할 때 그들은 미래, 즉 향후 100년, 심지어 수백 년 동안 적용할 수 있는 필수 규칙을 생각한다. 다음 달이나 다음 해에 시행 예정인 소득세법 조항은 그것이 개개인에게 어떤 영향을 미칠지 합리적으로 예상하며 책정한다. 하지만 이와 달리 헌법 조항은 먼 미래에까지 적용하기 위해 제정하는 보편적인 규칙이다. 우리는 헌법을 제정하거나 선언문을 작성할 때 그것이 효력을 발휘하려면 오랜 시간이 걸린다는 걸 안다. 그리고 일단 효력이 생기면 세부 조항이나 합의 사항이 오래 지속되기를 바란다. 그렇게 먼 미래를 생각할 때 개인의 정체성은 모호해지기 마련이다. 그렇다고 그 정체성이 무지의 베일에 가려 완전히 사라지지는 않지만, 일상에서 전략을 세우고 행동할 때처럼 두드러지지는 않는다.

오늘날 우리가 발 딛고 살아가는 세상은 격동하고 있다. 위험 수준에 이른 양극화가 권위주의를 부추기고 있다. 우리가 직면한 실존적 위험을 공룡 멸종과 같은 자연재해로 생각하는 우를 범해서는 안 된다. 우리 스스로 인류 멸종의 원인이 될 수 있다. 이에 대한 책임은 집단적이다. 각자 자신의 이익을 위해 일상생활을 한다고 해서 애덤 스미스가 말한 보이지 않는 손이 모든 사람에게 행복을 주는 결과를 가져오지 않을 수도 있다. 오히려 사악한 보이지 않는 손이 작동해 누구도 책임지지 않은 채 하수인들이 각자의 역할을 수행하는 사악한 사회가 만들어질 수 있다.[13]

전환점을 맞이한 이 세상을 헤쳐나가는 유일한 방법은 집단행동을 하는 것이다. 지금이 바로 더 나은 세상으로 향하는 로드맵을 세우기 위한 선언문, 의제, 협약, 헌법이 필요한 때다. 이 책의 마지막 장에서는 이러한 규범적인 문제 몇 가지를 실용적이고 실천적인 관점에서 명시적으로 다룰 것이다.

게임의 규칙을 바꾸기 전 살펴봐야 할 두 가지 과제

하지만 이 장은 이 책의 기조를 유지하며 마무리하고 싶다. 게임이론과 도덕 철학을 아우르는 두 가지 과제를 살펴보며 이를 당장 해결할 수는 없더라도 숙고하고 추론하도록 촉구하려 한다.

나는 이 책에서 더 나은 세상을 만드는 요소인 동정심과 이타적인 선호에 대해 여러 번 말했다. 기본적인 게임이론은 이러한 요소를 포함한 모형을 만드는 데 한계가 있다. 앞에서 살펴보았듯이 게임이 작동하는 원리에는 각 참가자의 보수 함수가 포함된다. 이 보수 함수는 참가자가 게임의 결과로 얻을 수 있는 이익을 구체화한 것으로 항상 고정되어 있다. 하지만 주류인 신고전주의 경제학과 달리 게임이론에서는 모든 참가자가 다른 참가자가 재화와 서비스를 소비하는 방식을 보고 자신의 선택을 바꿀 여지가 있다. 사과, 오렌지, 자동차에 대한 다른 사람의 소비를 자신의 보수 함수의 한 가지 결정요인으로 포함하기만 하면 된다.

물론 전통적인 게임이론에서는 내 보수가 다른 사람의 보수에 좌우되지 않는다. 하지만 현실에서는 그렇지 않다. 이타적인 가치를 선호하는 사람은 다른 사람이 더 나은 보수를 얻는 결과를 중요하게 생각할 수 있다. 즉, 내 선택으로 인해 다른 사람이 매우 낮은 보수를 얻게 된다면 그 선택을 하지 않기로 결정할 수 있다. 기본적인 게임이론에서는 이러한 종류의 상호의존을 고려하지 않는다.

그래서 흥미로운 의제가 생긴다. 각 참가자의 보수 함수가 다른 참가자의 보수 함수에 따라 달라지는 좀 더 정교한 게임이론을 고안하자는 것이다. 이런 '정교한 게임'에서 균형을 이루려면 먼저 각 참가자에게 해당하는 상호의존적인 보수 함수의 벡터를 찾아야 한다. 다른 사람의 보수 함수에 따라 자신의 보수 함수를 알 수 있게 해주는 벡터다. 그런 다음, 그 벡터를 적용한 상태에서 내시 균형을 이루는 행동을 찾아야 한다. 이는 연구만 하면 완벽하게 해결할 수 있는 문제라고 본다. 이를 해결하면 동정심과 이타적인 선호가 있는 사회에서 기대할 수 있는 결과를 분석할 더 좋은 도구를 얻게 된다. 그러면 연구의 범위를 확장시켜 더 친절하고 나은 세상을 위한 약속과 합의를 만들 수 있을 것이다.

두 번째 문제는 첫 번째 문제보다 정답을 찾기가 더 어렵다. 인생 게임 개념에 대한 이야기다. 첫 번째 문제에서 제시했던 것처럼 게임의 규칙을 바꾸고자 하면 우리는 분명 기존 게임의 선 밖으로 벗어난다. 사슴사냥게임에서 각 참가자가 조정을 통해 구체적인 전략을 세우는 데 실패해 나쁜 균형에 도달한 상황을 보고, 다른 선택으로 더 나은 균형에 이르는 방법을 논의하기 시작한다면 우리는 게임 너머로 발을 디딘 것이다. 사슴사냥게임에서 각 참가자는 사슴과 토끼 사이에서 선택할 수 있다. 그들이 상의하고 미리 행동을 결정하는 것은 게임의 요소가 아니다. 이런 상황에서 참가자들이 선택 전에 어떻게 상의를 해야 나쁜 균형을 피할 수 있을지 분석하는 게 의미가 있을까? 만약 이 세상 전체가 인생 게임이라면, 어떻게 인생 게임 너머로 나아갈 수 있을까?

이를 이해하려면 현실에서는 인생 게임의 정확한 해법은 없다는 사실을 깨달아야 한다. '모든 것의 집합'이 존재하지 않는 것처럼 말이다. 따라서 "자연법칙을 거스르지 않는 한 모든 것이 너의 선택지 안에 있다"고 확언할 수는 없는 노릇이다. 그러니까 내 말은 자연법칙에 의해 자연스럽게 생기는, 명확히 정의된 인생 게임이 없다는 뜻이다. 오히려 인생 게임을 활용하고 싶다면 인생 게임을 의지를 가지고 만든 구성, 게임이론가들 사이의 약속으로 여겨야 한다. 게임이론가들에게 인생 게임은 시민의 헌법과 같은 기능을 한다. 분석의 한계선이며, 그 경계를 넘지 않기로 합의한 것이다.

나는 우리가 이러한 관점을 취해야 한다고 믿는다. 그러면 나쁜 집단적 결과를 개선할 방법을 논의하고 싶으면 어떻게 할까? 어떤 사람은 참가자 사이에 대화를 나눠 서로 어떤 선택을 할지 알 수 있어야 한다고 주장할 수 있다. 또 어떤 사람은 참가자들이 어떻게 전략을 펼칠 건지 사전에 협의해야 한다고 주장할지 모른다. 여기서 문제가 생기는데, 이런 주장은 처음 설정한 게임 외엔 아무것도 존재하지 않는다는 합의를 깬다는 것이다. 그렇다면 인생 게임에는 대화를 나눌 공간이 없는데 어떻게 대화를 나눈다는 말인가?

이제는 숨겨진 가정을 뒤집어야 할 때

이러한 딜레마를 해결하는 방법은 명확하지 않다. 이는 열린 문제로 남겨두겠다. 지금으로서는 기존의 합의를 저버리는 수밖에 없다. 즉, 인생 게임을 다시 그리는 것부터 시작해야 한다. 결과가 마음에 들지 않으면 이론가들이 세워둔 조건을 위반하는 수밖에 없다. 그리고 게임을 넘어 더 나은 세상을 창조하는 데 도움이 되는 합의와 대화, 법을 만들어야 한다.

기억해야 할 것은 인간의 도덕적 의지가 그 자체로는 더 나은 세상을 만들기에 충분하지 않을 수 있다는 사실이다. 그레타의 딜레마와 사마리아인의 저주 같은 게임에서 살펴본 것처럼 게임의 울타리 안에서의 도덕적 의지는 상황을 더욱 악화시킬 수 있다. 도덕적 의지가 도움이 되는 이유는 우리가 게임을 벗어나 대화와 캠페인을 통해 규칙을 바꿔 장기적인 합의에 도달하도록 영감을 주기 때문이다. 도덕적 의지는 더 나은 세상을 향해 달리게 해주는 동력이다. 이 내용을 마지막 장에서 다루려고 한다.

도덕적 의지와 관련한 규범적인 문제로 넘어가기 전에 생각해봐야 할 문제가 있다. 게임의 조정 가능성을 열어두는 근본적인 개방성을 인식할 때 실증 분석에서 어떤 이슈가 생길까? 이 문제는 일상생활에 영향을 미친다. 게임이론가는 게임의 울타리 안에서 가족, 집단, 국가의 갈등을 분석한다. 하지만 현실에서는 보이는 것보다 훨씬 더 많은 충돌이 발생하고 다양한 해석이 뒤따른다. 전쟁을 두고 논의하는 국가의 수장이나 가정 문제를 해결하려는 가장이 어떤 메시지를 전한다고 해보자. 이때 무수한 오해가 생기며 갈등이 더 심화되기도 한다. 이는 말이나 행동 때문이 아니라 말로 표현되지 않은 느낌이나 행동에 담긴 암묵적인 단서 때문일 때가 많다. 우리는 말로만 메시지를 전달하는 게 아니라 침묵으로도 전달한다. 대화 도중에 생략되는 것에도 메시지가 담겨 있다. 말이든 행동이든 생략하는 것이 무엇인지 현실에서는 제대로 정의할 수 없다. 현실에는 특정한 틀로 정의할 수 있는 인생 게임이 존재하지 않기 때문이다.

우리가 무의식적으로 품고 있는 숨겨진 가정은 어떤 근본적인 변화에 직면해 미처 알지 못한 가정이 있다는 것을 인식하기 전까지는 잘 작동한다. 그렇게 숨겨진 가정이 있다는 것을 인식하며 추론의 방식을 재창조하고 확장하려고 노력할 때 경제학과 정치학, 과학의 연구에서 가장 혁신적인 해결책이 나오곤 한다. 예를 들어 애덤 스미스 시대 이후로 경제에 대한 기본적인 관점은 상품의 가격 등락을 통해 모든 재화와 서비스의 수요와 공급이 일치한다는 것이었다. 하지만 이러한 암묵적인 가정이 흔들리기 시작했다. 신기술과 빅데이터의 등장으로 구매자와 판매자에 따라 가격이 달라지는 쌍방 거래가 증가하고 있다. 이런 시장의 기능과 함께 우리는 이러한 모델을 더욱 복잡하게 만드는 호의를 주고받는다. 기업이 당신의 선호도나 당신이 검색에 얼마나 인내심을 갖고 있는지를 알게 된다면 당신이 지불하는 가격이 달라질 수 있다. 기술적으로는 효율적인 시장이 될 수 있겠지만, 그 대가로 많은 사람이 착취당하고 불평등의 수준이 헤아리기 어려울 정도로 높아지고 있다. 이를 이해하고 새로운 방식을 만들기 위해서는 일반적인 과학의 틀에서 벗어나 우리 사회에 있는 근본적인 진실을 밝혀내야 한다.

7장

더 나은
세상을 위한
제언

각 개인과 국가가 합리적이라고 생각했던 선택들이
나쁜 결과를 가져와 전 인류가 존폐의 위기에 있다.
이제 새로운 방식으로 생각해야 한다.
마르크스의 유토피아가 실패한 이유를 살펴보고
개인에게 지속적으로 동기를 부여하면서도
불평등을 완화하는 '아코디언 세금'에 대해 알아보자.
각 개인에게 내재한 도덕성을 활용해 개인과 내집단을 뛰어넘어
전 세계가 협력해서 세계 헌법을 만드는 것이 우리의 희망이다.

개인의 인센티브를
해치지 않으면서
불평등을 해소할 수 있을까

인류의 희망이 되는 이성적 사고

전 세계적 위기 앞에 인류가 가진 희망

지평선 너머로 환경 파괴, 분쟁, 혼돈, 불평등, 불공정이라는 불길한 그림자를 드리우는 구름이 모여들고, 온 세상에 불안과 공포가 똬리를 틀고 있다. 1차 세계대전이 발발하기 하루 전날 미국의 시인 위스턴 오든Wystan Auden이 뉴욕의 한 클럽에서 썼다는 시가 연상된다.

───── 불확실성과 두려움에 휩싸인 채
찬란한 희망은 끝나고
야비한 속임수의 10년[1]

세계화가 가속화되어 재화와 자본이 국경을 넘나들면서 인류는 이제 운명공동체가 되었다. 하나의 우산 아래 공동의 관심사와 공동의 희망을 가지고 있다. 아마 바로 이런 이유로 개인과 집단이 역사상 유례없는 방식으로 서로 대립하는 중일 것이다. 노사 관계가 변하고 노동에 대한 수요가 줄고 파벌과 공모가 불거져, 대다수의 평범한 시민은 불안과 낙담의 시간을 보내고 있다. 이런 환경에서는 많은 사람이 하던 일을 그만두고 손을 놔버리기 쉽다. 일반 시민들이 뒤로 물러서게 되는 것이다.

인류에게는 현 시대가 6600만 년 전에 공룡이 직면했던, 생존과 멸종의 경계에 선 절체절명의 순간처럼 느껴질 수 있다. 공룡들도 눈앞에 드리운 먹구름을 봤을지 모른다. 하지만 말 없는 관중인 공룡들에게는 자유의지가 없었다. 곧 멸종되고 화석으로 남아 수백만 년 후에 인간에게 발굴되어 박물관에 전시될 운명이었다.

다행히 우리에게는 공룡들이 갖지 못했던 장점이 하나 있다. 바로 성찰하고 분석하고 변화하는 능력이다. 그 안에는 추론을 통해 바른 선택을 하고 집단행동을 할 수 있는 희망이 있다. 비단 눈앞에 닥친 고비를 넘기는 데 그치지 않고, 세상을 더 나은 곳으로 만들어 지역과 세대에 관계 없이 함께 번영하는 공정한 세상을 창조할 수 있는 가능성이 우리에게 있다.

그러므로 다 그만두고 포기하고 싶다는 충동에 굴복해서는 안 된다. 칠흑 같은 겨울밤에도 한 줄기 빛이 있다는 사실을 기억해야 한다. 근래에 이 세상이 어떤 궤도로 움직이는지 생각해보자. 아무것도 안 하면 많은 것을 잃게 될 것이다. 반면에 이성적 사고력을 활용한다면, 그 능력을 키우고 개선한다면 우리의 세상은 파멸의 위기에서 벗어날 것이다.

우리는 사람들이 힘을 모아 역사의 흐름을 바꾼 집단행동의 전적들을 이미 알고 있다. 프랑스혁명, 미국의 남북전쟁, 러시아혁명, 식민주의의 굴레에서 벗어나려는 시도로 시작해 국가의 독립을 이끌어낸 인도의 비폭력 저항 운동, 넬슨 만델라가 아파르트헤이트apartheid(남아프리카공화국의 인종 분리 정책―옮긴이)와 흑인 억압에 맞서 27년간의 오랜 투쟁 끝에 출소한 운명적인 사건 등을 예로 들수 있다.

이러한 '인간'의 봉기가 특별한 이유는 그 봉기들이 오직 토론, 연설, 선언문 같은 '말'에만 뿌리를 두고 있기 때문이다. 유럽의 계몽주의 철학자들이 쓴 글은 프랑스혁명의 길을 열었다. 노예제도와 인종차별의 부당함에 반대하는 에이브러햄 링컨Abraham Lincoln의 강렬한 연설은 남북전쟁을 촉발했다. 카를 마르크스의 글은 러시아혁명의 자극제가 되었고 자칭 사회주의자이자 한동안 남아프리카 공산당의 일원이기도 했던 넬슨 만델라에게도 영향을 주었다. 인도의 독립전쟁은 피트니스 클럽 간판을 내건 채 은밀히 국가 독립을 계획한 벵골의 혁명 조직 아누실란 사미티Anushilan Samiti 같은 단체에서 시작되었는데, 그 후 혁명에 주요 동력이 된 건 자와할랄 네루Jawaharlal

Nehru와 마하트마 간디, 라빈드라나트 타고르Rabindranath Tagore의 탁월한 글이었다.

이상주의자들이 간과한 것은 무엇인가

하지만 역사상 가장 중대한 영향력을 미친 혁명 선언문은 유럽의 공화주의 혁명이 한창이던 1848년에 출판된 카를 마르크스와 프리드리히 엥겔스의 《공산당 선언》이다. 이 선언문은 이후 러시아혁명뿐 아니라 중화인민공화국 설립, 체 게바라Che Guevara와 피델 카스트로Fidel Castro가 일으킨 쿠바혁명 등에 영감을 주며 전 세계적으로 찬사를 받았다. 강력하게 도덕성을 호소하는 마르크스의 매력적인 글은 "각자의 능력대로, 각자의 필요에 따라"라는 한 문장으로 요약된다.[2]

도덕적 울림과 인간의 동정심과 친절함에 대한 호소력이 담긴 이 문장은 성경에서 차용했을 수 있다. 설교자나 영적 지도자의 가르침일 수도 있다. 13세기 도미니크 수도회의 수도자이자 사제였던 토마스 아퀴나스Thomas Aquinas의 명저 《신학대전》에도 그와 유사한 정서가 나타난다. "필요라는 측면에서 모든 것은 공동의 재산이므로, 다른 사람의 재산을 취하는 것은 죄가 되지 않는다. … 만약 그 필요성이 너무 명백하고 긴급해서 어떤 수단을 동원해서라도 해결해야 하는 게 분명하다면, 다른 사람의 재산을 공개적으로나 몰래 취한다 해도 합법적이다."[3] 이런 글을 보면 인류의 가장 급진적인 사상의 일부가 신학책에서 비롯되었다는 사실은 놀랄 일이 아니다.

하지만 역사는 정해진 대로 가지 않았다. 러시아의 공산당혁명은 정실 자본주의와 압제적 과두제라는 최악의 형태로 변질되었다. 중국혁명의 초기 이상주의는 잔인한 권위주의와 독재로 이어졌다. 더 작은 국가에서도 유사한 전개가 관찰되었다. 일례로 니카라과에서 마르크스 사상으로 무장한 다니엘 오르테가는 독재자 아나스타시오 소모사데바일레Anastasio Somoza-Debayle의 악하고 부패한 정권을 무너뜨리고 집권했지만 추종자와 아첨꾼에 둘러싸여 또 다른 독재자로 변해버렸다.[4]

많은 진보 운동이 열망했던 목표와 그 결과 사이의 괴리는 불행한 상황을 초래했다. 혁명의 실패를 빌미 삼아 극우파와 기득권층이 소득과 부를 재분배하려는 모든 진보적인 계획을 저지하게 된 것이다. 그들은 더욱 평등한 사회를 만들고 빈곤을 없애려는 노력을 러시아와 베네수엘라, 니카라과에서 벌어진 정실인사나 폭정과 동일시하고 있다.

우리가 잊지 말아야 할 건 공정하고 자비로운 세상이라는 목표 자체는 훌륭하다는 사실이다. 다만 그러한 상태에 도달하는 방법에 대한 마르크스의 청사진에 심각한 결함이 있을 뿐이다. 다시 말해, 마르크스의 야망은 도덕적으로 옳았지만 실증경제학 측면에서 오류가 있었다. 이러한 오류를 인식한 사람은 사회과학자가 아니라 소설가인 프란츠 카프카였다. 그가 소설《성》에서 서정적으로 묘사한 것처럼, 단조로운 삶에서 벗어나 희미하게 빛나는 성으로 가기를 갈망하는 건 바람직하다. 하지만 그 성으로 가는 길이 실제로 있는지는 회의적으로 생각해봐야 한다.

오늘날 세상을 가만히 들여다보면 경험해보지 못한 대혼돈이 곧 생길 것 같다. 경제와 사회를 지탱하는 구조가 근본적으로 바뀌고 있다. 이는 부분적으로는 우리 자신의 어리석음과 방종으로 인한 것이지만, 자연재해처럼 자연스럽고 불가피한 요인 때문이기도 하다.[5] 이러한 대혼돈을 체념하고 받아들일 게 아니라 행동을 촉구하는 계기로 여겨야 한다. 그런 자각이 있을 때 비로소 암흑에서 벗어나 햇빛 아래로 들어가 더 나은 미래를 만드는 데 성공할 수 있을 것이다.

과거에 이상주의자와 급진주의자가 저지른 실수는 사회 체제를 설계하면서 개인의 인센티브를 간과한 것이다. 자신의 실적과 이윤을 최대화하려는 동기가 '호모 에코노미쿠스homo economicus(경제적 이익을 추구하는 합리적인 시장 참여자―옮긴이)'의 핵심임을 인식해야 한다. 물론 이러한 동기가 미래에는 바뀔 가능성이 있다는 점을 부정하지는 않는다. 규범은 늘 변하고 인류는 진보하기 때문이다. 어떤 사회에서는 돈이 가득 든 두툼한 지갑을 들고 밤거리를 혼자 걸어도 지갑을 도둑맞을까봐 불안해하지 않을 수 있다. 어떤 사회에서는 돈이 별로 들어 있지 않은 지갑도 뺏길 가능성이 있다. 어떤 사회에서는 줄을 설 때 앞사람과 거리를 두고 서도 새치기 걱정이 없을 수 있다. 어떤 사회에서는 신고전주의 경제학자들이 기대하는 대로, 이익 극대화를 추구하여 부의 격차를 따라잡는 사람이 있을 수 있다.

우리는 마을 연못이 인간의 이기심과 공유지 문제로 인해 물고기가 모조리 남획되지 않을까 걱정한다. 반면 가정용 냉장고는 일부러 잠궈두지 않아도 음식이 다 사라질까봐 걱정하지 않는다. 아무리 좋아하는 음식이 있더라도 연로한 이모에게 더 필요하다는 것을 알기 때문에 다 먹어버리지 않는다. 규범과 도덕성이 가정의 공유지 문제를 해결하는 데 도움이 되는 것이다.[6]

가정 같은 소집단을 넘어 국가나 사회 전체 차원에서도 능력에 따라 일하고 필요에 따라 소비하는 세상을 만들 수 있다는 상상을 해보자. 하지만 세상은 아직 그런 상태에 이르지 못했다. 이런 현실을 외면한 채 하룻밤 사이에 유토피아, 즉 개인이 사유재산권을 갖지 않고, 사기업이 존재하지 않으며, 모든 부가 국가에 귀속되는 세상을 만들려고 하는 것은 어리석다.

모든 부가 국가의 손에 들어가면 그 국가는 지도자와 그 지인들의 완벽한 먹잇감이 된다. 지도자의 주변 사람들이 정권을 쥐락펴락하면 정실 자본주의라는 최악의 체제가 생긴다. 공산주의의 마지막 단계가 정실 자본주의임을 우리는 역사를 통해 이미 확인했다. 러시아가 산증인이다.

그러나 현실이 그렇다고 해서 현 상황을 그대로 받아들일 근거로 삼아서는 안 된다. 심지어 많은 보수 집단에서는 현 상황을 이상적인 상태로 여기는데, 이는 더 심각하게 어리석은 생각이다. 《국가는 왜 실패하는가》를 공동 집필한 대런 아세모글루Daron Acemoglu 와 제임스 로빈슨James Robinson 은 '하이에크의 실수Hayek's Mistake'라는 글을 통해 완전한 통제 상태와 자유방임주의 사이에서 어떻게 균형을 잡을 수 있는지 분석했다.

오스트리아의 경제학자 프리드리히 하이에크Friedrich Hayek 는 모든 걸 통제하는 국가와 강력한 리바이어던에게 지배받는 삶을 지나치게 우려한 나머지, '통제를 완전히 억제하는' 극단적 형태의 자유방임 국가를 주장했다. 하지만 하이에크가 내다보지 못한 진실이 있다. 통제하는 국가와 극단적인 자유방임 국가는 완전히 상반된 것처럼 보이지만 최종 결과는 매우 유사하다는 것이다. 둘 다 결국 정실 자본주의로 가게 된다. 둘 사이에서 균형을 유지하는 열쇠는 국가가 부유한 사람이 가진 부를 가난한 사람에게 '이전'하는 역할을 하면서 자신의 규모를 제한하는 것이다.[7] 뒤에서 살펴보겠지만 전체적인 경제 규모를 줄이지 않고, 심지어 경제를 성장시키면서도 부의 재분배가 가능하다.

하루 1369만 달러 버는 사람과 하루 1.9달러로 사는 사람

두 눈을 똑바로 뜨고 세상을 보라. 오늘날 세상에 만연한 불평등이 참을 수 없는 수준이라는 것을 알게 될 것이다.[8] 이를 깨닫기 위해 무수한 데이터를 찾아볼 필요는 없다. 우리에게 필요한 건 관찰하는 능력이다. 현재의 불평등이 과거보다 심해졌다는 주장은 논란의 여지가 있다. 하지만 합리적이고 도덕적인 기준으로 볼 때 현재의 불평등은 받아들일 수 없는 수준이라는 건 논란의 여지가 없다. 승자든 패자든 이 사실을 인정할 수 있어야 한다. 부유한 사람들도 종종 불안을 호소하는데, 이를 통해 세상을 바꿀 수 있다는 희망을 품게 된다.[9]

전 세계적으로 놀랄 만큼 심각한 경제적 불평등이 정치와 사회까지 영향을 미치고 있다. 경제 불안으로 인해 중동에서 폭력적인 분쟁이 일어나고 있고 몇몇 유럽 국가에서는 파시스트 정서가 다시 고개를 들고 있다. 미국처럼 오래된 민주주의 국가에서도 경제적 주변화economic marginalization로 인해 맹목적인 애국주의와 우월주의를 비롯해 여러 사회 문제가 더욱 심각해졌다.

세계은행의 추산에 따르면 2018년(팬데믹 이전 시기를 선택했다)에 하루 1.9달러 미만의 소득으로 생계를 유지하는 사람이 6억 5900만 명에 달했다. 이 수치는 매우 충격적이다. 이 세상에는 1000억 달러 이상의 재산을 가진 사람들, 즉 하루에 대략 1369만 달러의 소득이 있는 사람도 있기 때문이다.[10]

선진국과 개발도상국 모두에서 힘 있는 사람들은 소득 격차가 인센티브 창출에 필요한 자유시장의 결과이기 때문에 공정하다고 주장한다. 슬프게도 자유시장에서 가장 크게 손해를 본 사람들 중 일부도 그러한 주장에 동의한다. 그들은 적절한 인센티브는 경제성장을 이끌고, 전체 부가 커지면 결국에는 낙수효과에 따라 서민층으로 부가 흘러내릴 것이라 주장한다. 인센티브를 창출하려면 약간의 불평등이 필요한 건 사실이다. 하지만 어떤 사람은 하루에 1369만 달러의 수입을 얻는[11] 반면, 6억 명이 넘는 사람은 하루에 1.9달러로 근근이 생계를 유지하는 불평등이 필요한 것은 아니다.

나는 언젠가 인류가 지금 이 시대를 되돌아보면서 어떻게 그런 불평등을 참아냈는지 의아해할 날이 오리라 확신한다. 미래의 인류는 우리가 어떻게 현 상태에 안주하며 지냈는지 충격을 받을 것이다. 과거 조상들이 사람을 경매에 부쳐 사고파는 노예제, 계급제, 불가촉천민제도를 견뎌냈다는 사실에 우리가 충격을 받듯 말이다.

오늘날의 불평등이 선택, 즉 열심히 일하고 위험을 감수하며 부자가 될 것인지 아니면 돈을 적게 버는 대신 여가를 많이 누릴 것인지에 대한 선택을 반영한 것이기에 공정하다는 주장도 있다. 하지만 대부분의 가난한 사람이 애초에 가난하게 태어난다는 단순한 사실을 인식하면 그 주장의 근거는 산산이 부서진다. 아기는 일할 수 없기 때문에 아기가 가진 부는 열심히 일하겠다는 선택을 반영할 수 없다. 이론적 연구부터 실증적 조사까지, 빈곤은 빠져나올 수 없는 덫으로 한 세대에서 다음 세대로 대물림된다는 증거는 충분하다.[12] 이런 근거를 바탕으로 판단해보면 오늘날의 많은 불평등이 개인의 의지와 상관없이 발생한다는 결론에 이르게 된다. 다른 형태의 불평등은 용인하더라도, 누군가는 궁핍하게 태어나고 누군가는 상상을 초월하는 부자로 태어나는 것까지 용인하는 건 부당하다.

이를 바로잡고 더 공정하고 평등한 세상으로 나아가야 한다. 그와 동시에, 인센티브를 무시하면 더욱 심각한 시나리오가 펼쳐질 수 있으니 인센티브를 해쳐서도 안 된다. 그렇게 하려면 우선 인간에게 어느 정도 이기심이 있다는 걸 인정해야 한다. 또 시장이 어떻게 작동하는지도 이해해야 한다. 이 책에서 경제이론과 게임이론을 통해 도출한 교훈은 이러한 과제와 밀접한 관련이 있다. 우리는 민간 기업이 번영하고 정부의 과도한 개입 없이 시장이 작동되도록 해야 한다. 우리는 정부가 막대한 부를 축적해 정실 인사를 하는 것을 원하지 않는다. 즉, 국가는 너무 많은 부를 보유해서는 안 되며, 부유층에서 빈곤층으로 부를 이전시키는 역할을 해야 한다.

열심히 일해서 부를 창출하려는 개인들의 사람들의 동기를 훼손하지 않고 이 모든 일을 이룰 수 있을까? 나는 그럴 수 있다고 믿는다. 우리가 사실을 직시하고 이성적 사고를 사용한다면 충분히 가능하다. 나는 이 글을 오든의 절망적인 시로 시작했다. 행동주의의 필요성을 설명하기에 앞서, 오든의 같은 시에서 몇 구절을 인용

하며 이 글을 마치겠다. 이 구절은 우리에게도 저항 정신이 있음을
일깨워준다.

      —— 목소리
      감춰진 거짓말을 폭로하는 목소리
      …그리고 정부의 거짓말
      그들의 건물들이 하늘을 더듬는다

부자들의 욕구를 지키면서
가난한 이들의 형편을
나아지게 하려면

불평등을 합리적으로 해소하는 아코디언 세금

불평등 문제, 무엇부터 바로잡아야 할까

최상위 부자는 가장 가난한 사람보다 10배, 100배, 1000배가 아니라 거의 1000만 배 정도 재산이 많다. 확실히 이런 현실은 받아들이기 어렵다. 무엇보다 이러한 불평등은 민주주의를 훼손한다. 엄청난 소득 격차로 인해 부자는 가난한 사람을 침묵시킬 수 있는 수천 가지의 방법을 갖게 되기 때문이다.

가난한 사람은 투표용지 이외에 목소리를 낼 수단이 거의 없다. 반면 소수의 부자는 자신에게 집중된 막대한 돈으로 여론에 영향을 미치고, 정치인을 매수하며, 반대자를 침묵시킬 것이다. 일단 그런 일이 발생하면 상황을 뒤집기란 거의 불가능해진다. 다수가 이미 목소리를 잃은 상태일 것이기 때문이다.

빈곤과 극심한 불평등에 연관해, 적절한 용어가 없어서 관심을 받지 못했던 또 다른 현상은 빈곤층 그 자체에 대한 혐오다. 스페인의 철학자 아델라 코르티나Adela Cortina가 2022년 이러한 현상을 포착하며 사용한 '아포로포비아aporophobia'라는 용어는 빈곤층 혐오가 얼마나 심각한지 화두를 던졌다. 오늘날 인종차별이나 성차별에 대한 논의는 많지만 연관된 다른 요소 없이 오직 가난으로 사람을 차별하는 문제에 대한 논의는 거의 없다. 이제 우리는 단순히 가난하다는 이유로 극심하게 차별당하는 사람들의 문제를 다뤄야 한다.

이러한 문제는 디지털 기술의 발전으로 더욱 심각해지고 있다. 아마존이나 우버, 에어비앤비 등 상품과 서비스를 사고파는 디지털 플랫폼이 대표적인 예다. 개인을 거대한 기계의 효용 극대화를 위한 톱니바퀴로 보는 전통적인 경제학 모델로는 이 새로운 경제를 분석할 수 없다.[13]

이러한 모델은 더 이상 적합하지 않다. 전통경제학에서 구매자와 판매자는 시장의 보이지 않는 손이나 가상의 경매인에 의해 연결되었다. 하지만 디지털 플랫폼이 등장하면서 경매인은 가상의 존재가 아니라 자신의 이익만을 추구하는 실제 기업이 되었다. 이로 인해 상위권 기업에 부가 집중되는 현상이 심화되었고, 시장을 완전히 새로운 방식으로 바라보게 되었다. 나아가 디지털 기술의 발전으로 데이터와 정보를 일종의 재산으로 생각하게 되면서 법과 정책도 새로운 방식으로 생각하게 되었다.[14]

독점금지법 같은 전통적인 법은 현대의 시장에 부적절하다는 사실이 증명되고 있다. 그러한 법이 지나치게 소비자에게 초점이 맞춰져 있어 소규모 상인이나 노동자에게도 관심을 기울여야 한다는 비판이 제기되고 있다.[15] 그뿐 아니라 디지털 플랫폼의 강점이 규모에 있다는 사실에서도 문제가 생긴다. 독점금지법을 들이대며 대형 플랫폼을 여러 회사로 쪼개는 방식만으로는 문제를 바로잡을 수 없다. 어떤 플랫폼은 쉽게 나눌 수 없으며, 설령 나누더라도 효율성에 상당한 타격을 입게 된다. 그러면 어떻게 해야 할까? 한 가지 선택지는 그러한 플랫폼 기업이 자유롭게 수익을 올리게 하되, 기업의 지분을 광범위하게 분산시키는 것이다. 이를 통해 막대한 수익이 여러 주머니로 나눠 들어가게 할 수 있다.

가장 규모가 크고 절대적인 영향력을 가진 일부 플랫폼의 경우, 비영리 기업으로 전환시키는 등 보다 급진적인 정책을 생각해야 할 수 있다. 한 기업이 전체 경제로 들어가는 관문이 되어 모두가 그 관문을 통과해야만 생존할 수 있다면, 우리는 그 기업을 민간 영역에 맡겨둘 수 없다. 사람들이 종종 잊어버리는 사실이 있는데, 1694년에 문을 연 영국은행Bank of England은 1200명이 주식을 보유하고 배당금을 받는 영리 기업으로 시작했다. 하지만 점차 화폐가 현대 경제의 관문이라는 사실이 분명해졌다. 물물교환으로만 살아갈 수 있는 사람은 없었다. 이로 인해 화폐 발행을 영리 기업에만 맡겨둘 수 없다는 인식이 생겨났고, 결국 중앙은행은 비영리 기관이 되었다. 이제 중대한 영향력을 가진 플랫폼에 대해서도 그와 유사한 방식을 취하는 것을 고려해야 할 때가 되었다.[16]

기본소득이 이상적인 해법이 될 수 없는 이유

이외에도 최악의 불평등을 바로잡기 위한 흥미로운 아이디어들이 속속 등장하고 있다. 특히 인기가 있는 아이디어는 국가가 '보편적 기본소득'을 모든 사람에게 보장하는 것이다. 불평등을 바로잡을 뾰족한 방법이 없는 상황에서 보편적 기본소득은 매력적이다. 하지만 이상적이지는 않다. 이 방법은 극도의 빈곤을 완화하는 데만 초점을 맞추고 불평등에는 거의 관심을 기울이지 않아 문제를 일으킬 수 있다. 또한 일정한 소득을 보장하면 열심히 일하고 창의력을 발휘하려는 동기가 약화될 수 있다는 현실적인 고려사항을 명심해야 한다.

같은 이유로 '소득 상한선'이라는 아이디어도 신중하게 다뤄야 한다. 개인이 얻을 수 있는 최고 소득에 상한선을 두면 불평등을 통제할 수 있다. 하지만 많은 사람이 이 상한선에 도달하고 나면 열심히 일하고 혁신을 일으키려는 동기를 심각한 수준으로 잃게 될 것이다. 열심히 일한다고 해서 돈을 더 많이 벌 수 있는 것도 아니고 사회에서 '상대적인 지위'가 올라가는 것도 아니기 때문이다. 다행히 근로 동기 손실을 최소화하면서 실질적으로 세금을 부과하고 효과적으로 소득을 재분배할 수 있는 방법이 있다.[17]

기본적인 욕구가 충족되었을 때 사람들이 열심히 일하고 사업을 키우려고 노력하는 주된 이유는 상대적 행복, 즉 다른 사람과 비교해 자신의 지위를 높이기 위해서라고 가정하는 게 합리적이다. 주류 경제학에서는 일반적으로 인간은 소득과 부로 측정되는 절대적 행복을 극대화하기 위해 노력한다고 가정한다. 하지만 이 가설에는 허점이 있다.

우선 경제적 보상과 상관없이 기꺼이 일하고 싶어하는 직업이 있다. 주로 예술이나 지식 탐구 분야에서 그런 현상이 나타난다. 피카소Picasso는 그림에 열정적이었고, 그림으로 아무것도 얻지 못하더라도 그림을 그렸을 것이다. 우연히 돈을 많이 벌게 되었을 뿐이다. 반고흐Van Gogh도 그림에 열정적이었고, 피카소와 달리 아무것도 얻지 못했지만 그래도 계속 그림을 그렸다.

소크라테스도 그런 유형이었다. 역사학자 베터니 휴즈는 이렇게 말했다. "소크라테스는 토네이도처럼 아테네 도시를 빙글빙글 돌았다. … 여성, 노예, 장군, 향수를 파는 상인 등 모두를 대화에 끌어들였다."[18] 소크라테스의 제자 크세노폰Xenophon은 하루종일 광장에서 시간을 보내며 들을 의지가 있는 사람이라면 누구와도 대화를 나누던 소크라테스를 기억했다. 플라톤은《에우튀프론》에서 소크라테스의 말을 이렇게 인용했다. "그들은 내가 사람들을 사랑하기 때문에 대가도 받지 않고 나 자신을 모두에게 아낌없이 쏟아낸다고 생각한다. 그뿐 아니라 누군가 내 말을 들어준다면 오히려 내가 대가를 지불하기까지 할 거라고 생각한다."[19]

반 고흐, 피카소, 소크라테스처럼 돈과 상관없이 열정으로 일하는 것이 아니라 돈을 목표로 일하는 사람들 역시 일정 기본소득을 넘어서고 필수적인 욕구가 충족되고 나면 주로 '상대적인' 소득을 높이기 위해 노력한다는 사실을 발견할 수 있다. 부유한 사람들이 더 큰 부자가 되려고 엄청나게 노력하는 건 세 번째 요트를 갖고 싶어서가 아니라 세 번째 요트를 사람들에게 '보여주기' 위해서다. 수많은 문헌을 통해 오래전부터 사람들이 이러한 '상대적인' 보수를 중요한 목표로 삼았다는 것을 알 수 있다. 적어도 미국의 사회학자 소스타인 베블런Thorstein Veblen이 이 현상을 언급한 1899년부터 상대적인 보수는 중요했다. 가난할 때 사람들의 원초적인 욕구는 생존하는 것이고, 그 이후에는 기본적 안락함에 도달하는 것이다. 하지만 이러한 기본적인 필요가 충족되면 그다음부터 가장 중요한 욕구는 상대적인 성과로 옮겨간다. 이웃집보다 더 잘사는 것, 오늘날 같은 인터넷 시대에는 SNS 친구보다 잘사는 게 중요해진다.

소득 순위는 유지하고 소득 불평등을 해소하는 아코디언 세금

이는 일에 대한 욕구를 해치지 않으면서도 훨씬 더 공평한 사회를 만드는 정책 개입의 기회를 제공한다. 이를 달성하기 위해 내가 제안하는 방법은 일명 '아코디언 세금accordion tax'이다. 소득 편차를 완화하면서도 소득의 순위는 바꾸지 않는 제도다. 이를 도입하면 심각한 소득 불평등이 해소되는 동시에 국민소득 성장의 동인을 크게 훼손하지 않을 수 있다. 더욱이 부가 집중된 큰 정부도 필요로 하지 않는다.

아코디언 세금 체계에서는 소득 수준을 가르는 기준점을 설정해야 하며, 이는 사회 평균 소득보다 높거나 같아야 한다. 그런 다음에는 세율 t를 1보다 작게 설정해야 한다. 기준점과 세율이 아코디언 세금 체계의 핵심이다. 기준점보다 더 높은 소득을 올리는 모든 개인에게는 기준점보다 더 벌어들인 소득에 세율t가 과세된다. 예를 들어 기준점이 5만 달러일 때, 아만다의 소득이 6만 2000달러이고 세율이 0.5인 경우, 아만다는 6000달러를 세금으로 내야 한다. 이렇게 징수한 세금은 평균 소득보다 적게 버는 사람들에게 이전된다. 가난한 사람일수록 더 많은 돈을 받을 수 있다. 이것이 아코디언 세금의 개괄적인 개념이다. 평균 소득 이하의 사람들에게 돈을 이전하는 정확한 규칙은 뒤에서 설명할 것이다.

공식적인 정의는 아니지만, 기본적으로 아코디언 세금 체계는 평균 소득이 기본적인 욕구가 충족되는 수준 이상이면 평균을 기준점으로 설정해야 한다. 평균 소득이 기본적인 욕구 수준보다 낮으면, 즉 매우 가난한 나라에서는 더 높은 수준, 구체적으로는 기본 욕구가 충족되는 수준을 기준점으로 설정해야 한다. 이 수준 이상의 사람들은 상대적인 소득을 더욱 높이기 위해 일하기 때문에 일에 대한 근로 동기를 해치지 않으면서 세율을 올리는 게 가능하다.

아코디언 세금의 특례를 자세히 설명하기 위해 내가 '엄격한 아코디언 세금'이라고 부르는 것을 소개하겠다. 사회의 평균 소득이 기본 필요를 충족시키는 수준보다 높다고 가정하자. 기준점보다 높은 소득을 올리는 사람들에게는 앞에서 설명한 대로 세금이 부과된다. 기준점보다 적게 버는 사람은 사회 평균 소득과 개인 소득 간 격차의 t퍼센트에 해당하는 보조금이 주어진다. 평균 소득보다 많이 버는 사람에게서 거둬들인 돈이 전부 평균 소득보다 적게 버는 사람에게 이전될 것이 분명하다. 엄격한 아코디언 세금을 쉽게 설명하면 다음과 같다. 모든 사람은 자신의 소득과 사회 평균 소득 간 격차의 t퍼센트에 해당하는 세금을 낸다. 이 격차는 평균 이하의 소득을 버는 사람들에게는 마이너스이기 때문에, 평균보다 소득이 적은 사람들은 부의 세금negative tax을 낸다. 즉, 보조금을 지급받는 것이다.

보편적 기본소득과 달리 아코디언 세금은 모든 사람의 소득 순위를 변함 없이 그대로 유지시킨다. 최상위 소득자는 여전히 최상위 소득자다. 세율이 99퍼센트까지 높아져도 순위는 전혀 바뀌지 않고 동시에 소득 분배는 대단히 공평하게 이루어진다.[20] 기본 소득 이상 버는 사람들을 일하게 만드는 건 상대적 소득이다. 따라서 아코디언 세금을 부과한다고 해도 근로 동기에는 거의 영향을 미치지 않는다. 일론 머스크Elon Musk는 일하는 걸 멈추지 않을 것이며, 옆집에 사는 존슨도 마찬가지로 일을 멈추지 않을 것이다. 머스크는 제프 베이조스Jeff Bezos를 앞서기를 바라고, 존슨도 스미스보다 앞서기를 바라기 때문이다.

평균 소득이 5만 달러인 사회가 있다고 해보자. 가장 가난한 사람은 500달러를 벌고 가장 부유한 사람은 50억 달러를 번다고 하자. 이 사회에서 가장 부유한 사람은 가장 가난한 사람보다 1000만 배 더 부유하다. 5만 달러를 기준점으로 정하고 가장 부유한 사람을 가장 가난한 사람보다 10배 부자로 만들 세율을 정한다고 해보자. 이러한 아코디언 세금 체계로 억만장자의 막대한 재산에 세금을 부과하면 가난한 사람의 형편은 훨씬 나아지는 한편 소득 순위는 그대로 유지될 것이다(최고의 부자는 여전히 자기가 제일 부자라고 자랑할 수 있다).

이제 '엄격한'이라는 수식어를 빼고 아코디언 세금을 공식적으로 정의해보겠다. 다시 한번 말하지만, 아코디언 세금은 평균 소득보다 크거나 같은 기준점 소득과 0보다 크고 100보다 작은 t퍼센트의 세율로 정의된다. 앞에서 살펴보았듯이 기준점보다 많이 버는 사람은 기준점을 초과하여 벌어들인 소득의 t퍼센트에 해당하는 세금을 낸다. 그리고 평균 소득보다 적게 버는 사람은 평균 소득과 자신의 소득 간 격차의 S퍼센트에 해당하는 금액을 보조금으로 받는다. 평균 소득이 1만 달러고 어떤 사람의 소득이 6000달러며 보조금 지급률 S가 40퍼센트라고 해보자. 그러면 이 사람은 1600달러를 보조금으로 받는다. 여기에서 S는 임의로 정한 게 아니다. 기준점보다 많이 버는 사람들에게서 거둬들인 총 세금과 평균 소득보다 적게 버는 사람이 받는 총 보조금이 같도록 정해진다. 기준점을 평균으로 설정하면 S는 t와 같아지고, 이는 곧 엄격한 아코디언 세금이 되는 것이다.

아코디언 세금의 원리는 아주 단순하다. 사회의 평균 소득과 같거나 더 높은 기준점을 설정한다. 기준점보다 많이 버는 사람은 세금을 내고 평균 소득보다 적게 버는 사람은 보조금을 받는다. 평균 소득보다 많이 벌지만 기준점 이하의 소득을 얻는 사람들은 세금을 내지도, 보조금을 받지도 않는다. 정부가 징수하는 총 세금은 지급하는 총 보조금과 같다. 아코디언 세금은 재정적으로 중립적이다.

현실에서는 이 이상적인 시스템을 상황에 맞게 수정해도 좋다. 예를 들어 국가의 다른 재정적 필요를 충당해야 한다면 소득 보조금으로 지급하는 금액보다 더 많은 세금을 걷는 것도 한 가지 방법이 될 수 있다.

인생 게임에서 한 단계 도약하려면 상상력을 발휘해야

특정 국가에서 아코디언 세금을 너무 높게 인상하는 데는 현실적인 문제도 있다. 오늘날처럼 세계화된 세상에서는 특정 국가나 국가들의 작은 연합체에서 일방적으로 세금을 높게 인상하면 해당 국가에서 자본이 빠져나갈 가능성이 있다. 이를 방지하려면 모든 주요 경제국이 어느 정도 조율을 거쳐 일정한 방식으로 세금을 사용하는 글로벌 공조가 필요하다. 개인의 행동을 뛰어넘어 집단행동을 계획하려면 필연적으로 집단적 합의를 이루어야 한다. 이를테면 '세계 헌법'을 제정해 집단행동의 토대를 마련하는 것인데, 최근 철학, 정치학, 경제학 저술에서 관련 주제를 많이 다루고 있다.[21]

세계 헌법은 매우 복잡하고 난해한 개념이다. 확실한 제도를 도입해 이 국제적인 약속을 모두가 신뢰할 수 있게 만들어야 한다.[22] 세계 헌법의 핵심적인 개념은 앞에서 다룬 내시 균형과 근본적으로 같다. 세계 헌법은 기본적으로 모든 참가국 사이의 합의로, 각 참가국은 특정 행동이나 행위를 하지 않겠다고 합의하며 다른 국가들이 약속을 지키는 상황에서는 약속을 위반하는 일이 누구에게도 이익이 되지 않는다는 사실을 모두가 인지한다.[23] 즉, 단독으로는 누구도 선택을 바꾸지 않는 내시 균형을 이루는 것이다.

이 개념을 공적 추론의 장으로 끌어와 한 단계 더 발전시킬 수 있다. 다원주의 사회에서 공적 추론은 오랫동안 합의의 핵심 도구로 여겨졌다.[24] 따라서 세계 헌법을 만들려면 공적 추론과 숙고가 선행되어야 한다. 이러한 추론과 숙고는 처음에는 '가벼운 대화'로 시작하더라도 점차 어떤 행동에 적법성을 부여하고 자력 집행권을 만들 수 있다. 이는 가벼운 대화라도 시작하지 않으면 불가능한 일일 것이다. 함께 지키기로 한 약속을 위반했을 때 참가자가 어떤 해를 입는지 보여주는 여러 연구 결과는 이러한 논의의 좋은 토대가 될 수 있다.[25] 이 책에서 내가 적극적으로 보여준 방법도 사용하면 좋을 것이다. 즉, 게임이론을 도구로 삼아 철학적 글과 아이디어를 체계화해 활용하면 공공 정책을 개선할 수 있다. 점점 세계화되는 오늘날의 세상에서 공통 헌법을 만드는 건 정말 시급한 문제 중 하나다.

전 세계적으로 효력을 발휘하는 법을 제정하겠다는 생각은 어쩌면 몽상처럼 보일지 모른다. 그래도 포기하지 말아야 한다. 미국처럼 크고 다원화된 국가의 헌법을 제정하는 일은 1789년 전에는 불가능해 보였을 것이다. 하지만 다행히 미래를 내다볼 줄 아는 리더들이 새로운 국가를 창조하려는 열망을 품고 자신의 지적인 능력을 쏟아부은 덕분에 미국이 탄생했다. 1863년 11월 19일 오후 에이브러햄 링컨은 펜실베이니아 게티즈버그에서 역사상 가장 위대한 연설을 했다. 연설에서 그는 미국이 '자유 속에서 잉태되고, 모든 인간은 평등하게 창조되었다는 명제에 바쳐진 하나의 새로운 국가'로 세워졌다고 강조했다.

만약 눈앞의 이기심을 초월해 더 나은 미래를 만들고자 하는 숭고한 열망으로 불타오르는 평범한 사람들이 없었다면 그 꿈은 실현되지 못했을 것이다. 이러한 노력을 세계적인 수준으로 끌어올려 전 인류를 위한 최소한의 합의를 도출하기는 어렵지만 불가능하지도 않다. 게임이론의 추론을 사용해 철학 속에 있던 영향력 있는 아이디어들을 공식화하고 분석하는 우리의 능력은 상당히 발전했다. 그 결과 오늘날에는 세계무역기구WTO를 통해 최소한의 무역정책을 조정하고 국제노동기구ILO를 통해 전 세계에 적용할 수 있는 노동 규제를 일부 제정하고 있다. 또 기본적 인권을 침해하는 국가의 지도자를 재판하는 국제형사재판소ICC가 있으며, 몇십 년 전만 해도 몽상처럼 보였을지 모르는 유럽연합과 공동 통화까지 생겼다.

역사를 더 거슬러 올라가면, 헌장의 조정 효과에 직접적으로 호소하며 노동자를 단결시키고 그들이 목소리를 낼 수 있게 노력한 차티스트Chartists 운동 같은 사례가 있다.[26] 그 운동을 이끈 아일랜드의 독보적 지도자 퍼거스 오코너Fergus O'Connor는 청원에 서명하는 행동 자체가 '노동자들이 자신을 하나의 집단으로 인식하게' 해 준다고 믿었다. 그래서 집집마다 다니며 서명 운동을 펼쳤다. 오코너는 이 서명 운동을 통해 혁명가들이 비슷한 생각을 할 수 있을 뿐 아니라 자신들의 생각이 서로 비슷하다는 사실을 '알' 수 있다고 강조했다.

이제 최소한의 세계적 합의를 세우는 세계 헌법에 대해 더욱 적극적으로 고민할 때가 되었다. 기본적인 인권을 현재보다 더 철저하게 보호하고, 인권을 침해한 국가 지도자에게 책임을 물으며, 모든 국가의 지도자 임기를 제한하고, 재정정책과 조세제도를 조정하는 조항을 담아 세계 헌법을 제정해야 한다.

세계 헌법을 제정하는 일은 당연히 쉽지 않다. 일부 기득권이 피해를 볼 수밖에 없기 때문이다. 어떤 사람은 '불평등 덕분에' 더 크게 성공할 수도 있기에 지금보다 평등한 세상을 만드는 게 인류 모두의 관심사는 아닐 수 있다. 하지만 세계화가 계속되는 상황에서 국가 간 정책 조율에 성공하지 못하면 인류 전체가 소멸의 위협에 노출될 수 있다. 더구나 이 게임에는 현재의 사회 체제에서 손해를 보는 사람들과 우리에게서 세상을 물려받겠지만 우리의 행동에 아무런 영향을 미치지 못하는 미래 세대를 포함한 수많은 구경꾼이 있다.

역사를 살펴보면 기존 제도의 수혜자들인데도 그 제도에 반대하는 목소리를 기꺼이 낸 사람들이 있다. 여기서 희망을 찾아야 한다. 그들은 자신의 이익을 모두 포기하지는 않더라도, 도덕적 용기를 내 제도를 변화시키기 위해 노력했다. 이를 본보기 삼아 제도적 불공정의 최전선에 있는 사람들은 더욱 하나로 단결해서 행동해야 한다. 기득권층이 변화를 막으려고 하면 세계적인 민중 운동을 결성해 민중의 목소리를 높여야 한다.

우리는 하루하루 살아가면서 익숙한 선택지 중에서 보수를 최대화하는 행동과 전략을 고른다. 이제는 우리의 상상력을 발휘해 인생 게임에서 한 단계 더 도약하고 그동안 잠들어 있던 새로운 전략을 깨워 탐험할 때다. 우리가 사는 세상은 좁다. 국가와 세대를 초월한 정의와 평등, 공정을 위해 더욱 적극적인 행동에 나서야 한다. 협상 테이블에 과학적인 아이디어를 올려놓고 행동에 나설 때다.

정의와 평등의 실현,
국가를 초월해
지역과 상관없이

민족주의를 경계해야 하는 이유

이제는 전 인류가 지구의 공동 거주자로 살아야 할 때

이제 우리는 인간성을 키우고 국가를 초월해 지역과 상관없이 모든 사람을 위한 정의와 평등을 추구해야 한다. 우리 시대의 안타까운 경향 중 하나는 국수주의다. 자기 나라가 세계에서 최고라는 편협한 시각이 늘어나고 있다. 저마다 최고라고 말하는 상황은 모순이며(이 말은 자기 나라가 최고라고 주장하는 모든 국가가 완전히 똑같이 최고 등급을 받을 때만 설득력이 있다) 이러한 국수주의는 인종주의와 다를 바 없는 지상주의적 시각으로, 평등한 세상에서는 사라져야 한다. 지금은 다행히 역사 속으로 사라진 백인 또는 남성 우월주의나

세습적 계급 제도처럼 자기 나라가 최고라고 으스대는 태도가 도덕적 타락으로 여겨지는 시기가 곧 올 것이다.

민족주의는 역사적으로 중요한 역할을 했다. 대의를 위해 희생하려면 집단과 일체감을 느낄 필요가 있다. 인도의 초대 총리 자와할랄 네루는 인도 독립 직후 장관들에게 보내는 정기 서한에서 이렇게 말했다. "민족주의를 느끼는 것은 개인에게나 국가에게나 정체성이 확장되고 영향력이 넓어지는 경험입니다. 특히 외국의 지배를 받는 나라에서 민족주의는 강력한 통합을 만들어주는 힘입니다."[27]

가정, 공동체, 소모임, 회사, 기업에서 우리는 집단의 일원으로 많은 일을 한다. 자신이 속한 집단과 일체감을 느끼면 유익한 점이 있다. 미국의 경제학자 새뮤얼 보울스Samuel Bowles 와 허버트 긴티스Herbert Gintis 는 집단적 정체성이 "진실 말하기, 서로 도움을 주고받기, 공동 목표를 위해 협동하기 등 사회적 규범과 일치하는 행동을 지지함으로써 무임승차 문제를 극복하고 '반사회적' 행동을 처벌"하는 기능이 있다고 말했다.[28] 이러한 집단적 정체성은 효율성과 생산성 향상에 도움이 될 수 있다.

하지만 우리가 마음에 새겨야 할 두 가지 경고가 있다. 첫째, 세계화가 진행되면서 우리는 가장 큰 집단의 정체성, 즉 지구의 공동 거주자라는 정체성을 키워야 할 단계에 이르렀기에 이제는 인류 전반에 대한 친사회적 행동을 길러야 한다. 둘째, 민족성 같은 집단적 일체감에 대해 긍정적인 감정을 가져야 하지만, 긍정적인 감정과 자만심은 구별해야 한다. 자신의 정체성에 대한 긍정적인 감정은 자신감을 키워주지만 자만심은 다른 사람들을 업신여기게 만든다.[29]

네루는 장관들에게 보내는 서한에서 국수주의에 수반되는 도덕적 타락을 염려하며 이렇게 덧붙였다. "하지만 민족주의가 편협한 힘이 되는 시기도 당연히 옵니다. 유럽에서 그랬듯 때때로 민족주의는 공격적이고 광신적인 애국주의로 변질되며, 다른 국가나 다른 사람들에게 자기 나라만 최고라고 강요하는 태도로 돌변합니다. 민족주의에 사로잡힌 사람은 자신이 다른 사람들보다 더 나은 사람이며, 선택된 사람이라는 끔찍한 망상에 시달립니다." 한 국가의 총리가 이런 말을 했다는 건 놀라운 일이다. 더군다나 인도가 독립한 지 얼마 안 되었다는 사실을 염두에 두면 더욱 놀랍다. 네루는 민족주의가 결국에는 '편협한 힘'으로 변질될 수 있다는 사실을 국민에게 알린 보기 드문 정치 지도자다.[30]

도덕적 가치에는 다양한 종류가 있다. 최근 심리학자들은 여러 도덕적 가치 간에 어떤 차이가 있는지 연구했다. 다른 사람에 대한 배려나 공정함이라는 도덕적 가치와 내집단에 대한 충성이나 권위에 대한 순종이라는 도덕적 가치 사이에는 어떤 차이가 있을까?[31] 연구 결과에 따르면 내집단에 대한 충성은 종종 친사회적 행동이나 타인에 대한 배려와 충돌한다. 심하면 다른 집단에 대한 학대와 폭력을 용인하는 수준까지 이른다. 권위를 중시하는 도덕적 가치들은 제3자가 보기에 부도덕한 행동을 초래할 수 있다. 민족주의에는 이러한 위험이 수반된다.

우리의 정체성 중 일부는 환경이나 생물학적 요인으로 자연스럽게 형성된다. 가족이나 같은 문화권의 집단에서 비슷한 음악을 듣고 동일한 책을 읽고 유사한 미술품을 감상하며 공통적으로 생기는 정체성이 그렇다. 이런 자연스러운 정체성과 민족적 정체성에는 겹치는 부분이 있다. 하지만 민족적 정체성은 우리가 협력하여 공동의 목표를 성취하도록 도움을 주는 한편, 압제의 수단으로 둔갑할 수도 있다. 다른 사람을 억압하거나 다른 국가와 싸우는 일을 정당화하는 데 악용될 수 있는 것이다. 이러한 현상은 오랜 역사를 지니고 있지만 20세기에 두 차례의 세계대전이 일어나면서 과거 어느 때보다 더욱 심해졌다. 다른 국가를 압제하는 민족주의는 지금도 많은 지역에서 관찰된다. 특히 푸틴이 지배하는 러시아에서 군인들은 국가의 이름으로 우크라이나 국민을 죽이고 정복하라는 명령을 받고 있다.

민족주의는 어떻게 우리의 삶을 파괴하는가

민족주의는 기능적으로 가치가 있기 때문에 오랜 역사에 걸쳐 살아남았다. 고대 사회에서는 관찰되지 않던 민족주의가 어느 순간 생겨나더니 서서히 강력해졌고 민족이라는 큰 규모의 집단이 협력하고 번영하도록 도왔다. 하지만 기술 발전과 세계화 덕분에 국가 간 재화와 서비스, 돈, 인적 자본의 교류가 활발해지면서 민족주의는 이로움보다 해로움을 끼칠 가능성이 더 커졌다. 극단적인 민족주의가 인류를 해체하는 주요인이 될지 모른다는 합리적인 의심마저 생긴다. 인종 우월주의나 극단적 민족주의는 늘 도덕적으로 문제가 있었지만, 이제 거기에 더해 그것이 가진 파괴성까지 대두되고 있다. 특히 지배 집단의 사소한 이익을 위해 가난한 사람을 착취하는 수단이 될 우려가 있다.

앞에서 살펴본 내용을 통해 우리가 갈망하는 것(게임이론의 용어로는 보수 함수)이 늘 고정되어 있지는 않다는 점을 알게 되었다. 오히려 새로운 목표와 야망이 생기고 양성되며, 우리는 그러한 목표를 달성하기 위해 열심히 일하는 걸 마다하지 않고 기꺼이 희생도 감수한다. 이렇게 창조된 목표는 희망을 주지만, 극단적 민족주의가 결합되면 치명적인 문제를 일으킬 수 있다. 요즘 일부 국가는 자국의 최상위 부자가 세계 부자 순위에 들었다고 홍보한다. 그렇다면 이런 시나리오를 예상할 수 있다. 가난한 국가에 사는 한 부자가 사람들에게 자기가 세계 부자 순위에 들어가도록 도와달라며 크라우드 펀딩을 시작한다. 그러면 잘 속아 넘어가는 사람들은 자기 나라의 부자가 세계 부자 순위에 든다고 기뻐하며 '국가적 대의'에 기꺼이 이바지하게 될 수도 있다.

이제 우리는 시장이 국경을 활발히 넘나드는 현실에 따라 관심 영역을 확장해야 한다. 개인을 넘어 집단이나 국가를 생각하는 수준으로는 충분하지 않다. 전 세계와 우리에게서 세상을 물려받을 미래 세대까지 정치와 법의 영역으로 끌어와 생각해야 한다. 이것이 오늘날 우리가 직면한 도전이다. 기술 발전의 결과로 세계화는 삶의 일부가 되었다. 세계화를 비난하는 것은 건물이 붕괴하는 사고를 중력 탓으로 돌리는 것과 같다. 건물이 무너지는 건 의심할 여지 없이 매번 중력이 주요인이다. 하지만 우리가 중력에 대해 할 수 있는 일은 없다. 그래서 우리는 중력 탓이라는 생각을 곱씹지 않고 이를 해결할 다른 해법에 초점을 맞춘다. 건물의 붕괴를 일으키는 기술적 결함은 없는지, 그런 결함을 어떻게 바로잡을 수 있는지 고민한다. 이와 비슷하게 세계화와 기술 발전이 경제와 정치에 가하는 압박에 대해서도 이제는 당연한 것으로 받아들일 수밖에 없으며, 우리가 통제할 수 있는 영역에서 방법을 찾아야 한다. 그러면 세계화의 부정적인 결과를 막을 수 있다. 이를 위해 지금부터는 우리 모두 새롭고 창의적인 생각을 해야만 한다.

맺음말

더 나은 세상을 만들기 위해 행동에 나서야 할 때

　이 책은 경제학자들이 내세우는 호모 에코노미쿠스로서의 개인과 게임이론의 추론을 소개하며 시작했다. 게임이론은 기업 경쟁과 규제, 전쟁과 외교 등의 문제에서 광범위하게 적용되어왔다. 또한 게임이론은 개인의 일상에도 큰 도움이 될 수 있다. 소크라테스와 에피쿠로스 같은 고대 철학자들은 철학이 단지 지적 추구에 불과한 게 아니라 삶의 방식임을 주장하며 이를 자신의 삶에서 실천했다. 소크라테스라는 이름은 누구나 다 알고 있지만 에피쿠로스도 그만한 인정을 받을 자격이 있다. 그는 깊은 통찰력을 가진 사상가였을 뿐 아니라 그의 삶은 데이비드 흄과 다소 비슷하게 조용한 방식으로 급진적이었다. 그는 검소하게 살았고 당시 지배적이었던 플라톤 철학을 용기 있게 거부하며 정원학파The Garden를 세웠다. 정원학파는 역사의 무대에서 배척받았던 노예와 여성을 받아들였다.

고대 그리스의 사상가나 유럽의 계몽주의 철학자는 게임이론을 활용할 수 없었다. 게임이론은 이제 고작 100년 정도밖에 안 된 비교적 신생 이론이기 때문이다. 그래서 이 책 초반부에서는 게임이론을 활용해 고대의 지적 갈망을 구체적으로 우리 삶에 적용해보려고 시도했다.

그다음 개인의 이익을 좇는 방법뿐 아니라 도덕성 추구까지 논의를 확장해나갔다. 전통적인 신고전주의 경제학자는 인간의 도덕성을 부정하지만, 모든 인간에게는 도덕성을 추구하는 마음이 내재되어 있다. 또 이 책은 우리에게 개인을 넘어 계층, 공동체, 심지어 국가라는 집단으로 생각과 행동의 반경을 넓히도록 촉구하며 우리의 생각을 자극하는 까다로운 질문을 던졌다. '도덕적인 개인이 모인 집단이 도덕적으로 비난받을 만한 집단행동을 할 수 있을까?' 이 책의 초반부만 읽은 독자는 놀랄 수 있겠지만, 내가 찾은 대답은 '그렇다'였다. 그렇기에 집단의 악행을 단순하게 그 집단 구성원 개인의 책임으로 돌릴 수 없다. 바로 이 점이 중요한 도덕적 딜레마며 집단의 도덕성과 관련한 많은 문제를 불러일으킨다.

이 책의 후반부는 우리의 도덕성이 어떻든 집단행동으로 예상치 못한 결과가 나올 수 있다는 사실에 경각심을 갖게 한다. 그래서 독자로 하여금 규제나 집단 합의 같은 실용적인 문제를 고려하고, 인생 게임의 의미와 존재에 관한 철학적 질문을 떠올리도록 했다.

개인을 넘어 집단으로, 가족 같은 소규모 집단에서 국가 같은 큰 집단으로 생각과 행동을 확장하면 필연적으로 세계라는 집단에 눈길을 돌리게 된다. 오늘날 우리는 세계라는 집단을 빼놓고는 어떤 분석도 할 수 없다. 여행뿐 아니라 인터넷을 통해 연결성이 점점 증가하면서 세계화는 우리의 지적 능력과 도덕적 감각이 미처 준비되기도 전에 사람들을 하나의 공간으로 이동시켰다. 따라서 이 책의 마지막 장은 피할 수 없는 문제를 다루었다. 이 마지막 장을 통해 가장 큰 집단인 세계(현재 우리의 과학 수준으로는 세계가 가장 큰 집단이다)가 직면한 합리성, 도덕성, 전략의 문제를 엿볼 수 있었다.

이 책을 마치면서 다시 한번 현재 인간의 문명이 어느 단계에 이르렀는지 상기시키고 싶다. 지구의 거주자인 우리는 공평·정의·생존·지속 가능성이라는 측면에서 인류 '공동의' 이익을 고려해야 하는 단계에 이르렀다. 우리는 인생 게임에서 자신의 보수 함수뿐 아니라 사회의 중심에서 밀려난 가난한 구경꾼의 복지도 생각해야 한다. 또 우리가 사라진 후에 지구에서 살아갈 구경꾼, 즉 미래 세대도 생각해야 한다. 우리는 대부분 그러한 구경꾼들이 누구인지, 그들의 기쁨과 고통이 무엇인지, 그들의 어려움에 대한 우리의 집단적 책임은 무엇인지 생각하지 않고 살아간다. 이제는 달라져야 한다.

세계화된 오늘날 기술이 빠르게 도약하고 있다. 이는 사실상 자연법칙 같은 흐름이기에 막을 방법이 거의 없다. 하지만 우리가 친절, 사랑, 도덕성이라는 자원을 적극적으로 활용하고 새로운 전략을 설계하기 위해 지적인 능력을 결집시킨다면 이룰 수 있는 변화가 많다. 그렇게 할 수 있다면 우리 자신의 이익이 한층 더 성숙한 수준에 도달할 것이다. 편협한 집단 정체성에 자부심을 느끼고, 국가라는 벽 뒤에 숨어서 국경 밖에서 일어나는 위험과 불공정에 무관심하던 단절된 삶을 더는 지속해선 안 된다. 다른 지역의 고통이 우리 해안까지 밀려올 것이다. 설령 그렇지 않더라도 고통이 어디서 일어나든 인간이 겪는 고통에 함께 맞서 싸워야 할 도덕적 책임이 우리에게 있다. 이를 위해서는 올바른 도덕적 의지를 갖는 것만으로는 충분하지 않다. 과학과 지혜가 결합되어야 한다. 카를 마르크스와 프리드리히 엥겔스의 사례에서 살펴보았듯이 아무리 선의로 행동해도 결과는 실패할 수 있다. 선의와 추론을 결합하지 못하면 역효과가 생길 수 있다.

이 책에서는 주로 추론에 관한 이야기를 했다. 추론은 모든 과학의 핵심 요소다. 하지만 우리는 추론에만 매달릴 수 없다. 우리가 딛고 선 땅은 변화하고 있으며 공기 중에는 불안이 퍼져 있다. 기후변화의 먹구름이 하늘을 어둡게 가리고 있다. 전 세계에는 권위주의가 또다시 맹위를 떨치고 있다. 점점 심해지는 불평등은 사람들의 목소리를 잠재우고 기본적인 인간 존엄성을 짓밟아 민주주의를 훼손하고 있다. 따라서 우리의 행동이 절실히 필요하다. 하루라도 빨리 더욱 평등하고 정의로운 세상을 만들기 위해 노력해야 한다. 강력한 부자들이 빈곤층에게 부자에게서 가난한 사람에게로 부가 이동하면 오히려 가난한 사람에게 나쁜 결과를 초래한다는 잘못된 패러다임을 주입하기 전에 그렇게 해야 한다.

앞서 언급했듯이 1.9달러도 안 되는 돈으로 하루를 연명하며 극심한 빈곤에 시달리는 사람이 6억 5000만 명을 넘는다. 인종차별이나 성차별을 받는 사람이 공동의 정체성을 갖고 목소리를 내는 것처럼 극심한 가난에 허덕이는 사람들이 한 목소리로 자신들의 상황을 알린다면 우리는 이 지구에서 일어나고 있는 부당함에 충격받을 것이다. 그리고 즉각적인 시정 조치를 강력히 원하게 될 것이다. 가난하고 소외된 사람들은 가난하고 소외된 것 말고는 다른 공통점이 거의 없기에 공동의 정체성을 갖지 못한다. 그래서 그들의 상황은 조금도 개선되지 않는다. 공동의 정체성이 안겨주는 위안을 얻지 못하기 때문에 더욱 힘겨운 상황에 빠진다. 오늘날 우리가 목격하고 있는 갈등, 권위주의, 정치적 양극화의 근원은 뿌리 깊은 불공정과 전 세계에 스며들기 시작한 좌절감에 있다.

이제 이러한 불공정을 끝내기 위한 행동에 나설 때다. 더 나은 결정을 하고, 정책을 세우며, 궁극적으로 더 나은 세상을 만들기 위해 길을 닦아야 한다. 평등과 정의를 요구하는 외침을, 세계화와 기술 진보가 만들어낸 최악의 결과를 감내해야 하는 가난한 사람들에게만 맡겨둘 수 없다. 우리 모두가 불공정과 싸우는 목소리에 힘을 보태 더 나은 세상을 만들어야 한다. 부와 소득이 더 공정하게 분배될 때 오히려 손해를 보게 될 사람들도 나서야 한다. 편협한 정체성에서 벗어나 인종과 계층, 심지어 국가를 초월해 생각하고, 이 작은 행성에 사는 모두의 복지를 고려해야 한다. 자국이 불공정한 전쟁을 벌이고 있다면 소위 적국을 용기 있게 옹호할 수 있기를 바란다. 자국과 정의, 둘 중 하나를 선택해야 한다면 담대하게 정의의 편에 서길 바란다.

주

1장

1 다행히 백악관에서 이루어진 이 논의는 비밀리에 녹음되었다(케네디 대통령과 대통령의 동생 로버트 케네디만이 녹음되고 있다는 사실을 알았을 것이다). 대통령 기록물인 이 녹음 자료는 법에 따라 35년간 봉인되어 있었지만 지금은 열람이 가능하다(May & Zelikow, 1997 참조).

2 *The National Cyclopaedia of Useful Knowledge,* Vol I, London, Charles Knight, 1847, p. 417.

3 이 정리를 새로운 방식으로 증명해보는 것은 즐거운 일이다. 보고된 바(Ratner, 2009)에 따르면 피타고라스의 정리를 증명하는 방법은 371가지가 있다. 나는 그 숫자를 372까지 높이려고 노력하면서 기쁨을 얻는다(Basu, 2017 참조).

4 *National Geographic,* vol. 193, no. 6, June 1998, p. 92.

5 내 논문에서 인용했다(Basu, 2014).

6 이 예는 인과관계를 세울 때 경제학에서 주로 사용하는 무작위대조시험(randomized control trials, RCTs)의 방법을 사용하면 안 된다는 점을 상기시켜주기도 한다. 사실상 RCTs는 표본이 추출된 모집단을 설명하는 기준이다. 하지만 그것으로 인과관계가 성립되지는 않는다(Cartwright, 2010: Basu, 2014 참조).

7 분노의 수단적 가치(instrumental value)에 대한 흥미로운 경제학 연구들이 있다. 누군가의 분노는 중요한 역할을 할 수 있다. 누군가가 화를 내면 다른 사람이 규범을 위반하는 행동이나 '합리적'이지 않은 행동을 하는 것을 막을 수 있기 때문이다(Miller & Perry, 2012: R. Akerlof, 2016 참조).

8 Tom Stoppard, *Jumpers,* Faber & Faber, 1972, p. 13.

9 1995년 델리경제대학교 학생들과 함께 시행한 비공식적인 실험은 감정과 결부된 단어가 사용될 때 추론하는 능력이 떨어지는 경향이 있음을 보여주었다(Basu, 2000).

10 Hume, 1740 참조.

11 학술지《마인드(Mind)》에 실린 개리 런시맨(Garry Runciman)과 아마르티아 센의 흥미로운 논문(1965)을 참조하라. 이 기회를 통해 학계의 이야기를 전할까 한다. 최고 수준의 학술지에 논문을 게재하는 일은 연구자들에게 어려운 게임이다. 수많은 거절에 대비해야 하기 때문이다. 이 논문은 도덕 철학의 수수께끼를 이해하기 위해 게임이론을 활용한 초기 시도 중 하나로, 장 자크 루소의 사상을 담아냈다. 이 논문은 센과 런시맨이 공동으로 저술해 1959년에 완성했다. 이후 그들은《마인드》의 편집자이자 저명한 철학자 길버트 라일(Gilbert Ryle)에게 논문을 제출했고, 논문이 받아들여졌다. 하지만 3년 동안 아무 일도 일어나지 않았다. 그래서 라일에게 편지를 써서 논문을 상기시키며 논문 내용을 그가 알고 있는지 확인했다. 논문의 복사본을 다시 보내기도 했다. 라일이 그 논문을 잊고 있었던 게 분명하다. 라일은 새로운 논문을 받은 것처럼 그것을 다시 검토하고 수락했다. 이로 인해 이 유명한 논문은《마인드》의 수락을 두 번 받게 되었다.

12 Tait, 1977, p. 202.

13 여기에 복잡한 문제가 하나 있다. 저녁 식사 후에 "맛있었습니다"라고 말할 때 이 말이 우리가 평소에 말하는 '맛있다'의 의미가 아니라고 주장할 수 있다. 요리를 한 사람과 음식을 먹은 사람 둘 다 그 말이 악수처럼 그저 공손함을 표현한 행동이라는 것을 알고 있다. 따라서 그런 말은 사실이든 거짓이든 상관없다.

14 시장이 어떻게 작동하는지에 대한 애덤 스미스의 이론과 무엇이 리더에게 권위를 부여하는지에 대한 데이비드 흄의 추측 사이에 큰 유사성이 있다는 것을 사람들은 종종 인식하지 못한다. 두 가지 원리는 모두 평범한 개인의 선택이 핵심이다(Basu, 2018). 흔히 사람들은 흄이 사회적 계약에 따른 정부의 합법성이라는 개념을 거부했다고 추정한다. 하지만 세이어 맥코드가 지적한 것처럼(2017) 그러한 생각은 흄을 올바로 이해한 게 아닐 수 있다. 이 책 후반부에서 나는 시장의 보이지 않는 손과 도덕의 중요한 역할에 대해 유사한 맥락을 취한다.

15 이 주장은 수없이 많은 독창적인 방법으로 확장될 수 있다. 도덕성을 끌어들이지 않고 논쟁을 끝내는 것도 가능하다(Myerson, 2004; Samuelson & Stacchetti, 2017 참조). 예를 들어 택시 기사와의 이러한 상호작용이 소모전으로 이어진다면 중심점을 정할 수 있는 수준 이상의 규범은 필요하지 않을 수도 있다. 이 주장은 논리적으로 맞

을 수 있지만 나는 우리의 마음에 내재된 규범이 있다고 믿는다. 이러한 내면의 규범 덕분에 우리는 특정한 상황에서 별다른 고민 없이 특정한 행동을 할 수 있다. 이러한 행동의 근원을 '협력적 동기(Cooperative motive)'라는 타고난 성향에서 찾을 수도 있다(Brennan & Sayre-McCord, 2018). 이는 규범 자체가 우리 마음에 심겨 있는 게 아니라 규범을 따르고자 하는 성향이 우리에게 있음을 의미한다. 사람들은 다른 사람의 행동을 관찰하고 규범을 떠올린다(Hoeft, 2019). 하지만 규범이 자리 잡으면 본능적으로 따른다.

16 문화를 토대로 한 사회적 규범과 공정함 같은 도덕적 규범이 종종 서로 얽혀 있다는 사실을 인식하는 게 중요하다(Elster, 1989; Platteau, 2020). 마이어슨의 말대로 (1991) 문화적 규범은 중심점을 찾는 데 도움이 된다. 하지만 특정한 문화에서는 평등과 공정을 고려해 중심점을 선택하기도 한다.

17 경제학자 로버트 프랭크(Robert Frank)는 최근 자신의 저서에서 집단의 문제에 대한 개인의 행동 유형을 몇 가지로 정리했다(2020). 우리의 행동은 집단의 결과에 아주 작은 영향만 주기 때문에 결과를 무시하는 게 자신에게 이익이 될 것이다. 따라서 사회의 번영은 세금이나 규제, 처벌, 사회적 규범 등으로 개인의 행동 규범을 개발하는 집단의 능력에 달려 있다.

2장

1 철학자 데이비드 루이스(David Lewis, 1969)와 경제학자 로버트 아우만(Robert Aumann, 1976)이 알려주는 바와 같이.

2 게임이론 바탕에 있는 역설 몇 가지를 보여주기 위해 2007년 월간지 《사이언티픽 아메리칸(Scientific American)》에 실린 가상의 이야기를 사용했다.

3 이러한 문제점 없이 법과 경제학을 재건하는 방법을 논한 평론과 탐구에 대한 대답을 2018년에 출간된 내 책 《믿음의 공화국》에 담았다(Basu, 2018). (또한 Mailath, Morris & Postlewaite, 2017 참조) 정부가 없는 지배구조의 범위에 대한 초기 문헌도 있다(Dixit, 2004 참조).

4 초기 게임이론은 대부분 일회성 상호작용을 분석하는 데만 유용했다. 연속적인 선택을 하는 참가자 사이의 확장형 상호작용(이를테면, 내가 어떤 선택을 한 후 상대는 그에 따른 선택을 하고 그다음 내가 또다시 그 선택을 고려하며 선택을 하는 상황)을 분석할 만큼 성숙한 학문이 아니었다. 1960~1980년대에 라인하르트 젠텔(Reinhart Selten), 데이비드 크렙스(David Kreps), 아리엘 루빈스타인(Ariel Rubinstein), 애비너시 딕시

트, 딜립 아브레우(Dilip Abreu)를 비롯한 여러 학자의 논문이 연달아 발표되면서 이 약점을 극복할 수 있었다. 그 이후 게임이론은 굉장히 빠르게 세력을 확장했다. 게임이론이 현대 경제학의 한 자리를 차지하게 되면서 다양한 학문은 물론 정책 입안에까지 영향을 미쳤다.

5 이 에세이는 쿤(Kuhn)과 나사(Nasar)의 논문에 다시 실렸다(2002). 논문의 10쪽 내용을 인용했다.

6 Runciman & Sen, 1965; Skyrms, 2004; Moehler, 2009; Vanderschraaf, 2019, 2021 참조.

7 내시 균형이 어떻게 현대 경제학의 토대를 마련했는지 알려주는 간단한 입문서를 읽고 싶다면 Sethi & Weibull, 2016를 참조하라.

8 홉스의 자연 상태를 이해하기 위해 뫼홀러(Moehler)는 확신게임을 활용했다(2020, Chapter 2). 일반적으로 확신게임에는 두 명의 게임 참가자가 있다. 내가 여기서 주장하는 바는 두 명보다 많은 다수의 참가자를 가정하면 참가자 사이에 조율이 없는 자연 상태에 대해서 더 확실히 이해할 수 있다는 것이다.

9 Binmore, 1995, 1998 참조.

10 Sri Aurobindo, 2010, p. 1 참조.

3장

1 p. 173 참조.

2 Ressa, 2022, p. 12 참조.

3 투옥이나 벌금 같은 처벌 대신에 수치심을 활용하자고 주장한 철학자와 법학자가 있다(Etzioni, 2001; Kahan, 1996 참조).

4 Ogden Nash, 'Lines fraught with naught but thought', in *Everyone But Thee and Me* (Boston: Little, Brown, 1962).

4장

1 2017년 12월 28일 인도 신문 《인디언 익스프레스(Indian Express)》 기명 논평면에 '경제적 낙서: 토리노의 기적(Economic Graffiti: The Turin miracle)'이라는 제목으로 내가 발표한 내용이다.

2 학문은 단순히 세상을 설명하는 데서 그치지 않는다. 세상을 분석하고, 연구하고,

그것에서 교훈을 취하며 세상을 창조하기도 한다(Mitchell, 2005 경제학 부분 참조).

3 클림트(Kleimt)도 유사한 노선을 택한다. 그는 제도화된 사회 규범을 완전히 배제하고는 이기적이고 기회주의적인 행동을 규정하기가 불가능할 수 있다고 주장했다(2020). 시민 활동가를 비롯한 사람들이 이타적인 선호를 갖는 '시민 경제(Civil economy)'가 논의 사항이 아닐 수 있다(Becchetti & Cermelli, 2018). 최근에 반론이 제기된 오류는 문화적 제약을 경제적 이익이 감소하는 요인으로 취급하고 원시적 행동으로 여기는 것이다(Sandbu, 2020; Coyle, 2021).

4 이러한 가정은 언뜻 볼 때는 무해하다. 그러나 이 가정이 깨지는 환경들이 있다. 때로는 그 환경이 역설적으로 보이기도 한다. 이러한 환경은 도덕적 선택을 암시한다(Parfit, 1984; Basu, 2000; Voorneveld; 2010 참조).

5 이에 대한 자세한 설명을 원한다면 Basu, 2000를 참조하라.

6 가정이 변하지 않는다고 해도 가정을 찾아내는 것 자체로 새로운 정책을 개발하는 데 도움을 줄 수 있다. 부패를 막는 전통적인 방법은 벌금과 처벌이다. 하지만 부패 행위에 불명예스러운 낙인 같은 결정요인이 존재한다는 점을 인식하면, 부패를 제어할 새로운 방법이 생긴다(Lindbeck, Nyberg & Weibull, 1999; Lopez-Calva, 2003; Dhillon & Nicolo, 2022). 사실상 언어의 선택도 특정한 도덕 감각을 활성화시킬 수 있다(Capraro, Halpern & Matjiaz, 2022).

7 Capra, Goeree, Gomez & Holt, 1999; Rubinstein, 2007; Brañas-Garza, Espinosa & Rey-Biel, 2011; Eichberger & Kelsey, 2011; Gintis, 2014; Conitzer & Oesterheld, 2022 참조.

8 Basu, 2018.

9 내가 이 문단을 쓴 직후 세계은행이 중국과 사우디아라비아의 압력에 굴복해 '기업하기 좋은 환경' 순위를 조작했다는 논란이 생겼다(내가 세계은행을 그만둔 후에 일어난 일이라 서둘러 덧붙인다). 법률 회사 윌머헤일(WilmerHale)의 독립적인 조사가 있었고 혐의가 매우 심각한 나머지 2021년 9월 세계은행 이사회는 해마다 시행하던 '기업하기 좋은 환경' 순위 매기기를 중단하기로 결정했다.

10 Kamtekar, 2012, p. 170

11 Basu, 2000, Appendix A6. 결정론과 책임 사이에 '양립 가능성'이 있는지에 대한 논쟁은 고대 그리스까지 거슬러 올라간다(Bobzien, 1998; Brennan, 2001).

12 이것은 내가 Basu, 2022a에서 설명한 '부여된 도덕성(conferred morality)'이라는 개념 배후에 있는 생각이다.

13 Bobzien, 2001 참조. 브레넌(Brennan)이 말한 대로(2001, p. 263) 크리시포스는 양립

하는 '결정론'과 '도덕적 책임론'을 고안했다.

14 'Little Boxes', words and music by Malvina Reynolds; copyright 1962 Schroder Music Company, renewed 1990.

15 흥미롭게도 종합대조실험에 따르면 사람들은 누구를, 어떻게 처벌할지 결정할 때 효율성을 고려하는 타고난 경향이 있다(Handfield, Thrasher, Corcoran & Nichols, 2021).

5장

1 나는 초기 저서(Basu, 2000, chapter 4)에서 왜 쥐의 세계에서 거래와 교환이 나타나지 않는지, 주류 경제학의 추정이 틀릴 수 있는 이유가 무엇인지, 신뢰와 정직성이 전혀 없을 때 시장이 어떻게 붕괴될 수 있는지 자세하게 다루었다(Arrow, 1978 참조).

2 Havel, 1986 참조.

3 Akerlof, 1976 참조. 다양한 상황에서 생기는 '3개의 연합된 힘'이라는 보다 폭넓은 개념이 여러 논문에서 다루어졌다. Hatlebakk, 2002; Villanger, 2005; Li, 2023 참조.

4 우화의 형태로 다양한 학문을 다룬 문헌 하나가 이 문제를 강조했다. Chocker & Halpern, 2004; Copp, 2006; Chiao, 2014; Chant, 2015; Friedenberg & Halpern, 2019; Hyska, 2021 참조.

5 Dave King, 'The Immoral Democrat Party "List of Shame", *Conservative Daily News*, 6 November 2015.

6 Nancy Altman & Linda Benesch, 'The Deeply Immoral Values of Today's Republican Leaders', *Huffington Post*, 11 December 2017.

7 Feinberg, 1968; Bernheim & Whinston, 1986; Marino, 2001; Sartorio, 2004; Tännsjö, 2007; Petersson, 2008; Hakli, Miller & Tuomela, 2010; List & Pettit, 2011; Bjornsson, 2014; Hess, 2014; Arruda, 2017; Dughera & Marciano, 2020 참조.

8 마리노의 말에 따르면 개인은 책임이 없을 수 있지만 도덕적 집단 책임을 지닌 집단에 속한다. 게다가 어떤 결과에 대해서는 개인에게 법적 책임을 물어 그 사람의 행동을 개선시킬 수 있다. 흔히 불법 행위가 그런 경우다. 하지만 법을 거론하지 않아도 때로는 어떤 결과에 대해 개인을 탓하는 것은 그만한 가치가 있다. 그 결과가 행위자의 악한 의도나 과실이 있는 무지(culpable ignorance)를 반영하지 않더라도

말이다. 인간은 비난받는 걸 아주 싫어하는 경향이 있어서 행동 변화와 더 나은 결과가 생길 수 있기 때문이다(Hankins, 2016 참조).

9 Frankfurt, 1969; Haji & McKenna, 2004; Pereboom, 2008 참조.

10 이는 올바른 이유로 행동을 선택한다는 생각과 밀접한 관련이 있다. 특정한 방식으로 행동하는 이유가 그 행동이 도덕적으로 옳은 이유여야 한다(Markovits, 2010 참조).

11 Basu, 2022a, 2022b 참조.

12 이 파트의 나머지 내용은 내 논문(Basu, 2022b)에서 참조했다.

13 이 특정한 게임은 예시지만 현실 세계에서 정책을 설계하는 방법에 분명히 영향을 미치는 진짜 문제를 담고 있다(Basu, 2022b 참조). 실험을 통해 그레타의 딜레마에서 예견된 도덕적 실패가 현실에서도 일어날지 확인해볼 수 있을 것이다. 이런 실험은 참가자들이 우선 첫 번째 표의 기본 게임을 수행하는 형태를 취해야 한다. 즉 자신의 선택이 구경꾼에게 어떤 영향을 미치는지 알지 못한 상태에서 게임이 진행되어야 한다. 그다음 참가자 1에게 구경꾼에 대해 이야기하고 도덕적 책임감을 촉발한다. 그런 다음에 같은 게임을 진행시켜 참가자 1이 B에서 A로 선택을 바꾸는지 확인한다. 실험실 환경에서 신념과 중심점이 조작되는 것과 관련된 한 연구는(Dasgupta & Radoniqi, 2021 참조) 도덕과 가치관으로 행동을 달라지게 하는 방법을 제시할 수 있다.

14 게임이론과 도덕성의 맥락에서 연관된 문헌들이 있다. Bacharach, 1999; Braham & Holler, 2009; Braham & van Hees, 2012 참조.

15 관련된 문제가 동맹 형성 문헌에서 논의되었다(Aumann & Myerson, 1988; Genicot & Ray, 2003; Ray & Vohra, 2015 참조). 하지만 도덕적 선택은 개념적으로 별개의 문제를 일으킨다.

16 Clark & Chalmers, 1998; Fioretti & Policarpi, 2020 참조.

17 Putnam, 2005, p. 24 참조.

18 도덕에는 많은 종류가 있을 수 있다. 경제학 분야에는 이와 관련한 논문이 늘어나고 있다. Bowles & Gintis, 1998; Alger & Weibull, 2013; Bowles, 2016; Sen, 2018; Blume, 2019; Roemer, 2019 참조.

19 한 가지 해결책은 모두가 도덕성을 지니고 무지의 베일 뒤에서 선택해서 그 게임에서 자신의 위치가 어디인지 모르게 하는 것이다. 그런 게임은 만장일치게임이라고 할 것이다(Basu, 2010). 그런 경우 보수 함수를 극대화하는 결과가 언제나 균형에 포함된다는 면에서 문제가 해결된다. 빌 게이츠(Bill Gates)는 사익 추구를 초월하는

태도의 중요성에 관해 글을 쓴 적이 있다(2019년 2월 16일《이코노미스트》칼럼 1). 그는 우리가 옹호해야 하는 도덕적 대의를 어떻게 나타내야 하는지 말했다. "더 나은 세상을 만들기 원한다면 당신은 무언가에 미쳐야 한다." 하지만 모든 사람이 그의 말을 진심으로 받아들이고 더 중요한 대의에 열중해도 결국 세상이 더 나빠질 수 있다는 것을 이 책에서 보여주었다. 이 상황의 유일한 해법은 모두가 똑같은 방식으로 열중하는 것이다.

6장

1 볼테르의 '권리(Rights)'에 관한 1771년 에세이에서 인용했다.

2 Vanderschraaf, 2006; Moehler, 2009 참조.

3 내전이 왜 일어나는지 그리고 왜 실패하는지 고민하고 이해하기 위해 역사적 격동기를 분석한 통계적 연구들도 있다. 피론(Fearon)과 라이틴(Laitin)은 전후 일본 사회가 극심히 불안했던 시기에도 반란이 일어나지 않은 수수께끼를 분석한다(2014). 그들은 그 상황을 국가의 힘이라는 측면으로 분석한다. 국가의 힘은 중요하지만, 아래 분석에서 보여주듯이 힘 자체보다도 통제 메커니즘이 대단히 중요하고, 많은 강력한 국가가 그 메커니즘을 제대로 활용하지 못한다.

4 Schelling, 1960; Mehta, Starmer & Sugden, 1994; Sugden, 1995 참조.

5 붐릭(Boumlik)과 슈왈츠(Schwartz)는 "야히오이는 집단적 움직임에 영향을 미쳤고 정권 교체에 기여했다. 그녀는 프랑스로 망명해서 소셜미디어를 통해 반체제 운동을 지지하는 방식으로 영향력을 발휘했다"라고 말했다(2016).

6 이를 좀 더 현실적으로 말해보자. 시위하다가 감옥에 갈 확률이 특정 숫자 $p(>0)$보다 낮으면 사람들은 시위할 것이다. 하지만 시위를 한다고 해서 감옥에 가는 게 100퍼센트 확실하지 않다면 사람들이 시위할 것이라고 극단적인 가정을 한다고 해서 내가 증명하려는 논리에 문제가 생기지는 않는다. 감옥에 갈 확률이 1보다 적으면 사람들은 거리로 나서 시위하기를 원한다. 상황을 더 단순하게 하기 위해 각각의 사람은 혁명의 성공 여부를 개인의 행동과는 무관한 것으로 여긴다고 가정하자. 인구가 많은 국가에서는 이런 가정도 타당하다. 따라서 시위로 100의 만족을 얻는다면 그것은 국가를 돕는 중요한 활동에 참여했다는 사실에서 우러나오는 순수한 기쁨이다. 이로 인해 우리는 털럭(Tullock, 1971)과 관련 있는 공공재 문제를 피할 수 있다. 어쨌든 공공재 문제는 현재 내가 하는 연구와는 크게 관련이 없다. 강조해야 할 점은 내 가정이 비현실적인 게 아니라는 사실이다. 사람들은 자기 한 사람이 한

투표가 큰 영향을 미칠 수 없다는 걸 알아도 투표하는 행위로부터 만족감을 얻는다. 또 플라스틱 한 조각이 환경에 거의 해를 미칠 수 없다는 걸 알아도 강에 플라스틱을 버리지 않는 행동에 뿌듯함을 느낀다.

7 O'Connor, 1948; Quine, 1953; Scriven, 1953; Levy, 2009 참조. 역진 귀납과 반복 추론에 대한 더욱 포괄적인 개념이 지네게임과 여행자의 딜레마 등 게임이론에서 광범위하게 활용되고 있다(Rosenthal, 1981; Basu, 1994; Rubinstein, 2006; Arad & Rubinstein, 2012; Halpern & Pass, 2012; Alaoui & Penta, 2016 참조).

8 사랑기(Sarangi)의 논문은 다양한 학문에서부터 영국의 추리소설, 해변에서 인도 커리를 먹는 현실적인 상황에까지 이러한 종류의 정보 체계가 널리 활용되는 것을 다룬다(2020).

9 권위주의는 얼핏 보이는 것 이상으로 현실에 널리 퍼져 있다. 나는 경제학 전통에 따라 국가와 정치 지도자라는 맥락에서만 독재자를 분석하고 있지만 기업이나 다른 조직에서도 독재자는 생길 수 있다. 주류 경제학에 그 상황을 설명하는 용어가 없더라도 현실에서 그런 상황은 생긴다(Anderson, 2017 참조).

10 이 문제를 인구가 굉장히 많은 국가에 적용한다면 정보가 널리 알려져 상식이 되는 것은 필수적일 것이다. 계층화된 정보가 무한하지 않다면 투옥게임 전략은 작동하지 않을 것이다.

11 Muldoon, 2019; Moehler, 2020 참조.

12 집단행동에 관한 문헌과 경제학, 철학에서는 개인을 이기적인 존재로 가정하는 경우가 많다. 하지만 현실에서 많은 사람이 이타적이고 자비롭다. 이는 헌법을 계획할 수 있는 통찰을 얻게 해주며, 행동주의라는 개념을 구체화할 수 있게 해준다(Mishra & Anant, 2006; Singh, 2006; Becchetti & Cermelli, 2018 참조).

13 나는 보이지 않는 손이 다른 형태로 나타날 수 있음을 보여주려고 한다(Basu, 2010 참조). 시장에서 작동하는 애덤 스미스의 자비로운 보이지 않는 손의 형태로 나타날 수도 있고, 압제자에 대한 비난을 허용하지 않으며 정치적 압제를 만드는 프란츠 카프카의 보이지 않는 손의 형태로 나타날 수도 있다.

7장

1 위스턴 오든의 '1939년 9월 1일(September 1, 1939)'. 1939년 10월 18일에 《뉴 리퍼블릭(The New Republic)》에 처음 발표되었다.

2 하지만 이 문장은 선언문의 일부가 아니라 1875년에 발표된 마르크스의 에세이

《고타 강령 비판(Critique of the Gotha Programme)》에 나오는 내용이다.

3 Aquinas, 1265-74, II-II, 66.7 참조.

4 정치 지도자의 권력을 분석한 내 논문(Basu, 2022c, 2023)은 권위주의적인 지도자를 압제적인 독재자로 변하게 만드는 본질적인 역학에 대해 탐구한다. 이를 통해 모든 국가의 정치 지도자에게 임기 제한이 필요하다는 주장에 힘을 실을 수 있다.

5 Basu, 2021a 참조.

6 행동을 규제하는 규범에 대한 주제는 오래전부터 문헌에 등장했지만 오늘날에 와서야 주류 경제학 이론에 스며들고 있다(Sunstein, 1996; Posner, 1998; Schlicht, 1998; Basu, 2000; Richter & Rubinstein, 2020 참조).

7 아세모글루(Acemoglu)와 로빈슨(Robinson)이 같은 주제에 대해 말한 것처럼(2019, p. 467) 우리에게는 "재분배하는 역할을 하며 사회 안전망을 만들고 점차 복잡해지는 경제를 규제하는 국가가 필요하다…."

8 Stiglitz, 2012; Piketty, 2014, 2020; Atkinson, 2015; Bourguignon, 2015 참조.

9 Sherman, 2019 참조.

10 이는 연간 소득이 자산의 5퍼센트에 해당한다는 가정에 근거한다. 세계적인 불평등에 대한 통계 분석을 알고 싶다면 Bourguignon, 2015; Milanovic, 2018을 참조하라.

11 이 수치는 공식적인 데이터는 아니지만 매우 타당한 수치다. 1000억 달러의 재산을 가지고 있는 사람들을 생각해보자. 우리는 이 집단에 소수의 사람만 있다는 것을 알고 있다. 그들이 자산의 5퍼센트에 해당하는 금액을 연간 소득으로 번다는 가정도 타당성이 있다. 그보다 적게 벌면 그렇게 큰 부자가 되지 못했을 것이다. 그러면 하루에 1369만 달러를 번다는 소리다.

12 Banerjee & Newman, 1993; Galor & Zeira, 1993; Emerson & Souza, 2003 참조.

13 Coyle, 2021; Basu, Caspi & Hockett, 2021 참조.

14 Schaefer & Singh, 2022 참조.

15 Naidu, Posner & Weyl, 2018 참조.

16 Basu, Caspi & Hockett, 2021 참조.

17 불평등에 주의를 기울이면서 빈곤과 싸우는 사상을 다룬 문헌은 많다. 하지만 행동경제학에 뿌리를 둔, 아주 단순한 이 세금 제도는 분명히 새로운 주제다(Sen, 1973; Bourguignon & Fields, 1990; Jayaraj & Subramanian, 1996; Basu, 2006; Subramanian, 2006 참조). 내가 논의하려는 내용은 또한 약자우선주의(prioritatianism) 철학에 뿌리를 두고 있다(Parfit, 2000; Adler, 2022 참조).

18 Hughes, 2010, p. 5 참조.

19 Navia, 2007, p. 105 참조.

20 이는 소득 순위에 영향을 주지 않을 뿐 아니라 소득 격차 순위에도 영향을 주지 않는다. 세전에 I와 J의 소득 격차가 K와 L의 소득 격차보다 크면 세후에도 여전히 더 클 것이다. 그리고 기수적 효용이라는 면에서 격차들 간의 격차도 변하지 않을 것이고 상위 격차가 전혀 달라지지 않을 것이다(Basu, 1983 참조).

21 Ferguson, 2013; Vanderschraaf, 2019 참조.

22 이 점이 '2차 집단행동 문제'로 언급되었다(Ferguson, 2020). 폭력과 충돌의 대체재로써 정치적 조정의 역할을 알고 싶다면 Khan, 2018을 참조하라.

23 이 점의 핵심 개념은 바수(Basu)와 웨이불(Weibull)의 논문에서 확장되었다(1991). 이는 국가의 행동에 스스로 제한을 가한다는 개념과 관련 있다(Weingast, 1997 참조). 현실에서 사람들은 마을의 공유지를 관리하거나 자원의 피해를 막는 등 집단의 이익을 위해 자신의 이익을 기꺼이 뒤로 미룬다(Baland & Platteau, 1996 참조). 여러 조사와 실험 연구는 사람들에게 '조건부 협력'을 할 능력, 즉 다른 사람이 기꺼이 동일한 희생을 한다면 자신도 개인적으로 그러한 희생을 할 능력이 있다는 걸 보여준다(Rustagi, Engel & Kosfeld, 2010 참조).

24 Rawls, 1997; Weithman, 2005; Thrasher & Vallier, 2013; Sayre-McCord, 2017 참조.

25 미시적 차원으로 수행된 통제 연구들이 있다. 그 연구들은 의사소통과 약속이 사람의 행동 방식에 어떤 영향을 미치는지 보여준다(Charness & Dufwenberg, 2006; Bahel, Ball & Sarangi, 2022 참조). 이러한 약속이 더 강력해질 수 있는지 알아보기 위해 이 아이디어를 웨이트만(Weithman, 2005) 식의 공적 담론과 공공 숙의의 수준으로 끌어올리는 시도는 흥미로울 것이다.

26 Beckerman, 2022 참조.

27 1953년 9월 20일 서한(Khosla, 2014, p. 67 참조).

28 Bowles & Gintis, 1997, p. 4 참조.

29 복합적인 정체성과 거기에서 비롯되는 위험 및 희망에 대한 중요한 분석을 확인하고 싶다면 셴의 논문(Sen, 2006)을 참조하라.

30 민족주의에 관해 네루는 시인 라빈드라나트 타고르의 선구적 견해를 공유했다. 타고르의 강렬한 글은 국민으로서의 정체성을 초월한 더 큰 인간 정체성을 상기시켰다. 타고르는 자신이 만든 노래들이 두 개 이상의 국가, 즉 인도와 방글라데시에서 애국가로 채택된 역사상 유일한 인물이다.

31 Niemi & Young, 2013 참조. 친사회성의 정도가 다른 여러 명의 사람들이 내집단
    과 외집단을 대하는 태도의 차이를 연구하는 시선 추적 연구들이 있다. 그 관련성
    은 복잡하지만 뚜렷한 차이가 있다는 점이 흥미롭다(Rahal, Fiedler & de Drew, 2020
    참조).

참고문헌

Acemoglu, D. and Robinson, J. (2019), *The Narrow Corridor: States, Society, and the Fate of Liberty,* New York: Penguin Press.

Adler, M. (2022), 'Theory of Prioritarianism', in M. Adler and O. F. Norheim (eds.), *Prioritarianism in Practice,* Cambridge: Cambridge University Press.

Akerlof, G. (1970), 'The Market for "Lemons": Quality Uncertainty and the Market Mechanism', *Quarterly Journal of Economics,* 84: 488–500.

Akerlof, G. (1976), 'The Economics of Caste and of the Rat Race and Other Woeful Tales', *Quarterly Journal of Economics,* 90, 4: 599–617.

Akerlof, R. (2016), 'Anger and Enforcement', *Journal of Economic Behavior and Organization,* 126: 110–124.

Alaoui, L. and Penta, A. (2016), 'Endogenous Depth of Reasoning', *Review of Economic Reasoning,* 83, 4: 1297–1333.

Alger, I. and Weibull, J. (2013), '*Homo Moralis* – Preference Evolution under Incomplete Information and Assortative Matching', *Econometrica,* 81: 2269–2302.

Anderson, E. (2017), *Private Government: How Employers Rule our Lives (and Why We Don't Talk about It),* Princeton: Princeton University Press.

Aquinas, T. (1265–74), *Summa Theologica,* Allen, TX: Christian Classics (1911).

Arad, A. and Rubinstein, A. (2012), 'The 11-20 Money Request Game: A Level-k Reasoning Study', *American Economic Review,* 102, 7: 3561–73.

Arrow, K. J. (1978), 'A Cautious Case for Socialism,' *Dissent,* September: 472–82.

Arrow, K. J. and Debreu, G. (1954), 'Existence of an equilibrium for a competitive economy', *Econometrica,* 22: 265–90.

Arruda, C. (2017), 'How I learned to worry about the Spaghetti Western: Collective

Responsibility and Collective Agency', *Analysis*, 77, 2: 249–59.

Atkinson, A. B. (2015), *Inequality: What Can be Done*, Cambridge, MA: Harvard University Press.

Aumann, R. J. (1976), 'Agreeing to Disagree', *Annals of Statistics*, 4: 1236–9.

Aumann, R. J and Myerson, R. (1988), 'Endogenous Formation of Links between Players and of Coalitions: An Application of the Shapley Value', in A. Roth (ed.), *The Shapley Value: Essays in Honor of Lloyd S. Shapley*, pp. 175–92, Cambridge: Cambridge University Press.

Bacharach, M. (1999), 'Interactive Team Reasoning: A Contribution to the Theory of Co-operation', *Research in Economics*, 53, 2: 117–47.

Bahel, E., Ball, S., and Sarangi, S. (2022), 'Communication and Cooperation in Prisoner's Dilemma Games', *Games and Economic Behavior*, 133: 126–37.

Baland, J. M. and Platteau, J. P. (1966), *Halting Degradation of Natural Resources: Is There a Role for Rural Communities?*, Oxford: Oxford University Press.

Banerjee, A. and Newman, A. (1993), 'Occupational Choice and the Process of Development', *Journal of Political Economy*, 101, 2: 274–98.

Basu, K. (1983), 'Cardinal Utility, Utilitarianism and a Class of Invariance Axioms in Welfare Analysis', *Journal of Mathematical Economics*, 12, 3: 193–206.

Basu, K. (1994), 'The Traveler's Dilemma: Paradoxes of Rationality in Game Theory', *American Economic Review*, Papers and Proceedings, 71.

Basu, K. (2000), *Prelude to Political Economy: A Study of the Social and Political Foundations of Economics*, Oxford and New York: Oxford University Press.

Basu, K. (2006), 'Globalization, Poverty and Inequality: What is the Relationship? What Can be Done?', *World Development*, 34, 8: 1361–73.

Basu, K. (2010), *Beyond the Invisible Hand: Groundwork for a New Economics*, Princeton: Princeton University Press.

Basu, K. (2014), 'Randomization, Causality and the Role of Reasoned Intuition', *Oxford Development Studies*, 42, 4: 455–72.

Basu, K. (2017), 'A New and Rather Long Proof of the Pythagorean Theorem by Way of a Proposition on Isosceles Triangles', *The College Mathematics Journal*, 47, 5: 356–60.

Basu, K. (2018), *The Republic of Beliefs: A New Approach to Law and Economics*, Princeton: Princeton University Press.

Basu, K. (2021), 'The Ground beneath our Feet', *Oxford Review of Economic Policy*, 37, 4: 783–93.

Basu, K. (2022a), 'The Samaritan's Curse: Moral Individuals and Immoral Groups', *Economics & Philosophy*, 38, 1: 132–51.

Basu, K. (2022b), 'Conventions, Morals, and Strategy: Greta's Dilemma and the Incarceration Game', *Synthese,* 200, 1: 1–19.

Basu, K. (2022c), 'Why Have Leaders at all? Hume and Hobbes with a Dash of Nash', *Homo Oeconomicus,* 39.

Basu, K. (2023), 'The Morphing of Dictators: Why Dictators get Worse over Time', *Oxford Open: Economics,* 2.

Basu, K., Caspi, A., and Hockett, R. (2021), 'Markets and Regulation in the Age of Big Tech', *Capitalism and Society,* 15, 1.

Basu, K. and Weibull, J., (1991), 'Strategy Subsets Closed under Rational Behavior', *Economics Letters,* 36, 2: 141–6.

Becchetti, L. and Cermelli, A. M. (2018), 'Civil Economics: Definition and Strategies for Sustainable Well-Being', *International Review of Economics,* 65: 1–29.

Beckerman, G. (2022), *The Quiet Before: On the Unexpected Origins of Radical Ideas,* New York: Crown.

Bernheim, B. D. and Whinston, M. D. (1986), 'Common Agency', *Econometrica,* 54, 4: 923–42.

Bertrand, J. (1883), 'Review of "Theorie mathematique de la richesse sociale" and "Recherche sur les principes mathematiques de la theorie des richesses"', *Journal des Savants,* pp. 499–508.

Binmore, K. (1995), 'The Game of Life: Comment,' *Journal of Institutional and Theoretical Economics,* vol. 151.

Binmore, K. (1998), *Just Playing: Game Theory and the Social Contract II,* Cambridge, MA: MIT Press.

Bjornsson, G. (2014), 'Essentially Shared Obligations', *Midwest Studies in Philosophy,* 38: 103–20.

Bobzien, S. (1998), *Determinism and Freedom in Stoic Philosophy,* Oxford: Oxford University Press.

Boumlik, H. and Schwartz, J. (2016), 'Conscientization and Third Space: A Case Study of Tunisian Activism,' *Adult Education Quarterly,* 66, 4: 319–35.

Bourguignon, F. and Fields, G. (1990), 'Poverty Measures and Anti-Poverty Policy', *Researches Economique de Louvain,* 56, 3–4: 409–27.

Bourguignon, F. (2015), *The Globalization of Inequality,* Princeton: Princeton University Press.

Bowles, S. (2016), *The Moral Economy: Why Good Incentives are No Substitute for Good Citizens,* New Haven: Yale University Press.

Bowles, S. and Gintis, H. (1998), 'The Moral Economy of Communities: Structured

Populations and the Evolution of Pro-Social Norms', *Evolution and Human Behavior,* 19, 1: 3–25.

Braham, M. and Holler, M. J. (2009), 'Distributing Causal Responsibility in Collectivities', in R. Gekker and T. Boylan (eds.), *Economics, Rational Choice and Normative Philosophy,* New York: Routledge.

Braham, M. and van Hees, M. (2012), 'An Anatomy of Moral Responsibility', *Mind,* 121, 483: 601–34.

Brañas-Garza, P., Espinosa, M. P., & Rey-Biel, P. (2011), 'Travelers' types', *Journal of Economic Behavior & Organization,* 78, 1–2: 25–36.

Brennan, G. and Sayre-McCord, G. (2018), 'On 'Cooperation', *Analyse & Kritik,* 40, 1: 107–30.

Brennan, T. (2001), 'Fate and Free Will in Stoicism', in D. Sedley (ed.), *Oxford Studies in Ancient Philosophy,* Oxford: Oxford University Press.

Capra, M., Goeree, J., Gomez, R. and Holt, C. A. (1999), 'Anomalous Behavior in a Traveler's Dilemma?', *American Economic Review,* 89, 3: 678–90.

Capraro, V., Halpern, J. and Matjiaz, P. (2022), 'From Outcome-Based to Language-Based Preferences,' *Journal of Economic Literature,* forthcoming.

Cartwright, N. (2010), 'What Are Randomized Trials Good For?', *Philosophical Studies,* 147: 59–70.

Chant, S. R. (2015), 'Collective Responsibility in a Hollywood Standoff', *Thought: A Journal of Philosophy,* 4, 2: 83–92.

Charness, G. and Dufwenberg, M. (2007), 'Promises and Partnership', *Econometrica,* 74, 6: 1579–1601.

Chiao, V. (2014), 'List and Pettit on Group Agency and Group Responsibility', *University of Toronto Law Journal,* 64, 5: 753–70.

Chocker, H. and Halpern, J. Y. (2004), 'Responsibility and Blame: A Structural-Model Approach', *Journal of Artificial Intelligence Research,* 22: 93–115.

Christiansen, M. and Chater, N. (2022), *The Language Game: How Improvisation Created Language and Changed the World,* New York: Basic Books.

Clark, A. and Chalmers, D. (1998), 'The Extended Mind', *Analysis,* 58, 1: 7–19.

Conitzer, V. and Oesterheld, C. (2022), 'Foundations of Cooperative AI,' mimeo: Carnegie Mellon University.

Copp, D. (2006), 'On the Agency of Certain Collective Entities: An Argument from "Normative Autonomy"', *Midwest Studies in Philosophy,* 30, 1: 194–221.

Cortina, A. (2022), *Aporophobia: Why We Reject the Poor Instead of Helping Them,* Princeton: Princeton University Press. [Spanish orig., *Aporofobia, el rechazo al pobre:*

Un desafío para la democracia (2017)].

Cournot, A. A. (1838), *Recherches sur les principes mathématiques de la théorie des richesses,* Paris: Hachette. [Eng. trans.: *Researches into the Mathematical Principles of the Theory of Wealth,* tr. Nathaniel T. Bacon (New York: Macmillan, 1927)].

Coyle, D. (2021), *Cogs and Monsters: What Economics Is and What It Should Be,* Princeton: Princeton University Press.

Dasgupta, U. and Radoniqi, F. (2021), 'Republic of Beliefs: An Experimental Investigation', IZA Discussion Paper, No. 14130.

Debreu, G. (1959), *Theory of Value: an Axiomatic Analysis of Economic Equilibrium,* New Haven: Yale University Press.

Dhillon, A. and Nicolo, A. (2022), 'Moral Costs of Corruption', in K. Basu and A. Mishra (eds.), *Law and Economic Development: Behavioral and Moral Foundations of a Changing World,* New York: Palgrave Macmillan.

Dixit, A. (2004), *Lawlessness and Economics: Alternative Modes of Governance,* Princeton: Princeton University Press.

Dughera, S. and Marciano, A. (2020), 'Self-Governance, Non-reciprocal Altruism and Social Dilemmas', mimeo: University of Paris Nanterre.

Eichberger, J. and Kelsey, D. (2011), 'Are the Treasures of Game Theory Ambiguous?', *Economic Theory,* 48, 2/3: 313–39.

Elster, J. (1989), *The Cement of Society: A Study of Social Order,* Cambridge: Cambridge University Press.

Emerson, P. and Souza, A. P. (2003), 'Is there a child labor trap? Intergenerational persistence of child labor in Brazil', *Economic Development and Cultural Change,* 51, 2: 375–98.

Feinberg, J. (1968), 'Collective Responsibility', *Journal of Philosophy,* 65, 21: 674–88.

Fearon, J. and Laitin, D. (2014), 'Civil War Non-Onsets: The Case of Japan', *Medeniyet Arastirmalari Dergisi,* 1, 1: 71–94.

Feld, S. (1991), 'Why Your Friends Have More Friends Than You Do', *American Journal of Sociology,* 96, 6: 1464–77.

Ferguson, W. (2013), *Collective Action and Exchange: A Game-theoretic Approach to Contemporary Political Economy,* Stanford: Stanford University Press.

Ferguson, W. (2020), *The Political Economy of Collective Action, Inequality, and Development,* Stanford: Stanford University Press.

Fioretti, G. and Policarpi, A. (2020), 'The Less Intelligent the Elements, the More Intelligent the

Whole. Or Possibly Not?', mimeo: University of Bologna.

Frank, R. (2020), *Under the Influence: Putting Peer Pressure to Work,* Princeton: Princeton University Press.

Frankfurt, H. G. (1969), 'Alternative Possibilities and Moral Responsibility', *Journal of Philosophy,* 66, 23: 829–39.

Friedenberg, M. and Halpern, J. (2019), 'Blameworthiness in Multi-Agent Settings', *Association for the Advancement of Artificial Intelligence,* 33, 1: 525–32.

Galor, O. and Zeira, J. (1993), 'Income Distribution and Macroeconomics', *Review of Economic Studies,* 60, 1: 35–52.

Genicot, G. and Ray, D. (2003), 'Group-Formation in Risk-Sharing Arrangements', *Review of Economic Studies,* 70, 1: 87–113.

Gintis, H. (2014), *The Bounds of Reason: Game Theory and the Unification of the Behavioral Sciences,* Princeton: Princeton University Press.

Goeree, J., and Holt, C. (2001), 'Ten Little Treasures of Game Theory and Ten Intuitive Contradictions', *American Economic Review,* 91, 5: 1402–22.

Goffman, E. (1963), *Stigma: Notes on the Management of Spoiled Identity,* New York: Simon and Schuster.

Haji, I., and McKenna, M. (2004), 'Dialectical Delicacies in the Debate about Freedom and Alternative Possibilities', *Journal of Philosophy,* 101, 6: 299–314.

Hakli, R., Miller, K. and Tuomela, R. (2010), 'Two-kinds of We-reasoning', *Economics & Philosophy,* 26, 3: 291–320.

Halpern, J. and Pass, R. (2009), 'Iterated Regret Minimization: A New Solution Concept', *Games and Economic Behavior,* 74: 153–8.

Handfield, T., Thrasher, J., Corcoran, A. and Nichols, S. (2021), 'Asymmetry and Symmetry of Acts and Omissions in Punishment, Norms and Judged Causality', *Judgement and Decision Making,* 16, 4: 796–822.

Hankins, K. (2016), 'Adam Smith's Intriguing Solution to the Problem of Moral Luck, *Ethics,* 126, 3: 711–46.

Hatlebakk, M. (2002), 'A New and Robust Model of Subgame Perfect Equilibrium in a Model of Triadic Power Relations', *Journal of Development Economics,* 68, 1: 225–32.

Havel, V. (1986), 'The Power of the Powerless', in J. Vladislav (ed.), *Living in Truth,* London: Faber & Faber.

Hayek, F. A. (1944), *The Road to Serfdom,* London: Routledge.

Hess, K. (2014), 'Because They Can: The Basis for Moral Obligations for (Certain) Collectives', *Midwest Studies in Philosophy,* 38: 203–21.

Hobbes, T. (1651), *Leviathan,* ed. R. Tuck (Cambridge: Cambridge University Press, 1991).

Hoeft, L. (2019), 'The Force of Norms? The Internal Point of View in in Light of Experimental Economics', *Ratio Juris,* 32, 3: 339–62.

Hughes, B. (2010), *The Hemlock Cup: Socrates, Athens and the Search for the Good Life,* London: Jonathan Cape.

Hume, D. (1740), *A Treatise of Human Nature,* eds. D. F. Norton and M. J. Norton, Oxford: Oxford University Press (2000).

Hyska, M. (2021), 'Propaganda, Irrationality and Group Agency', in M. Hannon and J. de Ridder (eds.), *The Routledge Handbook of Political Epistemology,* London: Routledge.

Jayaraj, D. and Subramanian, S. (1996), 'Poverty-Eradication through Redistributive Taxation: Some Elementary Considerations', *Review of Development and Change,* 1: 73–84.

Kamtekar, R. (2012), 'Speaking with the Same Voice as Reason: Personification in Plato's Psychology', in R. Barney, T. Brennan, and C. Brittain (eds.), *Plato and the Divided Self,* Cambridge: Cambridge University Press.

Katzenstein, P. and Seybert, L. (eds.) (2018), *Protean Power: Exploring the Uncertain and Unexpected in World Politics,* Cambridge: Cambridge University Press.

Khan, M. (2018), 'Political Settlements and the Analysis of Institutions', *African Affairs,* 117, 469: 636–55.

Khosla, M. (ed.) (2014), *Letters for a Nation: From Jawaharlal Nehru to His Chief Ministers,* 1947–1963, New Delhi: Penguin.

Kleimt, H. (2020), 'Economic and Sociological Accounts of Social Norms', *Analyse & Kritik,* 42, 1: 41–95.

Larkin, P. (1982), 'The Art of Poetry', interview by Robert Phillips, *Paris Review,* 84.

Levy, K. (2009), 'The Solution to the Surprise Exam Paradox', *Southern Journal of Philosophy,* 47, 2: 131–58.

Lewis, D. (1969), *Convention: A Philosophical Study,* Cambridge, MA: Harvard University Press.

Li, C. (2023), *Essays on Network Supervision, On-line Price Signalling, and E-Commerce effects on Offline Stores,* PhD thesis, Cornell University.

Lindbeck, A., Nyberg, S. and Weibull, J. (1999), 'Social Norms and Economic Incentives in the Welfare State', *Quarterly Journal of Economics,* 114, 1: 1–35.

List, C. and Pettit, P. (2011), *Group Agency: The Possibility, Design, and the Status of Corporate Agents,* Oxford: Oxford University Press.

Lopez-Calva, L. F. (2003), 'Social Norms, Coordination and Policy Issues in the Fight Against Child Labor', in K. Basu, M. Horn, L. Roman and J. Shapiro (eds.), *International Labour Standards,* Oxford: Blackwell.

Mailath, G., Morris, S. and Postlewaite, A. (2017), 'Laws and Authority', *Research in Economics,* 71: 32–42.

Marino, P. (2001), 'Moral Dilemma, Collective Responsibility and Moral Progress', *Philosophical Studies,* 104, 2: 203–25.

Markovits, J. (2010), 'Acting for the Right Reasons', *Philosophical Review,* 119, 2: 201–42.

May, E. R. and Zelikow, P. D. (1997), *The Kennedy Tapes,* Cambridge, MA: Harvard University Press.

Mehta, J., Starmer, C. F. and Sugden, R. (1994), 'Focal points in pure coordination games: An experimental investigation', *Theory and Decision,* 36: 163–85.

Milanovic, B. (2018), *Global Inequality: A New Approach for the Age of Globalization,* Cambridge, MA: Harvard University Press.

Miller, A. D. and Perry, R. (2012), 'The Reasonable Person', *New York University Law Review,* 87: 323–92.

Mishra, A. and Anant, T. C. A. (2006), 'Activism, Separation of Powers and Development', *Journal of Development Economics,* 81, 2: 457–77.

Mitchell, T. (2005), 'The Work of Economics: How a Discipline Makes Its World', *European Journal of Sociology,* 46, 2: 297–320.

Moehler, M. (2009), 'Why Hobbes' State of Nature is Best Modeled as an Assurance Game', *Utilitas,* 21, 3: 297–326.

Moehler, M. (2020), *Contractarianism,* Cambridge: Cambridge University Press.

Muldoon, R. (2019), *Social Contract Theory for a Diverse World: Beyond Tolerance,* New York: Routledge.

Myerson, R. (1991), *Game Theory: Analysis of Conflict,* Cambridge, MA: Harvard University Press.

Myerson, R. (2004), 'Justice, Institutions and Multiple Equilibria', *Chicago Journal of International Law,* 5.

Naidu, S., Posner, E. and Weyl, G. (2018), 'Antitrust Remedies for Labor Market Power', *Harvard Law Review,* 132, 2: 536–601.

Nash, J. (1950), 'Equilibrium Points in n-Person Games', *PNAS,* 36, 1: 48–9.

Navia, L. E. (2007), *Socrates: A Life Examined,* Amherst: Prometheus Books.

Niemi, L. and Young, L. (2013), 'Caring across Boundaries versus Keeping Boundaries Intact: Links between Moral and Interpersonal Orientations', *PloS ONE,* 8, 12: 1–12.

Nussbaum, M. (2006), Hiding from Humanity: *Disgust, Shame and the Law,* Princeton: Princeton University Press.

O'Connor, D. J. (1948), 'Pragmatic paradoxes', *Mind,* 57, 227: 358–9.

Parfit, D. (1984), *Reasons and Persons,* Oxford: Clarendon Press.

Parfit, D. (2000), 'Equality or Priority?', in M. Clayton & A. Williams (eds.), *The Ideal of Equality,* New York: Palgrave Macmillan.

Pereboom, D. (2017), 'Responsibility, Regret and Protest', in D. Shoemaker (ed.), *Oxford Studies in Agency and Responsibility,* Oxford: Oxford University Press.

Petersson, B. (2008), 'Collective Omissions and Responsibilities', *Philosophical Papers,* vol. 37, 2: 243–61.

Piketty, T. (2014), *Capital in the 21st Century,* Cambridge, MA: Harvard University Press.

Piketty, T. (2020), *Capital and Ideology,* Cambridge, MA: Harvard University Press.

Platteau, J. P. (2000), *Institutions, Social Norms, and Economic Development,* Amsterdam: Harwood Academic Publishers.

Posner, E. (1998), 'Law, Economics, and Inefficient Norms', *University of Pennsylvania Law Review,* 144: 1697–1744.

Quine, W. V. (1953), 'On a So-called Paradox', *Mind,* 62, 245: 65–7.

Rahal, R. M., Fiedler, S. and De Dreu, C. K. W (2020), 'Prosocial Preferences Condition Decision Effort and Ingroup biased Generosity in Intergroup Decision-Making', *Scientific Reports,* 10, 1: 10132.

Rasmussen, D. (2017), *The Infidel and the Professor: David Hume, Adam Smith, and the Friendship that Shaped Modern Thought,* Princeton: Princeton University Press.

Ratner, B. (2009), 'Pythagoras: Everyone knows his famous theorem but not who discovered it 1000 years before him', *Journal of Targeting, Measurement and Analysis for Marketing,* 17: 229–42.

Rawls, J. (1971), *A Theory of Justice,* Cambridge, MA: Harvard University Press.

Rawls, J. (1997), 'The Idea of Public Reasoning Revisited', *University of Chicago Law Review,* 64, 3: 765–807.

Ray, D. and Vohra, R. (2015), 'Coalition Formation', in R. J. Aumann and S. Hart (eds.), *Handbook of Game Theory with Economic Applications,* Amsterdam: Elsevier.

Ressa, M. (2022), *How to Stand up to a Dictator: The Fight for Our Future,* London: WH Allen.

Richter, M. and Rubinstein, A. (2020), 'The Permissible and the Forbidden', *Journal of Economic Theory,* 188: 105042.

Rosenthal, R. W. (1981), 'Games of Perfect Information, Predatory Pricing and the Chain Store Paradox,' *Journal of Economic Theory,* 25: 92-100.

Rubinstein, A. (2006), 'Dilemmas of an Economic Theorist', *Econometrica,* 74: 865–83.

Rubinstein, A. (2007), 'Instinctive and Cognitive Reasoning: A Study of Response Times', *Economic Journal,* 117: 1243–59.

Runciman, W. and Sen, A. (1965), 'Games, Justice and the General Will', *Mind*, 74, 296: 554–62.

Russell, B. (1903), *Principles of Mathematics*, Cambridge: Cambridge University Press.

Russell, B. (1912), *The Problems of Philosophy*, London: Williams and Norgate.

Russell, B. (1946), *History of Western Philosophy*, London: Allen and Unwin.

Rustagi, D., Engel, S. and Kosfeld, M. (2010), 'Conditional Cooperation and Costly Monitoring Explain Success in Forrest Commons Management', *Science*, 330, 6006: 961–5.

Samuelson, L. and Stacchetti, E. (2017), 'Even Up: Maintaining Relationships', *Journal of Economic Theory*, 169: 170–217.

Sandbu, M. (2020), *The Economics of Belonging*, Princeton: Princeton University Press.

Sarangi, S. (2000), *The Economics of Small Things*, New Delhi: Penguin.

Sartorio, C. (2004), 'How to be Responsible for Something without Causing It', *Philosophical Papers*, 18: 315–36.

Sayre-McCord, G. (2017), 'Hume's Theory of Public Reason', in P. N. Turner and G. Gaus (eds.), *Public Reason in Political Economy*, London: Taylor and Francis.

Schaefer, H. B. and Singh, R. (2022), 'Property of the Social Media Data', in K. Basu and A. Mishra (eds.), *Law and Economic Development: Behavioral and Moral Foundations of a Changing World*, New York: Palgrave Macmillan.

Schlicht, E. (1998), *On Custom in the Economy*, Oxford: Oxford University Press.

Scriven, M. (1951), 'Paradoxical Announcements', *Mind*, 60, 239: 403–7.

Sen, A. (1973), *On Economic Inequality*, Oxford: Oxford University Press.

Sen, A. (2006), *Identity and Violence*, New York: W. W. Norton & Co.

Sen, A. (2018), *Collective Choice and Social Welfare, An Expanded Edition*, Cambridge, MA: Harvard University Press.

Sethi, R. and Weibull, J. (2016), 'What is Nash Equilibrium?', *Notices of the AMS*, 63, 5: 526–8.

Shaw, B. (1903), *Man and Superman*, (later edition) London: Penguin Random House.

Sherman, R. (2019), *Uneasy Street: The Anxieties of Affluence*, Princeton: Princeton University Press.

Singh, J. (2006), 'Separation of Powers and the Erosion of the "Right to Property" in India', *Constitutional Political Economy*, 17, 4: 303–24.

Skyrms, B. (2004), *The Stag Hunt and the Evolution of the Social Structure*, Cambridge: Cambridge University Press.

Smith, A. (1776), *An Inquiry into the Nature and Causes of the Wealth of Nations,* London: Strahan and Cadell.

Sri Aurobindo (1997), *Tales of Prison Life,* tr. Sisir Kumar Ghosh, Puducherry: Sri Aurobindo Ashram Publication [Bengali orig. Karakahini (1910)].

Stiglitz, J. E. (1975), 'The Theory of Screening, Education, and Distribution of Income', *American Economic Review,* 65: 283–300.

Stiglitz, J. E. (2012), *The Price of Inequality: How Today's Divided Society Endangers our Future,* New York: W. W. Norton & Co.

Strogatz, S. (2012), 'Friends You Can Count On', *New York Times,* Opinionator, 17 September.

Subramanian, S. (2006), *Measurement of Inequality and Poverty,* New Delhi: Oxford University Press.

Sugden, R. (1995), 'A Theory of Focal Points', *Economic Journal,* 105, 430: 533–50.

Sunstein, C. (1996), 'Social Norms and Social Rules', *Columbia Law Review,* 96, 4: 903–68.

Tait, K. (1977), *My Father, Bertrand Russell,* London: Victor Gollancz Ltd.

Tännsjö, T. (2007), 'The Myth of Innocence: On Collective Responsibility and Collective Punishment', *Philosophical Papers,* 36, 2: 295–314.

Thrasher, J. and Vallier, K. (2013), 'The Fragility of Consensus: Public Reason, Diversity and Stability', *European Journal of Philosophy,* 23, 4: 933–54.

Tullock, G. (1971), 'The Paradox of Revolution', *Public Choice,* 11: 89–99.

Ugander, J., Karrer, B., Backstrom, L. and Marlow, C. A. (2011), 'The Anatomy of the Facebook Social Graph', *ArXiv* abs/1111.4503.

Vanderschraaf, P. (2006), 'War or Peace? A Dynamical Analysis of Anarchy', *Economics & Philosophy,* 22, 2: 243–79.

Vanderschraaf, P. (2019), *Strategic Justice: Conventions and Problems of Balancing Divergent Interests,* New York: Oxford University Press.

Vanderschraaf, P. (2021), 'Contractarianisms and Markets', *Journal of Economic Behavior and Organization,* 181: 270–87.

Villanger, E. (2006), 'Company Interests and Foreign Aid Policy: Playing Donors out against each other', *European Economic Review,* 50, 3: 533–45.

Von Neumann, J. and Morgenstern, O. (1944), *Theory of Games and Economic Behaviour,*

Princeton: Princeton University Press.

Voorneveld, M. (2010), 'The Possibility of Impossible Stairways: Tail Events and Countable Player Sets', *Games and Economic Behavior,* 68, 1: 403–10.

Walras, L. (1874), *Elements d'economie pollitique pure,* 4th edn in 1900, Lausanne: Rouge [English tr. by W. Jaffe as *Elements of Pure Economics,* Philadelphia, 1954].

Weithman, P. (2005), 'Deliberative Character', *Journal of Political Philosophy, 13,* 3: 263–83.

Weingast, B. (1997), 'The Political Foundations of Democracy and the Rule of the Law', *American Political Science Review,* 91, 2: 245–63.

옮긴이 최은아

상명대학교 경제학과를 졸업한 후 교육회사에서 인사관리 및 교육프로그램 개발을 담당했다. 글밥 아카데미를 수료한 후 현재 바른번역 소속 번역가로 활동 중이다. 옮긴 책으로 《생각이 바뀌는 순간》, 《인생이 바뀌는 하루 3줄 감사의 기적》, 《더 원페이지 프로젝트》, 《어른초년생의 마인드 트레이닝》, 《공정한 리더》, 《슈퍼 석세스》, 《퍼스널 스토리텔링》, 《부자 습관 가난한 습관》, 《10배의 법칙》, 《나폴레온 힐 부자의 철학》, 《밥 프록터 부의 시크릿》, 《집착의 법칙》, 《퓨처 셀프》 등이 있다.

경제학자는 어떻게 인생의 답을 찾는가

인생이라는 게임에서 원하는 것을 얻는 삶의 기술

초판 1쇄 2024년 7월 12일

지은이 | 카우식 바수
옮긴이 | 최은아

발행인 | 문태진
본부장 | 서금선
책임편집 | 유진영   편집 1팀 | 한성수 송현경

기획편집팀 | 임은선 임선아 허문선 최지인 이준환 송은하 이은지 장서원 원지연
마케팅팀 | 김동준 이재성 박병국 문무현 김윤희 김은지 이지현 조용환 전지혜
디자인팀 | 김현철 손성규   저작권팀 | 정선주
경영지원팀 | 노강희 윤현성 정헌준 조샘 이지연 조희연 김기현
강연팀 | 장진항 조은빛 신유리 김수연 송해인

펴낸곳 | ㈜인플루엔셜
출판신고 | 2012년 5월 18일 제300-2012-1043호
주소 | (06619) 서울특별시 서초구 서초대로 398 BnK디지털타워 11층
전화 | 02)720-1034(기획편집) 02)720-1024(마케팅) 02)720-1042(강연섭외)
팩스 | 02)720-1043   전자우편 | books@influential.co.kr
홈페이지 | www.influential.co.kr

한국어판 출판권ⓒ㈜인플루엔셜, 2024

ISBN   979-11-6834-214-9   (03300)